Von Göttern und Helden

Arnulf Krause

Von Göttern und Helden

Die mythische Welt der Kelten, Germanen und Wikinger

THEISS

Bibliografische Information der Deutschen Nationalbibliothek
Die Deutsche Nationalbibliothek verzeichnet diese Publikation in der Deutschen Nationalbibliografie; detaillierte bibliografische Daten sind im Internet über http://dnb.d-nb.de abrufbar.

Umschlaggestaltung: Stefan Schmid, Stuttgart, unter der Verwendung einer Abbildung von akg-images Sognefjord/Norwegen.

Die Herausgabe dieses Werkes wurde durch die Vereinsmitglieder der WBG emöglicht.
Lektorat: Kristine Althöhn, Mainz
Satz und Gestaltung: primustype Hurler, Notzingen
Druck und Bindung: Offizin Andersen Nexö Leipzig GmbH, Zwenkau

ISBN 978-3-8062-2163-3

Besuchen Sie uns im Internet: www.theiss.de

INHALT

1 Einleitung 9

Der Mythos des Nordens 9
Von den Hyperboreern und Thule 10
Die Angst vor den Barbaren 13
Die Mythen des Nordens 16
Thor und die Midgardschlange oder wie ein Mythos funktioniert 18

2 Beleibte Schönheiten, Schamanen und das Rätsel der Megasteine – Was von den Mythen der Steinzeit übrig blieb 22

Die Fabelwelt der Schwäbischen Alb 22
Höhlenzauber der Altsteinzeit 26
Bauern, Hirten und Kreisgräben 28
Steingewordene Religion – Die Großsteingräber und ihre Tempel 34
Die Götter der Indoeuropäer 39

3 Himmelsscheibe, Sonnenwagen und Felsbilder – Die Bronzezeit in Mittel- und Nordeuropa 40

Mythos Schmied 40
Der Mythos der Himmelsscheibe 43
Rätselhaftes um den Sonnenkult 47
Die große Prozession 49
Die Welt der nordischen Felsbilder 52

4 Kopfjäger und Druiden – Die Kelten und die Reste ihrer Mythen 55

Der Schrecken aus Eis und Frost? 55
Fürstengräber und heilige Stätten 58
Keltische Kunst – ein unentschlüsselter Mythencode? 63
Monster, Massaker und Kopfjäger 64
Die Druiden – Wächter der Mythen? 70
Der Kessel von Gundestrup und die Götter der Kelten 75

5 Von Waldgöttern und Nebelländern – Gallorömer und Inselkelten 80

Der Pariser Nautenstein – Zeugnis der romanisierten Gallier 80
Götter des Waldes – Göttinnen der Fruchtbarkeit 82
Zaubersprüche, Hexenkämpfe und das Überleben der Druiden 84

Die geheimnisvollen Zinninseln – Die Welt der Inselkelten 86
Irland – die Insel der reinen Kelten? 87
Auf der Flucht vor den Germanen 90
Mythenland Britannien 92

6 Anderwelt und entfesselte Krieger – Die Götter- und Heldengeschichten der Iren 94

Irlands Mythenwelt 94
Einwanderer und Dämonen 96
Die Elfen aus der Anderwelt 101
Cú Chulainn – Irlands größter Held 105
Die Schar des Finn 110
Irische Mythen und keltische Götter 113

7 Im Land des roten Drachen – Die Erzählungen der Waliser 116

Wales – letzte Bastion der keltischen Britannier 116
Der Zauber des Mabinogion 118
Fürstenhof und Anderwelt 119
Der keltische Arthur 123

8 Mooropfer, Runen und Goldhörner – Götter und Mythen der Germanen 128

Das verborgene Volk oder der Schrecken der Herkynischen Wälder 128
Gewässer und Moore: Holzidole und Opfer 130
Götter und Mythen aus römischer Hand 133
Die Goldhörner von Gallehus – für immer verloren 136
Die Brakteaten – Mythen in Bildern 138
Götter- und Mythenspuren unter dem Christentum 141

9 Das Erbe der Wikinger – Die Mythen Skandinaviens 144

Die letzten nordgermanischen Heiden 144
Die mächtige Frau im Oseberggrab 146
Der Mythenschatz der Edda 147
Die *Völuspá*: Vom Werden und Vergehen der Welt 150
Die Göttergemeinschaft in Asgard 153
Odin – Göttervater mit vielen Gesichtern 155
Thor – der Donnergott 157
Der lichte Balder 159
Loki – der verstoßene Verräter 161
Die Götter der Fruchtbarkeit 163
Ragnarök – die „Götterdämmerung“ 164

10 Germanische Heldensagen – Drachentöter und Ränkeschmiede ... 168
Die Völkerwanderungszeit: Die Geburt des germanischen Helden ... 168
Dietrich von Bern: im immerwährenden Exil ... 170
Wieland der Schmied ... 174
Siegfried und der Nibelungen Not ... 175
Beowulf – Monstertöter und Drachenkämpfer ... 178

11 Mythen im Mittelalter – Keltisches und germanisches Erbe zwischen Christentum und Aberglaube ... 181
Camelot und die Ritter der Tafelrunde ... 181
Die alten Mären der Stauferzeit: Nibelungen und Dietrichhelden ... 184
Die Isländer und ihre alten Götter und Helden ... 186
Wilde Jagd und Geisterstunde – Mythenreste im Aberglauben ... 188

12 Von Druiden, Elfen und Ringen der Macht – Die Entdeckung der Mythen des Nordens ... 191
Alte Handschriften und die Wiederkehr der Druiden ... 191
Von Ossian zum Ring des Nibelungen – Mythen des Nordens im Umfeld der Romantik ... 193
Märchenhaftes aus dem Nebelland ... 197
Tolkiens Mittelerde – eine keltisch-germanische Mythenwelt ... 199

Literatur ... 203
Weiterführende Literatur ... 203
Quellen ... 204

Register ... 206

Bildnachweis ... 215

1

Einleitung

Der Mythos des Nordens

In der Welt der Mythen liegt nördlich der Alpen das weite Reich jener Gottheiten und Fabelwesen, die man gemeinhin den Kelten und Germanen zuschreibt. Von Rhein und Donau bis auf die ferne Atlantikinsel Island erstrecken sich ihre Gefilde, von der Bretagne und Irland bis nach Norwegen. Ihre Geschichten erzählen von geheimnisvollen Anderwelten, unterirdischen Zwergenreichen, betörenden Feen und bedrohlichen Riesen, von ungeheuren Drachen und Monstern, aber auch von weisen, tapferen sowie zwielichtigen Gottheiten, die den Sterblichen nicht immer wohlgesonnen sind. Heroen wie Arthur und die Nibelungen streiten in Schicksalsschlachten und erringen großen Ruhm. Die Mythen des Nordens, der hier Nord- und Mitteleuropa bezeichnet, scheinen sich grundlegend von den Götter- und Heldensagen der Griechen und Römer zu unterscheiden: Dunkler sind sie, geheimnisvoller und schicksalsträchtiger als jene des klassischen Altertums aus der lichten Welt der Mittelmeerländer.

Ihre Märchen, Mythen und Sagen siedelten die Menschen an eigentümlichen Orten und Plätzen an: in Hünengräbern und Grabhügeln, in Bergen und Wäldern, an den tiefen Fjorden Norwegens, im englischen Stonehenge oder auf den Burgruinen an den Ufern des Rheins. Landschaft, Geschichte, Überlieferung und Dichtung gingen eine Verbindung ein, die den Mythos des Nordens begründete. Viele Generationen von Erzählern und Erzählerinnen haben daran gebaut: Bereits im Mittelalter schrieb man dem Zauberer Merlin das prähistorische Monument von Stonehenge zu – was historisch falsch war, aber bis heute wirkmächtig blieb. Die deutschen Märchensammler Jacob und Wilhelm Grimm übersetzten die irischen Elfenmärchen und trugen zur Popularität keltischer Sagenstoffe mit bei. In den Liedern der altisländischen Edda glaubten gerade die Deutschen verlorenes Erbe ihrer Urväter wiederzufinden. Richard Wagner griff auf die reiche skandinavische Überlieferung des Mittelalters zurück und schuf daraus sein monumentales Opern- und Gesamtkunstwerk des „Ring des Nibelungen". Aus Versatzstücken alter Mythen wurde ein neuer Mythos. Nach diesem Muster dichtete auch der englische Literaturprofessor und Mythenkenner J. R. R. Tolkien seine Mittelerde-Welt um den „Herr der Ringe", dessen Verfilmung zu Beginn des 21. Jahrhunderts die Motive keltischer und germanischer Mythen weltweit bekannt machte.

Der Mythos des Nordens beruht auf einer imaginären Welt, selbst wenn man auf Island noch immer an die Überirdischen glaubt. Auf diese Welt blickt man gefühlvoll und sentimental – ganz unabhängig davon, wie authentisch ihre vermeintlichen Mythen sind. Ein romantischer Blick verklärt dabei insbesondere die europäischen Randländer wie Irland, Island und Norwegen zu Erbhaltern der alten Mythen.

Von den Hyperboreern und Thule

Die Völker und Kulturen nördlich der Alpen kannten keine eigene Schrift, die dem Zweck längerer Aufzeichnungen diente. Denn die Germanen erfanden mit den Runen ebenso wie die Iren mit der Ogam-Schrift Zeichen nach dem Vorbild südlicher Alphabete, die lediglich für kurze Inschriften genutzt wurden. Insofern existierten keine Textzeugnisse der Stämme des Nordens, in denen sie von sich selbst erzählen – von ihren Lebensumständen, ihrem Glauben und ihren Mythen.

Umso mehr pflegten die Dichter und Gelehrten Griechenlands ein Bild jener fernen Gegenden, das reich mit Legenden ausgeschmückt wurde. Demnach war der Norden die Heimstatt des sagenhaften Volkes der Hyperboreer, die „jenseits der Nordstürme wohnten". Angeblich verehrten sie vornehmlich den Gott Apollon, der sich während des Winters bei ihnen aufhielt. Ihre Jungfrauen brachten ihm Weihegaben in sein Heiligtum nach Delos. Auch den Helden Perseus und Herakles wurde nachgesagt, in das Land der Hyperboreer gereist zu sein. Wahrscheinlich beruhten diese Vorstellungen auf Kontakten mit Stämmen am Unterlauf der Donau. Keinesfalls dürften sie nach Nordeuropa führen. Aber sie standen für eine utopische Phantasiewelt der Antike, derzufolge irgendwo nordwärts ein Volk mit reinen Sitten in Glückseligkeit lebte. Der Historiker Herodot wusste zudem im 5. Jahrhundert vor Chr. von jenen Gegenden zu berichten, die als Zinninseln bekannt waren und wo der begehrte Bernstein herkam – offensichtlich bezog sich dies auf die Britischen Inseln und die Strände des „nördlichen Meeres", also von Nord- und Ostsee.

Überhaupt wurde der begehrte Schmuckstein aus fossilem Baumharz gleichsam zu einem Symbol nördlicher Gestade. Bereits drei Jahrhunderte vor Herodot erzählte der Ependichter Homer, die Königin Penelope von Ithaka, Gattin des umherirrenden Odysseus, habe von einem ihrer Freier eine Kette aus Gold erhalten, die mit sonnengleichem Bernstein reich geschmückt war. Apollonios von Rhodos schilderte in seinem Epos von der Heldenfahrt der griechischen Argonauten eine Episode über den Ursprung des von den Griechen als Elektron bezeichneten Harzes. Ihrzufolge klagten und weinten die Töchter des Sonnengottes Helios, „eingehüllt in das Holz schlanker Schwarzpappeln … Aber aus ihren Augen strömen hell leuchtende Tränen von Bernstein zu Boden. Im Ufersand werden sie von der Sonne getrocknet. Wenn das Wasser den Strand bespült, werden sie alle in den Fluss gewälzt." Der Dichter kannte allerdings auch eine Sage der Kelten, die angeblich den Bernstein jenen Tränen zuschrieben, die der Gott Apollon vergoss, als er zum heiligen Volk der Hyperboreer gelangte.

Die Menschen der Mittelmeerwelt erzählten sich von einer weiteren Besonderheit der nördlichen Länder: Dort sollte es nämlich sonnenhelle Nächte geben, was zweifelsohne auf Berichte der langen Mittsommertage zurückzuführen war. Homers Heldenkönig Odysseus gelangte zu den Laistrygonen, menschenfressenden Riesen, die seine Flotte fast völlig vernichteten. Dort waren die Nächte derart hell, dass man auch nachts das Vieh hütete und der heimkehrende Hirte den ausziehenden grüßte. Bei den Kimmeriern lernte Odysseus Gegenteiliges kennen, nämlich ein Land, das nach dem Untergang der Sonne in tiefstem Schatten versank, war es doch ohnehin stets in Nebel und Wolken gehüllt. Über den unglücklichen Bewohnern lastete immer eine Verderben bringende Nacht. Kein Wunder, dass dort angeblich der Eingang zur Unterwelt zu finden war.

Der erste Hellene, der sich auf die Reise in den derart legendenumrankten Norden machte, war der Gelehrte Pytheas aus der griechischen Kolonie Massalia, der Vorgängerin Marseilles. Um 325 vor Chr. begab er sich per Schiff in jene ebenso unbekannte wie rätselhafte Region, aus der man am Mittelmeer Zinn und Bernstein bezog. Von den Einzelheiten dieser Fahrt blieben keine Nachrichten erhalten. Sicherlich führte sie durch die Straße von Gibraltar, damals die Säulen des Herakles genannt, hinaus auf den offenen Ozean, dann an der spanischen und französischen Küste entlang nordwärts. Schließlich erreichte er die Inselwelt von „Bretanike", Britanniens also, dessen Hauptinsel er als Albion bezeichnete. Sechs Tagesreisen nördlich davon lag „Tyle", das sagenhafte Thule, das man später mit Island gleichsetzte. Da jedoch die Insel im Nordatlantik damals menschenleer war, gelangte Pytheas wahrscheinlich an die norwegische Küste. Dort hörte er von den Naturwundern des Mittsommers und -winters, zeigten ihm doch die Einheimischen jene Gegend, wo sich die Sonne schlafen legte: „Sie sei gleichsam immer bei ihnen. Es stellte sich auch tatsächlich heraus, dass in dieser Gegend die Nacht ganz kurz wird, an einigen Stellen zwei, an anderen drei Stunden dauert, sodass die Sonne nach ihrem Untergang nach ganz kurzer Unterbrechung gleich wieder aufgeht. Dort laufen im Sommer die Tage und umgekehrt im Winter die Nächte durch, und es muss Gebiete geben, in denen nur einmal im Jahre Tag und einmal Nacht ist."

Nachdem Pytheas auf seiner Fahrt zahlreiche öde und unbewohnte Inseln kennengelernt hatte, erwies sich Thule als fruchtbares Land. Seine Menschen ernährten sich von Pflanzen, Viehmilch und Feldfrüchten. Aber das Leben in den kalten Regionen schien ihm wenig verlockend, war doch der Anbau von Kulturpflanzen und das Halten von Haustieren unüblich. Wo dennoch Getreide angebaut wurde und Honig gewonnen werden konnte, erzeugte man daraus gegorenen Honigwein, den Met. Der Grieche erwähnte auch Inseln, wo das begehrte Zinn gewonnen wurde. Das dort lebende Seefahrervolk der „Ostideer" benutzte keine Schiffe aus Holz, sondern Boote, die aus Ruten geflochten waren und mit Fellen und Leder bezogen wurden. Mit ihnen fuhren sie zur heiligen Bernsteininsel Abalus, wo das Meer kostbaren Bernstein ans Ufer warf.

Die antiken Kenntnisse vom geheimnisvollen Norden beruhten auf einem Gemisch aus Mythen, Sagen, Legenden und Gerüchten. Dieser Einschätzung fiel sogar der am ehesten glaubwürdige Reisebericht des Pytheas zum Opfer, denn schon bald hielt man den Gelehrten für einen phantasievollen Aufschneider. Aber zweifelsohne hatte er Völker kennengelernt, die er den Keltoi (Kelten) zuordnete. Auf die damals noch unbekannten Germanen stieß er in Thule-Norwegen. Erst 300 Jahre später sollten die Römer nach Norden vorstoßen, das keltische Gallien (Frankreich) erobern und zumindest vorübergehend Teile Germaniens bis zur Elbe besetzen. Nach der sogenannten Schlacht im Teutoburger Wald – wohl bei Kalkriese nach Osnabrück – im Jahr 9 nach Chr. zogen sie sich an den Rhein zurück. Gleichwohl erfuhren sie hier erstmals Genaueres von den Göttern und Kulten der germanischen Stämme.

Die Angst vor den Barbaren

Aber die Völker Mittel- und Nordeuropas hatten noch einen ganz anderen Ruf. Denn sie wurden zu Prototypen des Barbarischen und damit des Wilden, Unverständigen und Erschreckenden. Den Griechen galt jeder nicht ihrer Sprache Mächtige als unverständlich Plappernder, den sie als Barbar bezeichneten und womit sie jeden Fremden und Ausländer benannten. Vom Unverständnis der Sprache wurde auf den Unverstand des Denkens geschlossen, den man bereits den Nachbarn in Kleinasien unterstellte und der für die Thraker des Balkans ohnehin galt. Was waren diese aber gegen die Barbaren weit oben im kalten Norden! Ihnen bescheinigte der Philosoph Aristoteles bei einem großen Körper Ungestüm und Unbeherrschtheit, weswegen sie über weniger Verstand und Kunstfertigkeit als die Hellenen verfügten. Zum Mythos des Nordens gesellte sich das Klischee von den nördlichen Barbaren. Den fremdartigen Kulturen unterstellte man Unterentwicklung, Unvernunft und Wildheit. Diese Einschätzung führte unter den Zivilisierten Italiens und Griechenlands zu purem Schrecken, als die Barbaren des Nordens die Alpen mit ihren Heeren überquerten. Die Expansion der Kelten im 4. und 3. Jahrhundert vor Chr. verdeutlichen insbesondere zwei Vorfälle: 387 vor Chr. plünderten sie Rom, und 279 vor Chr. erging es dem griechischen Apollon-Heiligtum in Delphi nicht besser. Aus der Verachtung der Barbaren wurde die Angst vor ihnen. Und dies umso mehr, als sich das vermeintlich Barbarische bereits in ihrem Aussehen und Gebaren ausdrückte.

Der griechische Gelehrte Dionysios von Halikarnass überliefert eine Rede, mit der den römischen Soldaten gegen die keltischen Krieger Mut gemacht werden sollte: Die Römer trügen Panzer, Helme und starke Schilde; außerdem kämpften sie mit den schärfsten Waffen. Und die Kelten? Bei ihnen seien „der Kopf ungeschützt, die Brust und die Seiten nackt, ebenso die Schenkel und die Beine bis zu den Füßen. Als Schutz haben sie nur die Schilde und als Angriffswaffe Lanzen und übermäßig lange Schwerter … Was können uns schon ihre langen Haare, ihre wild blickenden Augen und ihr grimmiger Gesichtsausdruck antun? Und ihre ungezügelten Tänze, das zwecklose Herumfuchteln mit den Waffen, das wiederholte Schlagen auf die Schilde und alle anderen Äußerungen barbarischer und unvernünftiger Prahlerei durch Geste und Stimme, mit denen sie ihre Gegner einzuschüchtern versuchen, welchen Vorteil kann all dies Leuten bringen, die sich unbesonnen in den Kampf stürzen, und wie kann das Soldaten in Schreck versetzen, die der Gefahr mit kühler Überlegung trotzen?“

Aber die Römer mussten feststellen, dass solche rationalen Überlegungen gegen barbarisches Ungestüm nichts halfen. Zahlreiche Niederlagen erlitten sie, bis man die nach Italien eingewanderten Keltenstämme unterworfen hatte. Bei Telamon erstritt Rom 225 vor Chr. einen bedeutenden Sieg. Der Historiker Polybios hat den Auftritt der keltischen Krieger eindrucksvoll beschrieben: „Bekleidet mit Hosen und leichten Kriegsmänteln, traten die Insubrer und Boier zum Kampf an. Die Gaisaten aber, in ihrer Ruhmgier und Tollkühnheit, warfen diese Kleidung ab und stellten sich in der vordersten Reihe der Streitmacht auf, nackt und nur mit den Waffen angetan; sie meinten, so werde ihre Schlagkraft am größten sein, da sich sonst das dornige Gestrüpp auf Teilen des Schlachtfeldes in ihrer Kleidung verfilzen und sie am Gebrauch der Waffen hindern würde ... Einerseits wurden die Römer in ihrer Siegeszuversicht dadurch bestärkt, dass sie die Feinde in ihrer Mitte hatten, von allen Seiten eingeschlossen; andererseits erschreckten sie die prächtige Ausrüstung und der Schlachtlärm der keltischen Streitmacht. Denn zahllos war die Masse der Hornbläser und Trompeter. Da zugleich mit diesen das ganze Heer den Kriegsgesang anstimmte, entstand ein derart fürchterliches Getöse, dass es schien, als ob nicht nur die Trompeten und das Heer, sondern auch das Land ringsumher widerhalle und von sich aus Lärm hervorbringe. Furchterregend waren auch das Aussehen und die Bewegung der unbekleidet in vorderster Reihe stehenden Männer, zeichneten sie sich doch durch jugendliche Vollkraft und Wohlgestalt aus. Alle diejenigen, welche das erste Treffen bildeten, waren mit goldenen Halsketten und Armreifen geschmückt. Als die Römer dies sahen, erschraken sie; andrerseits aber ließen sie sich von der Hoffnung auf die reiche Beute hinreißen und waren nun doppelt auf den Kampf versessen. Sobald die leicht Bewaffneten, wie üblich, aus den römischen Heeren hervorstürmten und einen dichten Hagel von wirksamen Speeren entsandten, gewährten die Mäntel und Hosen den weiter hinten stehenden Kelten guten Schutz; dagegen gerieten die in vorderster Reihe stehenden unbekleideten Männer, über die der Angriff unerwartet hereinbrach, in eine schwierige und hilflose Lage. Denn da der gallische Schild den Mann nicht decken kann, drangen bei der Nacktheit und Größe der Körper die Wurfgeschosse umso ungehinderter in sie ein. Da sie sich der Speerwerfer wegen der Entfernung und der Menge der herniedergehenden Geschosse nicht erwehren konnten, sondern sich in auswegloser Not und Bedrängnis befanden, stürzte sich schließlich ein Teil von ihnen in sinnlosem Draufgängertum blindlings auf die Feinde und lieferte sich selbst freiwillig dem Tod aus, während die anderen sich schrittweise auf die Verbündeten zurückzogen, offen ihre Angst zeigten und die hinteren Reihen in Verwirrung brachten. So wurde der Kampfgeist der Gaisaten von den leicht Bewaffneten gebrochen …" Zehntausende Kelten sollen in der Schlacht gefallen sein. Die Römer als Sieger zeigten kein Verständnis für die vermeintlich unsinnige Kampfweise der Feinde und versagten ihnen die Anerkennung ihrer Verwegenheit und Tollkühnheit. Insofern fand ihr Barbarenklischee eine schlagende Bestätigung.

Mehr als ein Jahrhundert später sorgten die Züge der Kimbern und Teutonen in Rom für Unruhe und Katastrophenstimmung. Diese beiden Stammesgruppen waren vom dänischen Jütland bis ins fruchtbare Südfrankreich und Oberitalien gewandert. Dabei brachten sie den Römern und ihren Verbündeten mehrere verheerende Niederlagen bei, bis sie schließlich in den Jahren 102/101 vor Chr. endgültig geschlagen wurden. In Rom erinnerte man sich trotzdem der Kimbernkatastrophe und des Furor Teutonicus (Teutonische Wut). Dafür sorgte vor allem jene Niederlage, die die römischen Truppen im Oktober 105 vor Chr. nahe Arausio erlitten, dem heutigen Orange in der Provence. Nicht nur, dass die römischen Linien dem ungestümen Ansturm der Barbaren nicht standhielten und untergingen! Anschließend machten Gerüchte und Berichte die Runde von wahren Opferorgien der Sieger, die gefallene wie gefangene Römer ihren Göttern zum Dank darbrachten.

Der Geschichtsschreiber Strabon hat davon eine ausführliche Schilderung gegeben: „Unter ihren Frauen, die an dem Heereszug teilnahmen, waren auch weissagende Priesterinnen mit ergrautem Haar, in weißen Gewändern, leinenen, mit Fibeln zusammengehaltenen Mänteln mit Bronzegürtel, barfüßig. Diese gingen im Heerlager mit gezückten Schwertern auf die Gefangenen zu, bekränzten sie und führten sie zu einem Bronzekessel, der etwa 20 Amphoren (über 500 Liter) fasste. Dort stand auch eine Leiter, die eine der Priesterinnen bestieg, um dann oberhalb des Gefäßes einem nach dem anderen der Emporgereichten die Kehle durchzuschneiden. Mit dem in den Kessel fließenden Blut praktizierten sie eine Art Weissagung; andere schlitzten den Leib auf und prophezeiten aus den Eingeweiden, wobei sie ihren Leuten laut den bevorstehenden Sieg verkündeten. Während des Kampfes trommelten sie auf die Felle, die über die Wagenkörbe gespannt waren, sodass ein ungeheurer Lärm entstand." Die Schilderung der am Bronzekessel aufgeschlitzten Römer prägte sich tief ein. Unter den Kimbern und Teutonen kam es darüber hinaus zu regelrechten Opferorgien, denn nichts an Beute sollte erhalten bleiben und kein Gefangener sollte überleben. Alles wurde den blutdürstigen Göttern geopfert. Kleidungsstücke wurden in ungeheurer Wut zerrissen und fortgeworfen. Die Panzer der Legionäre, der Brustschmuck der Pferde wurden zerhauen und zerhackt und in die Rhône geschleudert. Sogar mit kostbaren Gegenständen aus Gold und Silber verfuhr man so. Selbst die Pferde verschonte man nicht, sondern ertränkte sie im Fluss. Diejenigen Römer, die dem Opfertod über dem Kessel entgingen, bekamen einen Strick um den Hals und wurden an Bäumen aufgehängt – auch sie als Opfer der Götter.

Eindringlich wie niemals zuvor wurde die antike Welt mit den religiösen Bräuchen der Barbaren aus dem Norden konfrontiert. Es schien ihnen eine fremde und bedrohliche Welt zu sein. Die Zeitgenossen schrieben das Massaker keltischen Stämmen zu. Erst später setzte sich in Rom die Erkenntnis durch, dass die Kimbern und Teutonen sowie ihre Verbündeten überwiegend dem Volk der Germanen angehörten. Diese genossen bald schon den Ruf, noch barbarischer und wilder als die Kelten zu sein.

Die Mythen des Nordens

Das barbarisch Andere dieser beiden das westliche Mittel- und Nordeuropa prägenden Völker zeichnete auch ihre religiösen Anschauungen und Göttervorstellungen aus. Gallische Kopfjagd und germanische Opferorgien versinnbildlichten gleichsam die Fremdartigkeit gegenüber den Griechen und Römern. Dieser Andersartigkeit waren sich später auch jene Völker bewusst, die Kelten und Germanen als ihre Vorfahren ansahen: Franzosen und Deutsche, Briten, Iren und die meisten Skandinavier – um die wichtigsten zu nennen. Die Mythen der früheuropäischen Stämme galten denen der Antike als gleichwertig; sie gewannen insbesondere seit dem 18. Jahrhundert zunehmend an Popularität.

Der Grad ihrer Beliebtheit steht dabei in einem krassen Missverhältnis zu dem, was eigentlich bekannt ist. Zwei Beispiele sollen dies veranschaulichen: Um 550 vor Chr. wurde beim heutigen Hochdorf in der Nähe Stuttgarts ein Fürst der frühen Kelten in einem mächtigen Grabhügel bestattet (Tafel VII).

Der Fund dieses einzigartigen Grabes sorgte zweieinhalb Jahrtausende später für großes Aufsehen. Der offensichtlich reiche und bedeutende Kelte aus Süddeutschland gehört heute zu den berühmtesten Präsentationen des Württembergischen Landesmuseums in Stuttgart; seinen Grabhügel schüttete man sogar an Ort und Stelle wieder auf, wo er wie ehedem das Landschaftsbild beherrscht. Die Beigaben vermitteln ein detailreiches Bild seiner materiellen Lebenswelt: Kleidung, Geschirr, Waffen, Prestigeobjekte und vieles mehr. Was der vorgeschichtliche schwäbische Häuptling allerdings glaubte, welche Götter er anbetete und welche Geschichten er sich von ihnen erzählte, weiß man letztendlich nicht.

Ein anderes, fast 600 Jahre jüngeres Beispiel: Bekanntlich vernichtete der Cheruskerhäuptling Arminius im Jahr 9 nach Chr. mit seinen Germanenkriegern drei Legionen des Kaisers Augustus. Antike Autoren wie Tacitus berichten ausführlich davon, das mutmaßliche Schlachtfeld bei Kalkriese nahe Osnabrück konnte archäologisch nachgewiesen werden. Hermann der Cherusker – so sein historisch falscher, aber gleichwohl verbreiteter Name – wurde zu einer der bedeutendsten Gestalten europäischer Geschichte, und die Deutschen sahen ihn lange als ihren „Gründungsvater" an. Aber selbst von ihm ist so gut wie nichts über seine religiösen Vorstellungen bekannt. Immerhin beschäftigten sich in seiner Zeit römische und griechische Autoren mit den Völkern des Nordens – insbesondere mit den Germanen. Was sie allerdings von deren Opferbräuchen und Gottheiten erzählen, beruht immer auf der Perspektive des antiken Gelehrten der Mittelmeerwelt. Dieser gab den barbarischen Göttern bezeichnenderweise die Namen seiner eigenen Gottheiten, also etwa Merkurs oder des Mars. Hinter diesen gilt es diejenigen der Kelten und Germanen ausfindig zu machen.

Aber selbst die Namen einzelner Gottheiten sagen nur wenig über deren Mythen aus, die sich etwa die gallischen Parisier an der Seine oder die germanischen Semnonen im späteren Brandenburg erzählten, die Iren und andere Keltenstämme der Britischen Inseln oder die Nordgermanen Dänemarks und an den Fjorden Norwegens. Von den sporadischen Hinweisen der Römer und Griechen abgesehen, wüsste man kaum etwas von den Mythen des Nordens, hätten nicht insbesondere die Iren und Isländer ihre Überlieferung weiter gepflegt. Unwahrscheinlich ist es, dass sie jene Erzählungen kannten, die 1000 bzw. 1500 Jahre früher am Hofe des Hochdorfer Häuptlings die Runde machten oder im Kreise des Arminius. Aber das eine oder andere mag doch gleich oder zumindest ähnlich geblieben sein, im Laufe der Zeit mannigfaltig verändert, variiert und angereichert. Als die Iren im 5. Jahrhundert und die Isländer um 1000 den christlichen Glauben annahmen, lernten sie das lateinische Alphabet kennen und gebrauchen. Dies führte schließlich zur Niederschrift alter Mythen- und Heldenerzählungen – zumeist erst seit dem 12. / 13. Jahrhundert und stets christlich bearbeitet und verfremdet. Aber immerhin: Diese Texte in Pergamenthandschriften und jüngeren Papierbüchern bieten die Hauptquellen der keltischen wie der germanischen Mythologie.

Die Kultur der Kelten ist frühestens seit dem 7. Jahrhundert vor Chr. nachweisbar, von den Germanen erfährt man erst im 1. Jahrhundert vor Chr. mehr.

Zweifelsohne erzählten sich auch die älteren Europäer nördlich der Alpen Göttergeschichten: die bronzezeitlichen Schöpfer der Himmelsscheibe von Nebra (Tafel V) ebenso wie die jungsteinzeitlichen Erbauer von Stonehenge (Tafel II oben) bis hin zu den Schnitzern jener Elfenbeinfiguren der Altsteinzeit, die in Höhlen der Schwäbischen Alb gefunden wurden (Abb. 1, S. 25).

Mit ihnen liegen vermutlich die ältesten Zeugnisse eines Mythenglaubens im Norden vor: 35 000 Jahre alt, als die Eiszeit von Warmperioden unterbrochen wurde und Europas Antlitz noch ständigem Wechsel unterworfen war. Konkretes von den frühen Mythen des alten Europa weiß man nicht. Immerhin ist es mithilfe der archäologischen Funde, grundsätzlicher religionswissenschaftlicher Erkenntnisse sowie Beobachtungen der modernen Völkerkunde möglich, Rückschlüsse auf den vorgeschichtlichen Glauben zu ziehen. Aber von einer durchgehenden Erblinie über Zehntausende von Jahren hinweg kann nicht ausgegangen werden. Völkerwanderungen und insbesondere sich wandelnde Anschauungen und Gebräuche sorgten immer wieder für grundlegende Veränderungen.

Thor und die Midgardschlange oder wie ein Mythos funktioniert

Bei allem Wandel zeichnet sich der Mythos dadurch aus, die Grundlagen einer Gesellschaft zu überliefern, der Welt von Göttern und Menschen einen Sinn zu geben. Dies mag die folgende Episode einer populären Science-Fiction-Fernsehserie vom Anfang der 1990er-Jahre verdeutlichen: Im Universum des 24. Jahrhunderts trifft das Raumschiff Enterprise unter seinem Captain Jean-Luc Picard auf das außerirdische Volk der Tamarianer, mit dem man trotz Universalübersetzers erhebliche Verständigungsprobleme hat. Denn obwohl die einzelnen Wörter ihrer Sprache verstanden werden, begreift man doch nicht deren Sinnzusammenhang. Erst als Picard gemeinsam mit einem Tamarianer einen Kampf gegen ein Ungeheuer zu bestehen hat, erkennt er das grundlegende Problem: Sein Mitstreiter drückt sich mithilfe von Symbolen und Metaphern seiner Kultur aus; er verwendet deren Mythen mitsamt ihren Geschichten und Götter- sowie Heldengestalten. Das für den Menschen anfangs völlig unverständliche Wort Darmok verweist auf eine dieser Heldenfiguren, die gemeinsam mit einem Partner einstmals ein grausames Monster bezwang. Die Mythen-Message ist darum, Mensch und Tamarianer sollten zusammen gegen das Ungetüm vorgehen.

Eine Sprache, deren Verständnis derart ausschließlich auf Mythen beruht, ist zweifelsohne der Phantasie der Drehbuchautoren entsprungen – gleichwohl dürften sie dabei aus Mythenwissen geschöpft haben. Denn in der Tat versteht man die Mythenreste und -erzählungen historischer Kulturen nur teilweise. Beispielsweise kann über die alten keltischen Gottheiten und Fabelwesen lediglich gemutmaßt werden, welche Geschichten man sich von ihnen erzählte. Und selbst der im hohen Mittelalter ausführlich geschilderte Kampf des nordgermanischen Gottes Thor mit der monströsen Midgardschlange erschließt sich einem nicht vollständig. Ungeklärt ist, ob er sich auf die Bezwingung eines ursprünglichen Chaosungeheuers bezog, auf die Vernichtung der Welt am Ende der Zeit oder auf ein anderes Motiv. Genauso ungewiss ist, inwieweit die vorchristlichen Skandinavier religiöse Feiern zu diesem Mythos begingen.

Hinter einem Mythos (griech. eigentlich „Geschichte") verbirgt sich nämlich mehr als eine bloße Erzählung von Göttern und Helden. Was die christlichen Iren und Isländer des hohen Mittelalters sammelten und niederschrieben, galt ihnen lediglich als Geschichten aus der Vergangenheit des eigenen Volkes. Demgemäß entschärfte man die heidnischen Gottheiten oder interpretierte sie sogar als einstmals verehrte Menschen der Vorzeit. Der wahre Mythos hat eine weit darüber hinausgehende Funktion: Er erzählt Grundsätzliches aus einer fernen Vergangenheit, als die Grundlagen des späteren Lebens gelegt wurden. Er beinhaltet das Werden und Vergehen der Welt, erklärt ihre Entstehung und woher Götter und Menschen kommen. Derartige Erzählungen führen die Menschen somit zum Anfang aller Zeiten zurück, als alles wurde, wie es jetzt ist. Mythen trennen den Kosmos vom urzeitlichen Chaos und begründen damit letztendlich die Menschenwelt. Sie bieten eine Welterklärung, die nicht profan wie die modernen Wissenschaften, sondern von Heiligkeit erfüllt ist. Aus diesem Grund gehören Mythen und Rituale respektive Kultveranstaltungen eng zusammen. In zahlreichen Glaubensvorstellungen besteht etwa die Bedrohung durch Mächte des Chaos weiter fort; allein die strenge Einhaltung ritueller Vorschriften und die Anrufung der Gottheiten bieten dagegen Schutz. Grundlegende Ereignisse wie die Welterschaffung oder der Kampf gegen das Chaosungeheuer, wie die fruchtbare Verbindung von Himmel und Erde oder die Jagd auf das Wild müssen regelrecht nachgespielt werden, damit Kosmos und Welt nicht aus den Fugen geraten. Dabei spielten in den frühesten Kulturen Schamanen, später Priester eine herausragende Rolle.

Mythen und Riten hat es im Europa nördlich der Alpen gegeben, seit der Mensch dorthin einwanderte. Die Altsteinzeitjäger der Felsenhöhlen kannten und praktizierten sie wie die Bauern und Errichter der Steinmonumente in der

Jungsteinzeit, ebenso die Menschen der Bronzezeit und die Kelten und Germanen. Aber als die Nachfahren der Letzteren sie niederschrieben, war ihre Zeit im Schatten des Christentums bereits vorbei. Zurück blieben Spuren und viele Fragen. Diese glaubt man am ehesten mithilfe der Ethnologie beantworten zu können, die sich mit den „primitiven" Stammesgesellschaften der jüngsten Vergangenheit und der Gegenwart beschäftigt. Ihren Menschen unterstellt man traditionelle Vorstellungen und Bräuche, die sich mit alten Kulturen einer gleichen oder ähnlichen Entwicklungsstufe vergleichen lassen.

Wie ein Mythos in solch einer Gesellschaft verstanden wurde, kann ein Beispiel vom anderen Ende der Welt zeigen. Dort lebten die Ureinwohner Australiens wahrscheinlich seit 40- bis 50 000 Jahren, bis 1788 die planmäßige Kolonisation durch die Europäer begann. Die sogenannten Aboriginies waren dort schon in einer Zeit Jäger und Sammler, als in der Schwäbischen Alb die bislang ältesten Figurendarstellungen Europas bzw. der Menschheit entstanden. Während sich hier die verschiedenen Kulturen abwechselten und schließlich in die moderne Jetztzeit führten, bewahrten die Aboriginies ihren uralten steinzeitlichen Lebensstil. Ihre materielle Zivilisation blieb dabei äußerst bescheiden: Als Nomaden kannten sie keine festen Behausungen und lebten in kleinen Familien- und Sippenverbänden. Die alte australische Geistes- und Mythenwelt spiegelt hingegen ein komplexes Weltbild wider, das in den Aufzeichnungen des 19. und 20. Jahrhunderts dokumentiert wurde. Als mythische Urzeit gilt ihnen die sogenannte Traumzeit, in der göttliche Wesen wie die große Regenbogenschlange Land, Tier- und Menschenwelt bestimmten.

Darauf geht auch ein Mythos aus Nordaustralien ein, der in eine andere Zeit führt, als die Menschen noch nicht erschienen waren und die Tiere Menschengestalt hatten. Damals kamen zwei Schwestern von weit her; eine war schwanger und beide trugen Steinspeere, Habichtdaunen und Baumwolle. Sie zogen umher, jagten Tiere und sprachen ganz unterschiedliche Sprachen; sie gaben vielen Orten und Gebieten Namen und kreuzten die Länder verschiedener Stämme, mit deren Männern sie manchmal schliefen. Schließlich rasteten sie an einer Wasserstelle, in deren Tiefe eine riesige Schlange lebte. Dort wurde das Kind geboren. Auf der Suche nach Baumrinde watete eine der Schwestern durch die heilige Quelle, wobei sie Menstruationsblut verlor. Dieses sank hinunter zur großen Schlange, dem sogenannten Großen Vater namens Yurlunggur, der darin eine Entweihung sah. Er kam empor und beobachtete die Schwestern mit ihren beiden Kindern. Dann ließ er es unaufhörlich regnen und sämtliche Schlangen bildeten einen Kreis um die Frauen und ihre Kinder. Derweil versuchten diese, die Sintflut durch Gesänge aufzuhalten und Yurlunggur zu besänftigen. Aber es half nichts: Die Riesenschlange verschlang sie alle. Sie erhob sich kerzengerade bis in die Wolken, sang vielerlei zeremoniale Gesänge und beendete schließlich den Regen. Als die anderen Schlangen erfuhren, dass Yurlunggur die Frauen und ihre Kinder verschlungen hatte, empörten sie sich, denn das seien Schwestern und Neffen des „Großen Vaters" gewesen. Daraufhin spie Yurlunggur seine noch lebenden Opfer aus und verschlang sie erneut. Schließlich kamen die Frauen davon und verwandelten sich in Steine. Die Söhne hingegen blieben verschluckt, weil sie nicht beschnitten waren und deshalb einem anderen Clan angehörten.

Zwei Männer hatten dies alles beobachtet. Sie sammelten an der Stelle die Habichtdaunen, das Blut und die Baumwolle. Dann stellten sie eine Dröhnpfeife her. Im Schlaf erlebten sie, was die beiden Frauen gesungen und getanzt hatten, um die Riesenschlange zu besänftigen; die Schwestern kamen als Traumfrauen zu ihnen und lehrten sie die Gesänge. Sie sagten ihnen, all diese Traumdinge müssten sie in Erinnerung behalten. Und jedes Jahr müssten sie sich an der heiligen Quelle der Gesänge und Tänze erinnern und müssten ihren Körper mit Blut und Daunen schmücken.

Mit diesem Mythos erklärt sich ein nordaustralischer Stamm die Welt. Die beiden Schwestern sind dabei Kulturheroinnen, denen die Stammesangehörigen die grundlegendsten Dinge zu verdanken haben. Mit Riten, Tänzen und Gesang folgen sie regelmäßig ihren Anweisungen, besänftigen damit die Riesenschlange, festigen ihre Kultur und sichern somit den Bestand ihrer Welt. Ähnlich dürften seit uralter Zeit die Mythen des Nordens verstanden und angewandt worden sein.

2

Beleibte Schönheiten, Schamanen und das Rätsel der Megasteine – Was von den Mythen der Steinzeit übrig blieb

Die Fabelwelt der Schwäbischen Alb

Die Spuren der Mythen des nördlichen Europa führen 35 000 Jahre zurück. Damals war alles umwälzenden Veränderungen unterworfen; denn die Eiszeit hatte Europa fest im Griff: Ganz Skandinavien samt den Britischen Inseln und Norddeutschland lag unter den Eismassen mächtiger Gletscher begraben. Von Süden drangen die Alpengletscher vor und ließen lediglich einen schmalen Landstreifen Süddeutschlands eisfrei. In dessen offenen Grassteppen zogen wie im überwiegend eisfreien Frankreich nomadisierende Jäger und Sammler umher, deren Vorfahren aus dem Süden eingewandert waren – die ersten Vertreter des Homo sapiens bzw. Cro-Magnon-Menschen. Mit ihnen begann hier die Geschichte der jetzigen Menschheit. Im gleichen Zeitraum starben die bis dahin allein Europa bewohnenden Neanderthaler aus. Bislang ist ungewiss, wie das Verhältnis der beiden Menschenarten zueinander war und inwiefern die Neuankömmlinge am Aussterben der Ureinwohner beteiligt waren. Jedenfalls hat das lange Zeit vorherrschende Bild des Neanderthalers als tumbem Affenmenschen in jüngerer Zeit eine gehörige Korrektur erfahren. Mittlerweile unterstellt man ihm die bedachte Bestattung seiner Toten, die womöglich mit gewissen Riten verbunden war. Für mythische Vorstellungen gibt es derzeit allerdings keine archäologischen Hinweise.

Anders hingegen bei den Nachfahren der Migranten, von denen im Jungpaläolithikum (der letzten Phase der Altsteinzeit) einige Tausend Menschen in kleinen Gruppen durch Süddeutschland und Frankreich zogen. Nach einem Fundort in den Pyrenäen bezeichnet man ihre Kultur als Aurignacien – als Epoche der ersten Kunst Europas, wenn nicht gar weltweit. Den archäologischen Ausgrabungen zufolge orientierte sich diese Kunst am Lebensumfeld ihrer Schöpfer. Dieses war fast ausschließlich vom jagdbaren Wild geprägt, das ihnen das Überleben in einer rauen und gefahrvollen Umwelt garantierte: Mammut und Wollnashorn, Rentiere, Wisente und Wildpferde. Gerade die ersten beiden Arten stellten als urzeitliche Tierriesen eine große Gefahr für den Menschen dar. Gefürchteter waren lediglich die unberechenbaren Einzelgänger des Höhlenlöwen und -bären. Kein Wunder also, dass dergleichen Wesen die Menschen beeindruckten, ihre Phantasie anregten und in religiöse wie mythische Gedanken einflossen.

Die ältesten Nachweise dafür finden sich auf der Schwäbischen Alb. Auch dort jagten die Cro-Magnon-Nomaden, wobei sie sich mit Zelten vor den Unbilden des eiszeitlichen Klimas schützten. Nach Möglichkeit zogen sie sich unter überhängende Felswände oder in Höhlen zurück. Aus diesen stammen jene Aufsehen erregenden Funde, die man mit den Ortsnamen Geißenklösterle, Hohlenstein-Stadel, Vogelherd sowie Hohle Fels verbindet – Bezeichnungen für Kalksteinhöhlen westlich respektive nördlich von Ulm. In ihnen fand man zahlreiche Spuren der Menschen des Aurignacien: Feuerstellen, Geräte aus Feuerstein, Knochen und Schmuck sowie kleine Figuren, die von offensichtlich geschickten Händen aus Mammutelfenbein geschnitzt wurden. Sie bieten ein wirklichkeitsnahes Panorama der eiszeitlichen Tierwelt, wie sie oben beschrieben wurde. Daneben lassen die zumeist nur wenige Zentimeter großen Darstellungen auch menschengestaltige Figuren erkennen. Ob Mammut, Wildpferd und Großkatze einen mythischen Bezug hatten, bleibt dabei ungewiss. Deutlich erkennbar schöpfen ihre Darstellungen aus der unmittelbaren Lebensumwelt. Niemand aber weiß, was ihre Schöpfer damit bezweckten: Trieb sie lediglich die kreative Freude an der künstlerischen Nachahmung der Wirklichkeit? Wollten sie womöglich mithilfe magischer Rituale das Wild besprechen und damit für eine erfolgreiche Jagd sorgen? Oder regte sie ein besonderes Verhältnis zu einzelnen Tierarten an, wie es in späteren totemistischen Vorstellungen bezeugt ist?

Aus den Tier- und Menschenfiguren hebt sich ein Wesen hervor, das sowohl durch seine Art als auch seine Größe besticht. Denn mit knapp 28 cm ist der sogenannte Löwenmensch von Hohlenstein-Stadel (Tafel I) die größte Statuette, geschnitzt aus dem Stoßzahn eines jungen Mammuts. Sie durchbricht den vermeintlichen Realismus der jüngeren Altsteinzeit, indem sie unverkennbar einen Löwen mit einem Menschen vermischt: Vor dem Betrachter steht aufrecht wie ein Mensch ein Wesen mit dem Kopf und den Gliedmaßen einer Raubkatze. Womöglich stellt es die erste mythische Gestalt der Menschheit dar, die durch den Ausdruck animalischer Kraft und Stärke beeindruckt. Was aber hatte sie zu bedeuten?

Vergleiche mit jüngeren Kulturen und religiösen Vorstellungen helfen bei einer Erklärung: Demzufolge bietet die erstaunliche Figur das Abbild eines verkleideten Menschen, womöglich eines Schamanen, oder eines phantastischen Mischwesens, das mythisch-magischen Vorstellungen geschuldet ist. Bis in die jüngste Vergangenheit pflegten insbesondere Jägerkulturen ein enges Verhältnis zu Tieren, die sie als menschenähnliche, aber auch mit übernatürlichen Kräften versehene Wesen ansahen. Die noch heute als „König der Tiere“ apostrophierte Raubkatze dürfte bereits vor 30 000 Jahren weniger als Jagdwild verehrt worden sein denn als dem Menschen ebenbürtiger und gefürchteter Gegner. An ihrer Kraft wollte man teilhaben. Man sah sie gleichsam als Herrn des Wildes an, der sowohl Tieren wie Jägern Schutz bot. Wieweit solche Vorstellungen auf der eiszeitlichen Schwäbischen Alb gepflegt wurden, ist letztlich ungewiss. Im Laufe der Menschheitsgeschichte verehrte man den Löwen jedenfalls in Stammes- wie in Hochkulturen als herausragendes Wesen, das auch in Schöpfungsmythen eine wichtige Rolle spielte. Die alten Ägypter kannten beispielsweise den Kult von Löwengöttinnen wie Sachmet. In den nördlichen Regionen trat nicht selten die Verehrung des Bären an die Stelle des Löwen. Glaubten die Altsteinzeitjäger bereits an Verwandlungen zwischen Mensch und Tier? Bei den Kelten und Germanen waren dergleichen Motive jedenfalls gang und gäbe.

Der Löwenmensch ist allerdings nicht das älteste archäologisch nachgewiesene mythisch-religiöse Objekt der frühen Kunst. Mit einem Alter von mutmaßlich 40 000 Jahren führt die „Venus vom Hohlen Fels“ (Abb. 1) 10 000 Jahre weiter zurück.

Diese schmeichelhafte Bezeichnung gilt einer ca. 6 cm großen kopflosen Statuette, die einen beleibten weiblichen Körper wiedergibt. Die Beine sind verkürzt spitz auslaufend, das Gesäß wird akzentuiert, die Brüste werden deutlich überdimensioniert dargestellt genauso wie der hervorgehobene Genitalbereich. Die kurzen Hände der Figurine liegen auf ihrem Bauch und stützen die Brüste. Eine Öse anstelle des Kopfes lässt vermuten, die Venus sei wie ein Amulett am Hals getragen worden. Aber zu welchem Zweck? Jedenfalls beginnt mit diesem bislang ältesten gefundenen Kunstobjekt der Menschheit eine ganze Reihe von beleibten weiblichen Figuren. Deren berühmteste Vertreterin ist die aus Kalkstein gearbeitete Venus von Willendorf in der Wachau, mit einem Alter von 27 000 Jahren erheblich jünger als ihre schwäbische Schwester. Auch sie zeichnet sich neben ihrer Beleibtheit durch hervorgehobene weibliche Geschlechtsmerkmale aus.

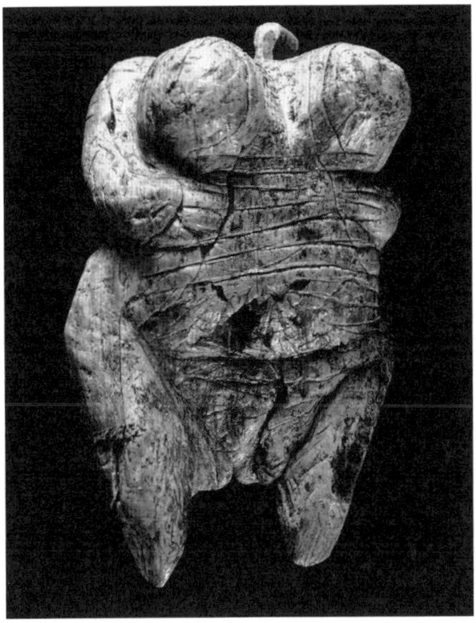

Abb. 1 Die im Jahr 2008 entdeckte 6 cm hohe Venus vom Hohlen Fels, einer Karsthöhle der Schwäbischen Alb.

Wo die Frauenstatuetten mit Köpfen versehen sind, zeigen sie kaum erkennbare Gesichter. Ganz augenscheinlich sind jene auffallenden Darstellungen der letzten Zehntausende der Altsteinzeit, die zwischen Frankreich und Sibirien gefunden wurden, keinem realistischen Anspruch verpflichtet. Ihre ausgeprägt weibliche Körperlichkeit unterstreicht ihre Bedeutung für den Aspekt der Fruchtbarkeit, der unter den Jägern und Sammlern noch nicht mit Scholle und Ackerbau verbunden wurde. Die Altsteinzeit-Venus symbolisierte wahrscheinlich die mütterliche, Leben gebärende Bedeutung der Frau. Ob sie darum Zeugin eines urzeitlichen Matriarchats und des frühen Kultes einer Großen Göttin ist, gilt als zweifelhaft und ist heftig umstritten. Genauso ungewiss ist, ob die Figurinen überhaupt als Göttinnen angesehen wurden – gleichwohl dürfte ihnen ein magisch-mythischer Charakter kaum abzusprechen sein. Denn die Venus vom Hohlen Fels verweist mit ihrer Armhaltung und der überdeutlichen Präsentation von Brüsten und Vulva auf eine weitere Bedeutung. Eine derartige Körperhaltung gilt nämlich seit alters in vielen Kulturen als Unheil abwehrend: Die unübersehbare Zurschaustellung der weiblichen Geschlechtsmerkmale schreckte das Böse oder den Feind schlichtweg ab. Solchen Schutz könnte auch die Venus aus dem vorzeitlichen Schwaben gewährt haben.

Eine Leben schenkende und Schutz bietende mütterliche Mythengestalt steht somit gemeinsam mit dem Stärke und Jagdglück verkörpernden Löwenmenschen am Anfang aller Mythen des Nordens. Diese beiden Typen sollten über die Jahrtausende in immer neuen Ausformungen erhalten bleiben.

Höhlenzauber der Altsteinzeit

Der altsteinzeitliche Homo sapiens suchte nicht nur die Höhlen der Schwäbischen Alb auf, um dort Schutz zu finden und sich künstlerischem Schaffen hinzugeben. Auch Grotten in Südfrankreich und Nordspanien bezeugen seine Anwesenheit, die dort allerdings viel mehr ins Auge springt. Denn mit Hilfsmitteln wie einer Lampenschale aus Sandstein, in der sich Talg mit einem Wacholderdocht befand, drangen die urzeitlichen Jäger tief in zahlreiche Höhlengänge vor. Sie suchten auf derart mühsamen Wegen längst keine sichere Zuflucht, sondern augenscheinlich etwas anderes: Felsflächen tief im Schoß der Erde, auf die sie mit Ocker, Holzkohle und anderen Materialien Figuren, Motive, Szenen sowie Symbole malten.

Die ältesten dieser bisher entdeckten Höhlenmalereien birgt die Chauvet-Höhle im südfranzösischen Flusstal der Ardèche. Vor rund 30 000 Jahren begann man, in dieses anscheinend von Höhlenbären bewohnte Refugium vorzudringen und ein Abbild der nahen Tierwelt zu schaffen. In den über 200 Darstellungen finden sich insbesondere Jagdwild und Raubkatzen, wie sie auch die schwäbischen Elfenbeinschnitzer darstellten. Über sage und schreibe sechs Jahrtausende hinweg wagten sich die Menschen immer wieder in das Reich der Bären, um in der tiefen Dunkelheit weitere Tierbilder zu schaffen und dann die Höhle wieder zu verlassen. Vor 26 000 Jahren hinterließ ein Heranwachsender dabei im weichen Lehmboden seine Fußspuren – die ältesten eines Menschen überhaupt.

Höhlenmalereien fanden sich nicht nur im Ardèche-Tal, sondern auch andernorts. Wahrscheinlich kannten und nutzten sie auch die Jäger der Schwäbischen Alb, obwohl man bislang nichts davon entdeckt hat. In der jüngeren Altsteinzeit waren sie anscheinend derart verbreitet, dass man gar von einer paläolithischen Kunst spricht. Berühmtheit erlangte diese vor allem durch die Höhlenfunde von Lascaux in der südwestfranzösischen Dordogne und aus dem nordspanischen Altamira. Dort datieren die zahlreichen bestechend realistischen Tierzeichnungen immerhin 17 000 Jahre zurück; sie repräsentieren mit Chauvet und anderen Funden eine Kunstrichtung, die über Jahrtausende gepflegt wurde.

Was die Menschen dazu veranlasste, findet eine wahrscheinliche Erklärung darin, dass man für die Malereien tief in die Höhlen vordrang. So als suche man geheime, schwer zugängliche Orte. Dort wurden jene prägnanten Tierbilder geschaffen, die mehr als nur zweckfreie Kunst waren. Sie dienten wohl zuallererst als Mittel, um Zauber auszuüben und besondere Rituale zu begehen. Deren Ziel dürfte eine erfolgreiche Jagd gewesen sein. Aber darin drückte sich auch jene Achtung vor den Tieren aus, die ihnen bereits die Jäger der Schwäbischen Alb mit ihren Elfenbeinschnitzereien erwiesen. Die Tötung des Wildes galt als Tabu-Thema, das tief im Höhleninnern bewältigt wurde. Die Jahrtausende alten Kulturen der australischen Aboriginies sahen wie erwähnt in Tieren ihre archetypischen Vorfahren der Traumzeit. Damit billigten sie diesen zu, lange vor den Menschen die Grundlagen der Welt festgelegt zu haben. Ob die europäischen Steinzeitjäger das genauso sahen?

Lascaux und Altamira galten jedenfalls als Kultstätten und heilige Plätze, an denen junge Männer wohl ihre Weihen als angehende Jäger erhielten. Was hätte in ihrer rauen eiszeitlichen Welt einen besseren Initiationsweg darstellen können als ein enger Höhlenschacht! In der sakralen Grotte erfuhren sie im Kreise der Jägergemeinschaft den Übergang zum Mann, begleitet womöglich von Gesängen und Tänzen. Auch wäre es der rechte Zeitpunkt gewesen, um geheiligtes Wissen zu erfahren und die Mythen zu hören vom Ursprung der Welt sowie von der Bedeutung der Tiere. Hier erfuhr man vielleicht von den Geschicken göttlicher Wesen und den Abenteuern berühmter Helden. Die Mythologie der europäischen Kulthöhlen ist für immer verloren gegangen; denn die Malereien der Dunkelheit enthüllen uns letztlich nicht ihre Symbolsprache und tiefste Bedeutung.

Aber sie zeigen einzelne Motive, in denen man die wichtigste Person jener geheimnisvollen Handlungen zu erkennen glaubt: einen Schamanen. Diese in traditionellen Stammesgesellschaften als Berufene Geltenden üben bis in die Gegenwart eine wichtige Funktion aus – insbesondere unter sibirischen Jägergruppen, Inuit sowie nordamerikanischen Indianervölkern. Ihnen allen gelten sie als ausgezeichnete Menschen, die im Kontakt mit jenseitigen Wesen stehen. Dafür greifen sie auf Hilfsmittel wie Selbsthypnose, Rauschmittel und unter Tanz und Lärm ausgeführte Rituale zurück, um einen Zustand der Trance oder gar der Ekstase zu erreichen. Nicht selten scheinen Schamanen Epileptiker gewesen zu sein. Unter den Schlägen einer Zaubertrommel erleben sie Träume und Visionen, bei denen ihnen oftmals Hilfsgeister in Tiergestalt beistehen. So begeben sie sich auf Seelenreisen in Himmels- und Unterwelten. Auf diese Weise gelingen Geisterbeschwörungen, Prophezeiungen und Krankenheilungen. Der besessene Schamane übernimmt demzufolge auch Aufgaben eines Zauberers und Medizinmannes, schließlich eines Kenners der alten Mythen. Kein Wunder also, dass ihm ein enges Verhältnis zu den Tieren nachgesagt wurde. Überall drückt sich dies in Tiermasken aus, und vornehmlich Vögel symbolisieren die schamanische Seelenreise.

Ebensolche charakteristischen Details glaubt man in den altsteinzeitlichen Höhlenzeichnungen entdeckt zu haben. In Lascaux liegt etwa eine männliche Gestalt mit einem Vogelkopf vor einem mächtigen Wisent, auf einem Stab daneben sitzt ein Vogel. Zeigt diese uralte Szene ein schamanistisches Beschwörungsritual, eine Art von Jagdzauber – oder erzählt sie bloß von einem profanen Jagdunfall? In der südfranzösischen Grotte Trois Frères ist das Bild eines Wesens erhalten geblieben, das eine Mischung menschlicher und tierischer Attribute aufweist: Eine Menschengestalt scheint in verschiedene Felle gekleidet, wobei das Geweih auf ihrem Kopf den deutlichsten Bezug zu schamanischer Kleidung aufweist. Im Übrigen verehrten auch die Kelten in den letzten Jahrhunderten vor Chr. den Geweih tragenden Gott Cernunnos als Herrn der Tiere. Und im niederrheinischen Bedburg-Königshoven fand man ein Rothirschgeweih mit eingearbeiteten Löchern, das wahrscheinlich im Mesolithikum, der Mittelsteinzeit, als Schädelmaske Verwendung fand. In jener vorgeschichtlichen Epoche wurde um 6500 vor Chr. eine Frau mit einem Kind bestattet. Bei Bad Dürrenberg in Sachsen-Anhalt stieß man auf dieses Grab, das sich durch ungewöhnliche Beigaben auszeichnete. Dazu gehörte eine fein geschliffene Hacke, die wohl von weit her aus Südosteuropa stammte, die Panzer von Sumpfschildkröten sowie ein Hirschschädel mit Geweih. Manche Interpreten sehen darum in der Toten eine hoch angesehene Schamanin. Etliche Indizien sprechen dafür, dass in Kulthöhlen der Altsteinzeit Anschauungen wie der Schamanismus ihren Anfang nahmen, die sich noch viele Jahrtausende in Europa halten sollten.

Bauern, Hirten und Kreisgräben

Die Länder des nördlichen Europa veränderten sich um 10 000 vor Chr. zusehends. Bereits in den Jahrtausenden vorher waren die klimatischen Verhältnisse mehreren Wechseln unterworfen. In der nach einem dänischen Fundort benannten Allerød-Zeit sorgten vorübergehend höhere Temperaturen für ein feuchtes Klima, in dem lichte Wälder mit Birken und Kiefern wuchsen. In ihnen breiteten sich neue Tierarten wie Rothirsch, Reh, Elch, Auerochse, Braunbär und Wildschwein aus. Noch einmal musste dieses Landschaftsbild den vordringenden Gletschern und kargen Tundren weichen. Dann führte schließlich um 9600 vor Chr. eine Klimaerwärmung zum Ende der Eiszeit. Mit dem Holozän, der Nacheiszeit, begann für die Menschen Europas ein neues Zeitalter. Die bis zu 3000 Meter mächtigen Gletscher zogen sich nordwärts zurück und hinterließen von Irland über die Niederlande und Niedersachsen bis nach Südschweden eine bewaldete Seenlandschaft mit riesigen Moorflächen. Davon zeugen noch heute die Seenplatten Mecklenburgs und Finnlands. Eine andere Hinterlassenschaft der Eiszeit sind die insbesondere in Skandinavien, Norddeutschland sowie im Alpenvorland zurückgebliebenen Findlinge – große Gesteinsblöcke, die von den Gletschern transportiert und abgelegt wurden. Die allein liegenden Steingiganten faszinierten seit jeher die Menschen: In der Vorzeit verwendete man sie zum Bau von Hünengräbern, später rankten sich um sie Sagen und Legenden. Auch in der Nacheiszeit waren Klima und Landschaft starken Schwankungen unterworfen. Sie sorgten teilweise für lang anhaltende Niederschläge und das fortdauernde Schmelzen der Gletscher. Das durchgehende Festland im Norden veränderte sich durch den Anstieg des Meeresspiegels: Die Britischen Inseln wurden vom Kontinent getrennt, die Nordsee nahm ihr heutiges Verbreitungsgebiet ein, die Ostsee entstand. Große Teile Mitteleuropas waren nun von dichten Wäldern bedeckt, in denen vor allem Eichen, Ulmen sowie Linden wuchsen und Farne sich ausbreiteten.

Der Mensch hatte sich entweder all diesen Veränderungen anpassen oder nach Süden abwandern müssen. Noch während der langsam zu Ende gehenden Eiszeit, im sogenannten Magdalénien, waren die Rentierjäger ihrem Wild in die Tundren des Nordens gefolgt und nach Norddeutschland vorgestoßen. Seit damals geht man von einer mehr oder weniger kontinuierlichen Besiedlung Mitteleuropas aus. Zwei Fundorte am Mittelrhein erlauben einen Blick 15 000 Jahre zurück: In jener Zeit hatte sich der Rhein im Neuwieder Becken seeartig ausgebreitet. An beiden Ufern ließen sich nomadisierende Jäger vorübergehend nieder, auf deren Spuren man bei Gönnersdorf und Andernach stieß. Auf Schieferplatten fanden sich Ritzungen, die Pferde, Mammuts, ja sogar Robben zeigen. Und immer noch faszinierten die Menschen Frauendarstellungen, die abstrahierte Figuren ohne Kopf und Füße zeigen. Sie bewegen sich hintereinander und erinnern an eine Tanzszene. Wie stark Europa geologisch noch im Werden begriffen war, verdeutlichte der Ausbruch des nahen Laacher-See-Vulkans, der die gesamte Gegend einschließlich der Nomadenlager mit einer Bimsschicht überzog.

In der nacheiszeitlichen Mittelsteinzeit, dem Mesolithikum, sahen sich die Menschen mit grundlegenden Veränderungen konfrontiert. Die Zeit der Rentierjäger war vorüber, in Mitteleuropa breitete sich weiter Mischwald aus. Auf dessen Wild wie Rothirsch und Reh konnte keine Treibjagd mehr gemacht werden. Mühsam durchstreifte man darum den Wald nach Beute und Pflanzen. Die veränderten Umweltbedingungen mit ihren höheren Temperaturen brachten demzufolge keine Erleichterung, sondern erschwerten den Kampf ums Überleben.

Zur gleichen Zeit entstand in fast 3000 km Entfernung etwas ganz Außerordentliches, etwas noch nie Dagewesenes – das erste monumentale Zeugnis für Religion und mythische Vorstellungen: Vor mehr als 11 000 Jahren fanden sich im Südosten der heutigen Türkei Jägergruppen zusammen und entschlossen sich zu einer epochalen Kraftanstrengung. Sie errichteten auf dem Berg Göbekli Tepe ein Heiligtum, das sich nach dem derzeitigen Ausgrabungsstand als veritable Tempelanlage erweist. Alle Geheimnisse hat der vielräumige und über Jahrtausende genutzte Komplex längst noch nicht preisgegeben. Immerhin fanden sich kreisförmig aufgestellte T-förmige Pfeiler von bis zu drei Metern Höhe. Zahlreiche Reliefs zeigen in bestechend realistischer Darstellung Tiere wie Löwen, Stiere, Eber, Füchse, Gazellen, Schlangen sowie Vögel, außerdem schwer zu deutende Symbole und Zeichen. Dies alles ist wahrscheinlich den religiösen und magischen Vorstellungen einer Jägerkultur geschuldet, die bereits 20 000 Jahre früher die Elfenbeinfiguretten der Schwäbischen Alb bezeugen. Wie dort dürften auch in Anatolien Schamanen ihre Rituale mit Musik, Tanz und Trance begangen haben und mit dem Jagdwild sowie den Ahnen einer fernen Traumzeit in Kontakt getreten sein. Dies war gewissermaßen der Abgesang auf die uralte menschliche Kultur der Jäger und Sammler. Dass nach 8000 vor Chr. das gewaltige Bergheiligtum absichtlich verschüttet wurde, gilt als Zeichen einer neuen Zeit – der neolithischen Revolution.

Darunter versteht man den Beginn der Jungsteinzeit, des Neolithikums, die einen revolutionären Wandel mit sich brachte. Denn die Menschen wurden sesshaft und betrieben Ackerbau und Viehzucht. Die ersten Bauern kultivierten Getreidesorten wie Einkorn und Emmer und züchteten vor allem Schafe und Ziegen. Erstmals betrieb man gezielt Produktion und erwirtschaftete einen Überschuss an Nahrungsmitteln, die in Vorräten gesammelt wurden. Die Ortsverbundenheit führte zum Bau dauerhafter Behausungen, aber auch zur Erfindung der Töpferei und gebrannter Tongefäße (die Kulturgruppen der Jungsteinzeit werden demzufolge nach ihrer Keramik benannt). Dieses Bündel umwälzender Neuerungen vollzog sich just in der Nachbarschaft des Bergtempels von Göbekli Tepe: im südöstlichen Anatolien, im Zweistromland zwischen Euphrat und Tigris, in Palästina. Dort entwickelte sich offensichtlich nicht nur das Bauerntum, dort entstanden auch die ersten Städte: Das südanatolische Çatal Hüyük wurde aus Lehmbauten errichtet und um 7000 vor Chr. wahrscheinlich von 10 000 Menschen bewohnt. Damit konnte das womöglich ältere Jericho westlich des Jordan mit einigen Hundert Einwohnern nicht mithalten. Dafür verfügte es jedoch über eine drei Meter breite Stadtmauer.

Städten, Dörfern und Bauernhöfen sollte fortan die Zukunft gehören. Und die Bewirtschaftung des Ackerbodens von der Aussaat bis zur Ernte rief eine Vielzahl neuartiger Vorstellungen hervor. Um dafür den richtigen Zeitpunkt zu ermitteln, orientierte man sich an den Himmelsgestirnen, die große Bedeutung gewannen. Die Aussaat weckte Vergleiche mit dem Geschlechtsverkehr, den im Mythos eine Erdgöttin und ein Himmelsgott ausübten. Überhaupt galt die fruchtbare Erde zunehmend als heilig und rief die Verehrung von Muttergottheiten hervor. Den immerwährenden Kreislauf der Vegetation verbanden die bäuerlichen Kulturen mit zyklischen Vorstellungen, die im Gedanken der Wiedergeburt eine nachhaltige Ausprägung gefunden haben. Überall entstanden neue Mythen, die die alten verdrängten oder doch zumindest mit ihnen gemeinsam die jüngeren Vorstellungen beherrschten.

Nördlich der Alpen lassen sich die ersten Bauern um 5500 vor Chr. in Mitteleuropa nachweisen. Ihre Kultur wird als die der Bandkeramiker (auch Linienbandkeramiker) bezeichnet, deren Spuren von der Ukraine bis nach Frankreich reichen. Neben Emmer und Einkorn bauten sie Gerste und Hülsenfrüchte an; bei Rindern, Schweinen, Schafen sowie Ziegen erwiesen sie sich als erfolgreiche Viehzüchter. Große Teile Europas außerhalb des Nordens wurden erstmals erschlossen – mit kleinen Dörfern, festen, aus Flechtwerk und Lehm errichteten Häusern von bis zu 50 Metern Länge, mit künstlichen Brunnen, die sorgsam mit Holzbohlen verschalt wurden. Die Bandkeramiker schätzten anscheinend sauberes Trinkwasser! Diese bäuerliche Kultur besticht durch ihre Einheitlichkeit über Hunderte von Kilometern hinweg. Sie verband ein Verkehrsnetz, auf dessen Wegen insbesondere Feuerstein getauscht wurde. Woher die ersten Bauern Mitteleuropas kamen, ist letztlich ungewiss. Angeregt wurde ihre Kultur zweifelsohne aus dem Nahen Osten und vom Balkan. Unterstellte man ihre Ausbreitung früher einer Völkerwanderung, zieht man mittlerweile ein anderes Szenario vor. Ihmzufolge setzten sich die kulturellen Neuerer ganz überwiegend aus den Nachfahren jener Jäger und Sammler zusammen, die bereits in der Mittelsteinzeit Europa durchstreiften. Diese hätten Ackerbau und Viehzucht letztlich erlernt und übernommen.

Ihren Toten ließen die Bandkeramiker recht unterschiedliche Bestattungen zukommen: Deren Überreste fanden sich unter anderem in den Dorfgräben, die Skelette teilweise absichtlich zerlegt und geordnet. Wahrscheinlich waren es hingegen Oberhäupter der Dorfgemeinschaft, die man sorgfältig in Hockerstellung mit reichen Beigaben beerdigte. Außer den Grablegen bieten kleine Tonfigürchen Hinweise auf religiöse Vorstellungen. Sie stellen Haustiere wie Schweine und Rinder, aber auch Menschen dar und genossen wohl als Idole an herausgehobenen Kultplätzen besondere Verehrung.

Aber das Europa der Jungsteinzeit hatte auf Dauer kein einheitliches Gesicht – zahlreiche Kulturen trafen hier aufeinander und wechselten einander ab. Bereits die Landwirte der bandkeramischen Gruppen stießen auf alteingesessene Jäger, die noch lange an ihren Sitten und Bräuchen festhielten. Am Rhein trafen sie mit den Leuten der sogenannten La-Hoguette-Kultur aus Frankreich zusammen, deren Wurzeln vielleicht in Nordafrika und Spanien lagen. Diese frühen Westeuropäer verdingten sich noch als Sammler und Jäger, lebten aber hauptsächlich als nomadisierende Hirten, die Schafe und Ziegen züchteten und bereits Keramik kannten. Nach den bisherigen Erkenntnissen lebten die benachbarten Bauern und Hirten friedlich nebeneinander. Offensichtlich lag es nicht an einem „Kampf der Kulturen", als die Bandkeramiker nach einem halben Jahrtausend um 5000 vor Chr. untergingen. Vielmehr dürften heftige interne Auseinandersetzungen dazu geführt haben. An ihre Stelle trat eine Vielzahl regionaler Kulturen, deren wichtigste hier genannt seien: In Südskandinavien und in Norddeutschland hielten die Menschen der Ertebølle-Kultur noch 3000 Jahre der „Neolithisierung" stand; das heißt, sie jagten, fischten und sammelten eifrig Muscheln, ohne zu Bauern zu werden. Gleichwohl hielten sie sich bereits Haustiere und nutzten Keramikgefäße. Erst 1000 Jahre nach dem Verschwinden der bandkeramischen Einheitskultur traten im Norden mit den Trichterbecher-Leuten die ersten Bauern in Erscheinung. Ihr Bauerntum breitete sich jedoch nur langsam aus. Gegen Ende der Jungsteinzeit im Laufe des 3. Jahrtausends vor Chr. prägten vor allem zwei Kulturen die Gebiete nördlich der Alpen: Die der Glockenbecher-Leute kam mutmaßlich aus dem Südwesten, während die Herkunft der Schnurkeramiker letztlich ungewiss ist. Auch als Streitaxtleute bezeichnet und mit den Indogermanen gleichgesetzt, sollten sie die Geschichte Europas nachhaltig prägen.

Die Vielfalt der Kulturen stand der weiteren Entwicklung der Bauerngesellschaften nicht im Wege, sondern förderte sie sogar. Dies zeigt sich an der Verwendung des Hakenpflugs, am Einsatz des Rindes als Zugtier und Aufkommen von Rädern sowie Wagen, die für das 4. Jahrtausend vor Chr. erstmals bezeugt sind. Folgerichtig wurden Bohlenwege angelegt, die die Flüsse als Verkehrswege ergänzten.

Für Mitteleuropa brach mit der letzten Phase der Steinzeit nicht nur eine Epoche großer Langhäuser an, wie sie bekanntlich die Bandkeramiker errichteten. Die bäuerlichen Gruppen leisteten ebenso ungeheure Kraftanstrengungen und koordinierte Gemeinschaftsarbeit, was sich erstmals in der Errichtung großflächiger Erdwerke zeigte. Diese umgaben ein Areal mit vermeintlichen Befestigungen aus Gräben und mit Holzstämmen bewährten Wällen. In Urmitz im Neuwieder Becken stieß man auf die Spuren einer der mächtigsten dieser Anlagen. Sie erstreckte sich halbkreisförmig am Rheinufer und maß immerhin einen Durchmesser von 1,2 km. Welchen Zwecken solche umgrenzten Gebiete dienten ist unklar. Die Mutmaßungen darüber reichen von profanen Befestigungen bis zu geheiligten Zonen. Für eine religiöse Bedeutung spricht jedoch die Erbauung der Kreisgrabenanlagen, die im Laufe des 5. Jahrtausends regelrecht aus dem Boden gestampft wurden. Ob in Niederbayern oder der Slowakei, in Niederösterreich oder Mitteldeutschland – in vielen Gebieten Mitteleuropas machten sich die Menschen unterschiedlicher Kulturen daran, diese beeindruckenden Erdwerke zu errichten. Die Bodenspuren von deren 120 konnten bisher entdeckt werden. Zu den bekanntesten zählen diejenigen von Goseck (Tafel III unten) in Sachsen-Anhalt und von Nickern bei Dresden. Die erste Anlage wurde mittlerweile rekonstruiert und vermittelt insofern den Eindruck aus der Zeit vor 7000 Jahren. Der eigentliche Ringgraben maß einen Durchmesser von 71 Metern und war seinerseits von einem flachen Erdwall umgeben. Im Innern hatte man zwei Palisadenreihen errichtet, die keinen Blick auf das anscheinend unbebaute Innere erlaubten. Ähnlich war die Anlage von Nickern errichtet, allerdings maß sie 124 Meter im Durchmesser und wurde von vier bis zu 2,5 Metern tiefen Gräben umgeben. Das Gosecker Begrenzungssystem unterbrachen lediglich drei Öffnungen, die anscheinend nach astronomischen Gesichtspunkten angelegt waren. Sie markierten nämlich den Auf- und Untergang der Sonne zur Zeit der Wintersonnenwende, ebenso konnten entsprechende Einrichtungen für die Sommersonnenwende rekonstruiert werden.

Folglich dienten die Kreisgrabenanlagen – insofern man auf alle schließen darf – als Sonnenobservatorien, um den für bäuerliche Gesellschaften wichtigen Jahresablauf mit den markantesten Zeitpunkten der Sonnenwenden zu bestimmen. Dies dürfte allerdings nicht die ganze Wahrheit sein; denn die Palisaden verdecken nicht zufällig die Sicht auf das Innere der Ringanlage. Sie umgrenzen eine weite Mitte, die als geheiligter Raum von der profanen Umwelt getrennt wurde. Im Innern dieser ersten Kultanlagen nördlich der Alpen beging man wahrscheinlich Feiern, nahm junge Männer mit Initiationsriten in den Kreis der Erwachsenen auf und vollzog Opferrituale. Auf ein solches ist womöglich der einzigartige Fund in einer mittelfränkischen Anlage zu deuten. Dort hatte man eine Frau kopfüber in einer Grube bestattet. Wenig spricht jedenfalls dagegen, die mitteleuropäischen Kreisgrabenanlagen als sakrale Zentren der benachbarten Dörfer zu verstehen. Die Mythen der Jungsteinzeit ergriffen gleichsam von der Landschaft Besitz.

Steingewordene Religion – Die Großsteingräber und ihre Tempel

Während die Kreisgrabenanlagen im Laufe der Zeit eingeebnet wurden, in Vergessenheit gerieten und erst mithilfe der Luftbildarchäologie wieder entdeckt wurden, blieben andere Bauwerke bis heute erhalten. Diese monumentalen Anlagen, errichtet aus mächtigen Steinen (daher Megalithkultur, „Großsteinkultur"), geben etlichen Landstrichen West- und Nordeuropas ein eigentümliches Gepräge. Dazu zählen die gigantischen Steinkreise des englischen Stonehenge (Tafel II oben), die kilometerlangen Steinalleen der Bretagne, Irlands gewaltige Grabanlagen, aber auch die Steinbetten und Hünengräber Norddeutschlands sowie Dänemarks. Hünen schrieb man ihre Errichtung in der Tat zu; denn anscheinend vermochten nur riesenhafte Kräfte die Wunderwerke erbaut zu haben: Tausende von tonnenschweren Steinsäulen – manche bis zu 20 Meter hoch – wurden aufgerichtet, zum Teil aus 200 km entfernten Steinbrüchen herantransportiert, wuchtige Decksteine hob man auf ihre steinernen Träger (Tafel IV unten). Kein Wunder also, dass die Nachwelt sich die geheimnisvollen Riesengebilde nicht erklären konnte. Demzufolge schrieb man sie im Laufe der Jahrtausende mythischen Wesen, Zauberern und namentlich bekannten jüngeren Völkern wie den Kelten und Germanen zu. Die Megalithe wurden verklärt und mit einer mystischen Aura umgeben. Sie blieben als Mythenzeichen des nördlichen Europa erhalten und regen bis heute die Phantasie der Menschen an.

Dabei scheint die Sitte, Großsteinbauten zu errichten, um 5000 vor Chr. im westlichen Europa aufgekommen zu sein. Jedenfalls finden sich ihre Zeugnisse vom westlichen Mittelmeer über die Iberische Halbinsel und Westfrankreich bis zu den Britischen Inseln, dem nördlichen Teil Deutschlands und Südkandinavien. Sie folgen in auffallender Weise den Meeresküsten und treten seltener im Innern Europas auf. Die Megalithbauer kannten eine Vielzahl von Formen: darunter einzelne, aufrecht stehende Steinpfeiler, die sogenannten Menhire, die lange Reihen bildeten (die Alignements) oder neben Erdwällen Bestandteile kreisförmiger Anlagen waren (Henges); kompakte Gebilde aus aufgeschichteten Feldsteinen, die mehrere Grabkammern umschlossen (Cairns); Grabkammern aus großen Steinblöcken, die von einem mehr oder weniger dicken Erdmantel umgeben waren und teilweise als Lang- und Rundhügel erschienen (Dolmen, Ganggräber, Hünenbetten u. a. m.) (Tafel III oben).

Lange hielt man die Großsteinbauten für einen Import aus der Mittelmeerwelt, wo sich insbesondere auf Malta mächtige Tempelbauten erhalten haben. Mittlerweile denkt man sich die ältesten Anlagen in Nordspanien, der Bretagne und Irland erbaut. Der einem lang gestreckten Hügel ähnelnde Cairn von Barnenez in der Bretagne ist wahrscheinlich das älteste Bauwerk Europas. Auf einer Länge von 75 Metern, 25 Metern Breite und acht Metern Höhe wurden 3000 Tonnen Doleritsteinplatten aufeinandergeschichtet, dazu 1000 Tonnen Granit, den man aus zwei Kilometern Entfernung heranschaffte. Dies geschah in zwei Bauphasen, nämlich um 4900 vor Chr. und 500 Jahre später. Damit ist der Cairn über 2000 Jahre älter als die Pyramiden von Giseh. Wie diese diente er als Grabstätte: Insgesamt führten elf Ganggräber in sein Inneres, die aus großen Granitplatten für die Seitenwände und Decksteine erbaut wurden. Wie sie auf diese aufwendige Grabform kamen, wird wie so vieles der Megalithkultur das Geheimnis ihrer Erbauer bleiben. Womöglich nahmen sie sich die Langhäuser der Bandkeramiker zum Vorbild. Wie diese den Lebenden als Wohnstätte dienten, sollte der bretonische Cairn den Toten eine Heimstatt bieten – aus Stein gewissermaßen für die Ewigkeit errichtet.

Und so wie die Langhäuser vielen Menschen ein Heim waren, dienten die unterschiedlichen Grabbauten zumeist mehreren Toten als letzte Ruhestätte – Verstorbenen mehrerer Generationen und verschiedener Zeiten. Je nach Größe fanden sich in den Grabkammern die Überreste von bis zu mehreren Hundert Bestatteten. Das erforderte immer wieder die Öffnung des Bestattungsraumes, den Zugang zu den Toten vergangener Generationen und die Beisetzung kürzlich Verstorbener. Diese Kollektivgräber der Megalithleute sprechen für die gleiche Behandlung der Bestatteten, unabhängig von ihrer gesellschaftlichen Stellung innerhalb der Gemeinschaft. Sie zeugen auch von keiner Scheu vor den sterblichen Überresten der Vorfahren, deren Kontakt die Lebenden offensichtlich suchten. Dieses Verhalten ist nicht selbstverständlich, denn aus jüngeren Zeiten kennt man eine ausgemachte Furcht vor den Toten, die sogar mittels Enthauptung und Pfählung unschädlich gemacht wurden.

Anders die Menschen der Jungsteinzeit, die im Steingrab einen Zugang zu den Toten ließen. In einem Vorraum kam man zusammen, um besondere Feiern zu begehen, der Ahnen zu gedenken und den Verstorbenen reiche Beigaben mitzugeben: Tongefäße mit Speisen, Waffen, Werkzeug und Schmuck. Dem Brauch, aus mächtigen Steinblöcken Gemeinschaftsgräber zu errichten, folgten im nördlichen Europa die meisten Kulturen: Im Lauf des 4. Jahrtausends vor Chr. breitete er sich auf den Britischen Inseln aus und fasste auch in Südskandinavien sowie Norddeutschland Fuß, wo um 3000 vor Chr. die meisten Anlagen entstanden.

Die Megalithbauten und die südlicheren Erdwerke überzogen Teile Europas mit einem Netz sakraler Bauwerke, dessen Monumentalität wohl nie mehr erreicht wurde. Ob Gräber, Tempel und heilige Orte eine Mythenlandschaft bildeten, ist seit Langem Gegenstand unzähliger Diskussionen. Wie solch eine religiös bestimmte Region hätte aussehen können, mag ein Beispiel aus Südschweden veranschaulichen: Dort findet sich in Falbygden (Provinz Västergötland) eine alte Kulturlandschaft, der die Bewohner der Jungsteinzeit um 3000 vor Chr. anscheinend ein sinnvolles Gepräge gaben. Denn zwischen den großen Seen Vänern und Vättern errichteten sie in einem Umkreis von wenigen Dutzend Kilometern fast 300 Megalithgräber. Diese befanden sich meistens auf Anhöhen, von denen man keinen Blick auf die benachbarten Dörfer, wohl aber auf die Berge am Horizont werfen konnte. Die Ahnenplätze standen damit im Blickkontakt zu den Göttern, als deren Reich man die Berge betrachtete. Den Jenseitigen und Überirdischen waren auch die Moore geweiht, in denen man Opfer darbrachte. Die westschwedische Gegend wäre demnach vor 5000 Jahren bewusst gegliedert worden in die Welten der Lebenden, der Toten sowie der göttlichen Mächte.

Etwa gleichzeitig entstand das berühmteste Monument der irischen Megalithkultur – der Grabhügel von Newgrange bei Dublin. Aus 180 000 Tonnen Gestein und Lehm errichteten die vorgeschichtlichen Iren einen Bau von elf Metern Höhe bei einem Durchmesser von 90 Metern. Ein 22 Meter langer Gang führt in die kreuzförmige Grabkammer, deren Gewölbe eine Höhe von sieben Metern erreicht. Der teilweise rekonstruierte Kuppelbau wurde einstmals von einem Steinkreis begrenzt, was seinen mächtigen Eindruck zweifelsohne verstärkte. Allerdings dürften dort nur fünf Personen bestattet worden sein; weil sie wahrscheinlich herausragende Stammesführer waren, bezeichnet man ihre letzte Ruhestätte als Königsgräber. Die Erbauer des Grabhügels griffen wie die der mitteleuropäischen Kreisgrabenanlagen auf ihr astronomisches Wissen zurück. Sie ließen nämlich über dem Eingangsportal eine Öffnung frei, durch die zur Wintersonnenwende ein Strahl der aufgehenden Sonne durch den Gang bis in die innere Kammer drang. Diese erstaunliche Präzision des Neolithikums mochte der Kalenderbestimmung geschuldet sein. Mehr noch verweist sie auf eine Symbolik des Sonnenlichts, das am kürzesten Tag des Jahres einen neuen Kreislauf repräsentiert. Das Wissen um die Bedeutung von Newgrange ging im Laufe der Jahrtausende verloren. Die gewaltige Grabanlage glich schließlich einem natürlichen Hügel inmitten der Ebene nahe des Flusses Boyne. Bezeichnenderweise galt er der viel jüngeren keltischen Mythologie der Iren als Heimstätte der Elfen und Tor zur Anderwelt.

Die Mythen der Megalitheuropäer sind hingegen unbekannt. Kein Stein erzählt ihre Geschichten oder nennt ihre Götter. Der Sinn ihrer Aufzeichnungen ging verloren; aber in zahlreichen Grabanlagen zwischen dem Atlantik und der Ostsee finden sich durchaus symbolhafte Zeichen, die einem vorgegebenen System zu folgen scheinen. Auch in Newgrange wurden Steinplatten mit Spiralen und Zickzackmustern versehen. Andernorts konnte man Strichsysteme und Symbole wie Beile und Krummstäbe entziffern. Waren dies bloße Verzierungen oder hatten sie einen uns unbekannten Sinn? Vielleicht dienten die eingeritzten Zeichen dazu, auf immer wiederkehrende Kreisläufe der Natur zu verweisen. Womöglich waren sie Hieroglyphen der Vorzeit, denen man eine heilige Kraft unterstellte. Verständlicher scheint die sogenannte Dolmengöttin zu sein, die an uralte Frauendarstellungen erinnert: Nur andeutungsweise taucht sie vielerorts im Innern von Megalithgräbern auf, als kopfloser Torso mit Brüsten und Halsschmuck. Wahrscheinlich erweist sie sich als Frühform einer Fruchtbarkeits- oder Todesgöttin, die ausdrückliche Verehrung genoss.

Aber die Menschen der Jungsteinzeit pflegten nicht nur eine monumentale Grabkultur. Mit den Menhiren stellten sie markante Steinsäulen auf, deren Zahl in die Tausende ging – allein in der Bretagne zählte man im 19. Jahrhundert noch 4700 von ihnen. Ansonsten waren sie offensichtlich insbesondere auf den Britischen Inseln verbreitet, fanden sich unter anderem jedoch auch im Rheinland. Die „langen Steine“ (so die Bedeutung des keltischen Wortes Menhir) bildeten mitunter lang gestreckte Reihen sowie Kreise, von denen allein auf den Britischen Inseln weit über tausend nachgewiesen wurden. Einen Schritt weiter gingen die sogenannten Henges, kreisförmige Areale, die von einem aufwendigen System von Wällen, Gräben sowie Steinkreisen begrenzt wurden. Mit Stonehenge und Avebury finden sich ihre berühmtesten Vertreter in der südwestenglischen Grafschaft Wiltshire, deren fruchtbaren Flusstäler und Niederungen bereits vor 5000 Jahren dicht besiedelt waren. Die neolithischen Bauern hinterließen in einem Radius von zehn Kilometern etwa 500 Monumente – vom einzeln stehenden Menhir bis zu den genannten Riesenanlagen. Um die Mitte des 3. Jahrtausends vor Chr. entstand jene von Avebury, deren äußerer von 98 Steinsäulen bekrönter Ringwall einen Durchmesser von mehr als 400 Metern maß und lediglich von einer Prozessionsallee unterbrochen wurde. Zweifelsohne diente der Henge religiösen Zwecken; seine Größe spricht dafür, ihn als zentrales Heiligtum inmitten einer sakral geprägten Landschaft zu sehen.

Avebury wurde schließlich nach einigen Jahrhunderten von Stonehenge abgelöst, dessen noch heute beeindruckende Reste gleichsam zum Symbol nordeuropäischer Spiritualität der Vorzeit geworden sind. In der Tat sprechen allein die Zahlen für sich: Zwei Jahrtausende baute und nutzte man die Anlage, bis sie um 1100 vor Chr. endgültig aufgegeben wurde. In dieser Zeit entstanden innerhalb eines Ringwalls von 114 Metern Durchmesser vier Steinkreise, für die teilweise Trilithen typisch waren – „Dreiersteine" aus zwei Trägersteinen und einem auf ihnen liegenden Deckstein. Der Rätsel um Stonehenge gibt es viele; allein der notwendige Arbeitsaufwand ist beeindruckend. Ein Beispiel: Die Steine der beiden inneren Kreise transportierte man aus dem 200 Kilometer entfernten Wales heran, was auf Rollen, Schlitten und mit viel menschlicher Muskelkraft durchaus machbar war.

Aber wozu das alles? Der ungeheure Aufwand für Stonehenge und die zahlreichen anderen Anlagen der Megalithkulturen verdeutlicht deren herausragende Bedeutung. Die einzelnen Dorf- respektive Stammesgemeinschaften schufen sich bleibende Denkmäler, wahrscheinlich um ihr Machtgebiet zu markieren, aber auch als Heiligtümer für kultische Feiern. Dort opferte man den verehrten Vorfahren sowie Gottheiten, von denen nichts bekannt geblieben ist. Die zahllosen Versuche, Stonehenge zu verstehen, machen eine astronomische Bedeutung wahrscheinlich – ähnlich wie bei den mitteleuropäischen Kreisgrabenanlagen. Manchen Interpretationen gilt die komplexe Anlage darum als jungsteinzeitliches Observatorium. Aber ob Grab, Tempel, astronomische Peilstation oder alles zusammen: Die Mythen der Großsteingräberleute gingen verloren. Gegen Ende des 3. Jahrtausends ging ihre monumentale Kultur dem Ende entgegen. Vielleicht sorgte eine Klimaverschlechterung für niedrigeren Wohlstand und damit für weniger Arbeitskräfte, die für dergleichen Gemeinschaftsarbeiten abgestellt werden konnten. Womöglich kamen neue Bestattungsbräuche hinzu, die von Einwanderern mitgebracht und übernommen wurden. Die Menschen der Glockenbecherkultur gingen jedenfalls zur Einzelbestattung der Toten über, die allenfalls von einem Grabhügel bekrönt wurden. Die geheimnisvollen Monumente der Megalithkultur wurden selbst zu Mythen einer fernen Vergangenheit.

Die Götter der Indoeuropäer

Während sich im Laufe des 3. Jahrtausends vor Chr. immer weniger Menschen der alten Großsteinsitte hingaben, breitete sich allmählich eine neue Kultur aus, deren Träger wahrscheinlich Einwanderer aus den östlichen Steppen waren. Diese nach ihrer kennzeichnenden Töpferware benannten Schnurkeramiker bzw. Streitaxtleute (nach ihren martialischen Waffen) begruben ihre Toten einzeln. Erstmals im nördlichen Europa unterschieden sie dabei streng nach deren Geschlecht; denn Männer wurden auf der Seite hockend mit dem Kopf nach Westen, Frauen Richtung Osten bestattet. Beider Blick ging immer südwärts. Über derartigen Einzelgräbern wurde allenfalls ein Erdhügel aufgeschüttet. Monumentale Anlagen waren den Schnurkeramikern fremd. Vieles spricht dafür, dass sie verstärkt Viehzucht betrieben und dass ihren Pferden eine besondere Rolle zukam. Ihr Siedlungsgebiet erstreckte sich schließlich vom nördlichen Mitteleuropa bis weit in Russlands Steppen. Ihre typischen Streitäxte sprechen dafür, dass sie als kriegerische Eroberer auftraten, die sich mit der alteingesessenen Bevölkerung vermischten.

Viel mehr wüsste man über diese Kultur nicht, würden ihre Träger nicht üblicherweise mit dem Volk der Indogermanen bzw. Indoeuropäer gleichgesetzt. Sprachhistorische Vergleiche führten nämlich dazu, die meisten europäischen Sprachen sowie unter anderem das Iranische und Indische miteinander als urverwandt anzusehen. Herkunft und Heimat dieses Phantom-Volkes sind umstritten, werden aber zumeist nördlich des Schwarzen Meeres angesiedelt. Die Verwandtschaft der indogermanischen Sprachen ist unumstritten, die Geschichte ihrer prähistorischen Sprecher kann jedoch nur anhand moderner Vergleiche rekonstruiert werden. Zweifelsohne zählten die Kelten und Germanen zu ihren frühgeschichtlichen Nachfahren – was sich unter anderem an ihren Göttervorstellungen zu zeigen scheint. Denn offensichtlich kannten die Schnurkeramiker drei herausragende Gottheiten, die die Aspekte der Macht, der Stärke sowie der Fruchtbarkeit repräsentierten. Etliche Vorstellungen, Götter sowie Motive finden sich nicht nur in den jüngeren keltischen und germanischen Mythen, sondern auch in denen der Griechen, Römer und Inder. Bei aller Ungewissheit steht somit am Ende der Steinzeit der Beginn von Göttern und Mythen, die auf vielerlei Wegen zumindest als Relikte ihren Weg in die jüngeren Mythologien des Nordens gefunden haben.

3

Himmelsscheibe, Sonnenwagen und Felsbilder – Die Bronzezeit in Mittel- und Nordeuropa

Mythos Schmied

Er gibt der fernen vorgeschichtlichen Vergangenheit ein persönliches Gesicht und wurde nach seinem Aufsehen erregenden Fund 1991 selbst zum Mythos: Der Mann aus dem Eis respektive vom Hauslabjoch in den Südtiroler Ötztaler Alpen, für den sich das liebevolle Kürzel „Ötzi" eingebürgert hat. Die wissenschaftliche Analyse seiner bestens erhaltenen Gletschermumie brachte ein Schicksal der Jungsteinzeit an den Tag, das sich auf einen Frühlings- oder Frühsommertag vor ca. 5300 Jahren datieren lässt: Damals stieg „Ötzi" aus den Alpentälern hinauf auf eine Höhe von mehr als 3200 Metern, um den Tod zu finden – verursacht durch den Pfeil eines Verfolgers. Welcher Kampf sich dort oben abspielte und wer der Mann aus dem Eis war, wird letztlich ungeklärt bleiben. Zweifellos gehörte der etwa 40-Jährige der Führungsschicht seines Dorfes an, denn unter seiner erhalten gebliebenen Ausrüstung fand sich ein Gegenstand von großem Wert: eine knapp 10 cm lange Kupferbeilklinge, die an einem Eibenholzschaft befestigt worden war. Um 3300 vor Chr. kannten die Bewohner des Alpengebiets nämlich neben dem weiterhin verwendeten Stein Metall als Material. Die Lehre von der Gewinnung und Bearbeitung des recht weichen und gut formbaren Kupfers war aus Vorderasien bis zu ihnen gedrungen. Das Hochgebirge war reich an Kupfererzen; es bot sich insofern an, diese abzubauen und in primitiven Verhüttungsöfen unter Verbrennen von Holzkohle und Zuführung von Luft durch einen Blasebalg zum Schmelzen zu bringen. Das Ergebnis waren Kupfergusskuchen bzw. Kupferbarren, die leicht transportiert und somit gehandelt werden konnten. Gelangte man in ihren Besitz, konnte man sie wieder einschmelzen und in Gussformen aus Stein und Ton gießen. Auf diese Weise wurden Waffen, Geräte und Schmuck gewonnen und so war auch die Kupferklinge vom Hauslabjoch hergestellt worden. Zu ihrer Zeit galten allerdings derartige Metallgegenstände als seltene Objekte, äußerst wertvoll und darum als Statussymbole beliebt.

Darum musste „Ötzi“ zu den Führern seiner Dorfgemeinschaft zählen und genoss vielleicht als Krieger großen Ruhm. Flüchtling, Wanderhirte oder Schamane – als vielerlei hat man ihn darüber hinaus interpretiert, ohne dafür über schlüssige Beweise zu verfügen. Hatte er womöglich etwas mit der Kupferverarbeitung zu tun? Eine hohe Metallkonzentration in seinen Haaren könnte ein Hinweis darauf sein. Damit hätte er zu einer kleinen Gruppe von Männern gehört, die das Wissen der Metallverarbeitung beherrschten. Denn wie man die ersten Metalle Kupfer, Zinn, Gold und Silber gewann, wie man später gar Kupfer und Zinn zu Bronze legierte und schließlich das harte Eisen herstellte, das beherrschten lange Zeit nur wenige. Die bis heute andauernden Metallzeiten brachten die Geburtsstunde des Schmieds mit sich, der stets eine Sonderrolle spielte: Sei es als Wissender eines Know-hows, mit dessen Hilfe man Macht, Einfluss und Reichtum gewann, sei es als Angehöriger einer Elite oder als Ausgestoßener am Rande der Gesellschaft.

Die Bedeutung der Metallurgen belegt das Grab eines Mannes, der 1000 Jahre nach dem Mordopfer aus dem Eis lebte und die klangvolle Bezeichnung des „Bogenschützen von Amesbury“ erhielt. Seine letzte Ruhe fand er nur fünf Kilometer von Stonehenge entfernt. Folglich lebte er im Umkreis des gewaltigen Megalithbaus und verkehrte mit den mächtigen Stammesältesten, zu denen er zweifellos engsten Kontakt pflegte. Denn auch der Bogenschütze (benannt nach den Pfeilspitzen und Bogenutensilien seines Grabes) war offensichtlich ein einflussreicher Mann. Mit über 100 Beigaben bildet seine Bestattung die reichste der frühen Bronzezeit in England. Dazu gehören drei Kupfermesser aus Spanien und Frankreich sowie Goldohrringe und -haarspangen. Mithilfe zahlreicher wissenschaftlicher Untersuchungen kam Bemerkenswertes zutage: Der Bogenschütze stammte nämlich aus dem Alpengebiet, wahrscheinlich aus der heutigen Schweiz. Anscheinend kam er wegen seiner Schmiedekünste nach England, wo man sie noch nicht beherrschte. Damit repräsentierte er gleichsam die Bronzezeit, in der das Wissen um die Metallherstellung nur einer Gruppe von Spezialisten vorbehalten blieb, in der sich eine Stammeselite herausbildete, die durch den Handel mit Bronze und Zinn reich wurde. Erstmals erschloss ein dichtes Handelsnetz Europa, das die einzelnen Regionen für neue Ideen und religiöse Vorstellungen öffnete.

Das war die Geburtsstunde des Schmiedes, dessen geheimnisvolle Tätigkeit mit Magie und Götterkult zu tun haben schien. Seit der Vorgeschichte spielte er bis in den Volksglauben der jüngsten Neuzeit eine besondere Rolle, die von ethnologischen Beobachtungen unter Naturvölkern bestätigt wird. Denn in der religiösen und mythischen Sphäre schien der Schmied mit überirdischen

Mächten im Bunde zu sein. Seit der Bronzezeit trat er als Meister des Metalls dem Schamanen zur Seite, verdrängte ihn sogar, oder die jeweiligen Vorstellungen vermischten sich. Er verstand es, die Macht des Feuers zu entfachen, zu bändigen und für sich nutzbar zu machen. Und entriss er nicht der Erde deren ureigenste Gewächse, die Erze, die später in Bergwerken tief unten abgebaut wurden. Musste er da nicht mit der Erdmutter in einer engen Beziehung stehen, musste er nicht die bedrohlichen Wesen der Unterwelt besänftigen! Insofern schien der Schmied einer heiligen Sphäre anzugehören, galt er nicht selten als Priester und Zauberer, ebenso als Heiler, dem man geradezu ärztliche Kraft unterstellte. Faszination mischte sich bei seinem Anblick mit Angst – kein Wunder also, dass er mal als mächtiger Herrscher, mal als ausgestoßener und verachteter Sonderling gilt (was sich nicht selten durch eine Körperbehinderung ausdrückt). Vom Jägervolk der sibirischen Jakuten bis zu den westafrikanischen Feldbauern der Dogon verehrt man ihn als halbgöttlichen Bringer der Kultur, als Donnerer und anderes mehr.

Demzufolge hat der Schmied unter vielen Völkern Einzug in die Mythologie gehalten. Die Griechen und Römer kannten ihn als Hephaistos und Vulcanus, der walisische Gofannon ist wohl auf einen keltischen Schmiedegott zurückzuführen, für das finnische Epos Kalevala ist der Himmelsschmied Ilmarinen von großer Bedeutung und die germanische Mythologie und Heldensage nennt allenthalben den legendären Schmied Wieland, der nach einem Teil der Überlieferung immerhin ein Albe, also überirdischer Herkunft war. Die geheimnisumwitterte und gefahrvolle Sphäre des Bergbaus und der Metallverarbeitung zeigte sich daran, insbesondere Götter und überirdische Wesen wie Riesen und Zwerge in ihr walten zu lassen. Gerade die Letzteren wurden in der germanischen Mythologie wie im Volksglauben zu Bergleuten und Schmieden par excellence. In den altnordischen Mythen schaffen sie die wichtigsten Kleinode der Götter, darunter Thors wundersamen Hammer – das uralte Handwerksgerät der Schmiedekunst!

Diese setzte sich seit dem ausgehenden 3. Jahrtausend vor Chr. langsam in Europa durch. In Skandinavien brach die Bronzezeit erst 500 Jahre später an. Wie niemals zuvor sahen sich die Menschen nördlich der Alpen zahlreichen Einflüssen ausgesetzt, wobei sie selbst eine beachtliche handwerkliche Meisterschaft an den Tag legten. Wie erwähnt, kontrollierte ihre reiche Führungsschicht den Handel und war eng in das religiöse Weltbild der Zeit eingebunden. Dies zeigte sich unter anderem daran, dass Megalithgräber weiter genutzt wurden. Die monumentale Stonehenge-Anlage stellte man jetzt sogar erst endgültig fertig. Daneben erfreute sich jedoch das imposante Hügelgrab wie schon so oft großer Beliebtheit – besonders wenn es galt, die Macht eines Verstorbenen für die Nachfahren sichtbar zu machen. Das drückte sich auch in einer Vielzahl wertvoller Beigaben aus: Bronzegegenstände wie diverse Waffen und Schmuck, ein prächtiges Bernsteinkollier, Preziosen aus Gold, Sicheln und später vierrädrige Wagen mit Speichenrädern, die anscheinend kultische Bedeutung hatten. Gerade die kunstvoll geschmiedeten Bronzen sind nicht selten Vermittler einer filigranen Mythologie, deren Details ungewiss sind. Bemerkenswert sind dabei Sonnen- und Schiffssymbole, die im Lauf des 2. Jahrtausends vor Chr. eine zunehmend wichtige Rolle spielen.

Die Verbundenheit von Macht und Schmiedekunst scheint das sogenannte Fürstengrab von Leubingen (Thüringen) zu bestätigen. Dort bestattete man um 1940 vor Chr. einen Mann unter einem mächtigen Grabhügel in einer hölzernen Kammer, die mit Steinen beschwert wurde. Neben den wie andernorts üblichen reichen Beigaben befanden sich auch ein sogenannter Kissenstein, der als Amboss diente, sowie ein Meißel für Metallverzierungen. Der Tote hatte diesen gleichsam symbolischen Schmiedeutensilien viel zu verdanken, nämlich Reichtum und Macht. Und womöglich hatte er selbst jenes metallurgische Geheimwissen besessen, das seit der Entdeckung der Metalle die Kultur der vorgeschichtlichen Menschen prägte.

Der Mythos der Himmelsscheibe

Während die meisten Zeitgenossen des Fürsten von Leubingen eher schlicht bestattet wurden, errichtete man nur ausnahmsweise riesige Hügelgräber, in denen sich hölzerne Grabkammern und reiche Beigaben fanden. Sie repräsentierten ganz offensichtlich eine wohlhabende Führungsschicht, die nicht nur die Metallbearbeitung beherrschte, sondern auch den Handel mit Gold, Kupfer, Zinn sowie dem begehrten Salz kontrollierte. Unter den zahlreichen Kulturgruppen des Bronzezeitalters rechnet man sie der Aunjetitzer Kultur zu, die ihren Namen nach einem Fundort nahe Prag erhielt. Ihr Kerngebiet erstreckte sich über das östliche Mitteleuropa – von Niedersachsen bis nach Polen, von Mitteldeutschland bis zur Donau. Die „Aunjetitzer" beherrschten die frühe Bronzezeit bis Mitte des 2. Jahrtausends vor Chr. und übten europaweiten Einfluss aus.

Wie andere Gruppen jener Zeit hinterließen sie der Nachwelt ein reiches Vermächtnis, das meistens erst nach mehr als dreieinhalbtausend Jahren ans Tageslicht gelangte: in der Erde verborgene Horte aus kostbaren Metallgegenständen. Warum die Europäer damals ganze Schätze vergruben, muss in Ermangelung schriftlicher Zeugnisse ungewiss bleiben. Wie zu allen Zeiten und bis in die Gegenwart wurden etliche Depots zweifellos mit der Absicht angelegt, sein Eigentum zu verstecken und in Sicherheit zu bringen – sei es, um darauf beliebig zurückgreifen zu können, sei es wegen kriegerischer Bedrohungen. Etliche Hortfunde scheinen jedoch aus religiösen Gründen dem Erdreich anvertraut worden zu sein. Dafür sprechen die Lage an einem markanten Ort, ein offensichtlich endgültiger Verschluss des Depots sowie die anscheinend symbolische Anordnung der Gegenstände, insofern sie einer regelrechten Sitte zu folgen scheinen. Was liegt also näher, sie als Opfergaben für Gottheiten anzusehen. Ihr oberirdisches Areal galt gewissermaßen als heilige Stätte, wurde dementsprechend mit Ehrfurcht behandelt, später vielleicht ängstlich gemieden, bis es schließlich im Laufe der Generationen und Jahrhunderte in Vergessenheit geriet. Lag es im Übrigen nicht auf der Hand, edle Metallgegenstände den uns unbekannten Erdgöttern zurückzugeben, deren Reich man die Erze einst entrissen hatte? Hinzu mag gekommen sein, dass manches sakrale Gerät seine heilige Bedeutung verlor. Denn der vorgeschichtliche Mensch wechselte immer wieder seine religiösen Vorstellungen und Bräuche. Ein Relikt vergangener Zeiten konnte dann als unheilvoll gelten, wurde für tabu erklärt und auf immer der menschlichen Lebenswelt entzogen.

All diese Überlegungen lassen sich auf einen Bronzeschatz anwenden, dessen hervorragendster Gegenstand als epochaler Jahrhundertfund gilt: die sogenannte Himmelsscheibe von Nebra (Tafel V). Ihre weltweite Popularität verdankt sich nicht nur den Fundumständen durch zwei Raubgräber im Jahr 1999, die das seltsame Objekt auf dem schwarzen Markt verkaufen wollten, bis sie schließlich von der Basler Polizei gestellt wurden. Damit gelangte nach mehr als zweieinhalb Jahren die Metallscheibe endlich in die Obhut der Forschung, die in ihr eine archäologische Sensation entdeckte: Sie ist mindestens 3600 Jahre alt – wahrscheinlich sogar noch einige Jahrhunderte älter – und zeigt die älteste konkrete Darstellung astronomischer Erscheinungen. Selbst die Hochkulturen des Vorderen Orients, Ägypten und Mesopotamien, können dabei nicht mithalten. Aber die Himmelsscheibe gibt nur allmählich ihre Geheimnisse preis und bleibt Anlass fortwährender Diskussionen. Zweifelsfrei stellt sie Himmelsgestirne dar und bietet einen einmaligen Einblick in die Welt der frühen Bronzezeit.

Abgesehen von Beschädigungen (insbesondere durch die unsachgemäße Ausgrabung) und Verlusten bot sie wohl einmal folgendes Bild: Der Bronzescheibe von 32 cm Durchmesser hatte man etliche Goldblechmotive appliziert.

Sie stellten Vollmond oder Sonne dar, den Sichelmond sowie mittels 32 Goldplättchen den Sternenhimmel, an dem sich allerdings nur der markante Sternhaufen der Plejaden, des Siebengestirns, eindeutig erkennen lässt. Eine spätere Bearbeitung ergänzte die Himmelsdarstellung um zwei sogenannte Horizontbögen, zwischen die schließlich wiederum später ein stark gekrümmter Bogen gesetzt wurde. Über vielleicht 400 Jahre war die Scheibe diesen und anderen Veränderungen ausgesetzt, bis sie schließlich um 1600 vor Chr. einem Hort anvertraut wurde. Dieser lag nahe dem Gipfel des Mittelberges bei Nebra im heutigen Sachsen-Anhalt, etwa 80 km vom Harzgipfel des Brocken entfernt. Bevor man den Schatz in das dafür ausgehobene Erdloch legte, wurde es mit Buntsandsteinplatten ausgekleidet. Große Sorgfalt ließ man auch bei der Zusammenstellung der einzelnen Bestandteile des Depots walten: die Himmelsscheibe aufrecht stehend mit dem jüngsten gekrümmten Bogen zuunterst; davor zwei Bronzeprunkschwerter, deren Spitzen auf einen Meißel und zwei Beile wiesen. Zwei bronzene Armspiralen komplettierten die anscheinend absichtliche Gestaltung. Bei dieser regelrechten Komposition scheint nichts dem Zufall überlassen worden zu sein. Insofern darf man folgern, das Ganze habe eine religiöse Bedeutung gehabt und der Hort sei nach festen Ritualen gefüllt und abschließend verschlossen worden.

Die Himmelsscheibe selbst schien sich als vorgeschichtlicher Kalender zu entpuppen, der eher modernen naturwissenschaftlichen Gedanken als mythischen Vorstellungen folgt. Nach hier nur grob skizzierten archäoastronomischen Erkenntnissen spiegeln die Darstellungen die exakte Himmelsbeobachtung wider. Das Verschwinden und Wiedererscheinen der Plejaden am nördlichen Sternenhimmel diente im März und Oktober als Zeichen, den Acker vorzubereiten bzw. die Ernte abzuschließen. Darum hätte die Himmelsscheibe gleichsam eine Erinnerungshilfe bieten können. Die Horizontbögen dienten mit dem Brocken als Bezugspunkt zur Bestimmung der Winter- und Sommersonnenwende im Dezember respektive Juni. Schließlich wäre es mithilfe der Scheibe sogar gelungen, die Unterschiede von Mond- und Sonnenjahr auszugleichen. So manche Entdeckung mag bei ihrer Erforschung noch ausstehen und den astronomischen Wert des Nebra-Fundes bestätigen. Mythische Vorstellungen lassen sich bei dieser Exaktheit nur vermuten, aber nicht nachweisen.

Einen anderen Aspekt bringt der zusätzlich eingefügte gekrümmte dritte Bogen ein; denn in ihm glaubt man das Motiv der Sonnenbarke zu erkennen. Damit verbinden sich mythologische Vorstellungen, denen zufolge die Sonne auf einem Boot unterwegs ist und bei Nacht die Unterwelt durchquert. Der bekannteste Mythos dazu ist der des ägyptischen Sonnengottes Re, der tagsüber über den Himmel des Nillandes fährt, schließlich sein Boot wechselt und des Nachts durch die Unterwelt steuert. Ob allerdings diese Vorstellung von Nordafrika an den nördlichen Rand der deutschen Mittelgebirge gedrungen ist, bleibt genauso ungewiss wie die Idee, Schiffsdarstellungen der kretischen Minoer könnten das Vorbild für die Nebra-Barke abgegeben haben. Mit großer Sicherheit lässt sich nur feststellen, dass mit ihr die Welt eines Mythos deutlich wird. Dieser verbindet den Sonnenkult mit dem Schiffsmotiv, das sich erstmals mit der Himmelsscheibe im nördlichen Europa nachweisen lässt und wahrscheinlich die Anfänge einer neuen Religion der Bronzezeit markiert. Womöglich dokumentiert der Werdegang der Scheibe sogar den Weg von einer Mond- zu einer Sonnenfixierung. Manche Interpretationen wollen in ihr mehr eine religiöse Manifestation denn eine astronomische Darstellung erkennen – eine verehrte Urkunde, die die Gestirne als verehrungswürdige höhere Wesen zusammenfasste.

Aber die Menschen der Bronzezeit dürften gar nicht in derartigen sich gegenseitig ausschließenden Kategorien gedacht haben. Für sie war die geheimnisvolle uralte Himmelsdarstellung ein heiliges Objekt, dem sich nur ein kleiner Kreis herausragender Männer nähern durfte. Diese Eingeweihten deuteten ihnen Mythos und Astronomie, bestimmten die religiösen Riten und den Lauf des bäuerlichen Jahres. Die Geschicke der Scheibe kann man nur mit Phantasie verfolgen: Sie zeigt ihren „Erfinder", ihre Umgestalter sowie ihren Gebrauch als Kalender oder heiliges Zeichen. Irgendwann ging wohl Wissen verloren, das seltsame Objekt wurde nicht mehr gebraucht oder schien unheimlich. Spätestens dann kam der Zeitpunkt, sich seiner zu entledigen, die Scheibe gewissermaßen den Erdgöttern zurückzugeben. Denn bei all dem spielte der Schmied noch seine Rolle, als Wissender, als Priester oder doch zumindest als deren Helfer. Es wurde darauf hingewiesen, dass der geheimnisvolle Hort von Nebra rund 30 Kilometer vom Fürstengrab von Leubingen entfernt liegt. Archäologen haben dessen reiche Beigaben mit den Begleitobjekten der Himmelsscheibe verglichen. Knüpften ihre „Entsorger" an die Tradition dieser reichen Hügelgräber an, die mehr als 300 Jahre früher entstanden waren? Galt etwa die Himmelsscheibe als Werk dieser Altvorderen, dem nun mit wertvollen Beigaben eine ähnliche Wertschätzung widerfuhr? Sie war darum mehr als ein geniales technisches Gerät, war voll Kraft und religiöser Symbolik. Und eines kommt auffälligerweise hinzu: Als sie nach vielleicht 300 oder mehr Jahren verschwand, deutete sich ein tief greifender kultureller Wandel an. Die alte Aunjetitzer Kultur endete nach mehr als einem halben Jahrtausend. Danach begann die später sogenannte Mittlere Bronzezeit, die das Hügelgrab als verbreitete Bestattungsform kannte, in dem Männer wie Frauen recht einfach beigesetzt wurden. Damals begann man auch, erstmals Leichname zu verbrennen. Die alten Führungsschichten verschwanden von der Bildfläche und machten einer egalitäreren Gesellschaft Platz. Die Himmelsscheibe von Nebra hat in diesen Abläufen anscheinend eine gewisse Rolle gespielt. Sie war nicht mehr zeitgemäß und blieb auf diese Weise als einmaliges Zeugnis ihrer Zeit erhalten.

Rätselhaftes um den Sonnenkult

Was aber blieb, war eine besondere Verehrung der Sonne. Dies belegt ein Fund aus einem Moor im Norden der dänischen Insel Seeland. Dort hatte man auf einem Acker ein bronzenes Pferd und anderes überwiegend zerbrochenes Material zutage gefördert. Die Zusammensetzung ergab eine Vollplastik, die neben der Himmelsscheibe zu den berühmtesten Funden aus der Bronzezeit gehört: Auf dem Sonnenwagen von Trundholm (Tafel VI oben) zieht das zuerst gefundene Pferd eine Sonnenscheibe, deren Durchmesser mehr als 24 cm beträgt. Beide Teile waren ursprünglich auf einem sechsrädrigen Fahrgestell befestigt, das wohl als Teil des Kults galt, aber nicht dem zugrunde liegenden Mythos entnommen war. Ihmzufolge zog das Pferd die Sonne über den Himmel. Die dänischen Schmiede hatten bei der Herstellung der Scheibe absichtlich auf den Unterschied zwischen Tag und Nacht geachtet. Denn eine Seite überzogen sie mit glänzendem Goldblech, die andere beließen sie im dunklen Bronzeton. Auf diese Weise folgten sie offensichtlich der Vorstellung einer Tag- und Nachtreise der Sonne, wie sie die Barke der Nebrascheibe ganz ähnlich voraussetzt. Die Griechen erzählten sich Jahrhunderte später von dem Sonnengott Helios, dessen Wagen gleich von vier Feuer schnaubenden Flügelrossen gezogen wurde. Im Norden bietet der dänische Sonnenwagen aus der Zeit um 1400 vor Chr. den ältesten Hinweis für die markante Verbindung von Pferd und größtem Himmelsgestirn. Er sollte nicht der Einzige bleiben! Die Nordische Bronzezeit kannte reiche Bilddarstellungen, die sich auf kleinen Rasiermessern bis hin zu großflächigen Felswänden fanden. Gerade auf Ersteren glaubt man ein regelrechtes Bildprogramm erkennen zu können, demzufolge die Sonne von verschiedenen Tieren begleitet wird. Galten sie als ihre Helfer? Waren Fische, Pferde und Schlangen ihre tierischen Gefährten im Laufe des Tages, bis das Gestirn schließlich in der Unterwelt verschwand? Andere Darstellungen ordnen ihm auch Wasservögel zu, was sich zum Bild einer geflügelten Sonne entwickelt haben könnte. Letztendlich bleibt die Bedeutung dieser mythischen Zeichensprache ungewiss, sie lädt allenfalls zu Vergleichen mit der ägyptischen und griechischen Mythologie ein.

Im Laufe der Jahrhunderte gewannen Zeichen und Symbole an Beliebtheit und verschwanden wieder – aber die Sonne blieb das mythische Lieblingsmotiv der Bronzezeit. Darauf verweisen die allenthalben zu findenden Sonnenschiffe, aber auch Radkreuze sowie diverse Muster in Bogen-, Kreis- und Sternenform. Sie alle greifen das runde, dynamische Element der Sonnenscheibe auf. Obwohl die Menschen des 2. Jahrtausends vor Chr. keine monumentalen Bauten hinterließen wie ihre Vorfahren, waren sie zutiefst religiös geprägt. Sie verehrten heilige Orte ihrer Umgebung wie Gewässer, Berge und Grotten, an denen sie Opfergaben für ihre Götter hinterlegten – Horte wie der von Nebra erfreuten sich weiterhin großer Beliebtheit. Religiöse Zeremonien, kultische Feste sowie aufwendige Totenfeiern dürften gang und gäbe gewesen sein. Prunkvolle Dolche, Schwerter, Äxte und Sicheln galten abwechselnd als bevorzugte Geräte und Symbole, die regelrechte Modeerscheinungen verdeutlichen. Die großen bronzenen Blasinstrumente der Luren übergab man in Dänemark paarweise den einheimischen Seen und Mooren. Sie dienten offensichtlich als bevorzugte Opfergaben.

Die Bilderwelt der Bronzezeit war mannigfaltig; gleichwohl räumte sie stets der Sonnenverehrung einen besonderen Platz ein. Das Himmelsgestirn wurde in seiner vielfältigen Bedeutung für das Leben und das menschliche Wohlergehen gesehen: als Spender des Lichts und des für die Schmiedekunst bedeutenden Feuers, als Regler der Zeit vom Tag bis zum Jahr, mit dessen Hilfe das bäuerliche Jahr unterteilt werden konnte.

Dabei spielte Gold eine besondere Rolle: Wie zu allen Zeiten verkörperte es Reichtum, Macht und Prestige – was sich etwa an zahlreichen Golddepots entlang der westeuropäischen Atlantikküste bis nach Irland zeigte. Man trug es unter anderem in Halbmondform als Halsschmuck, als Torques-Halsring und als Armring. Aber mit dem gleißenden Edelmetall verknüpfte man auch das strahlende Sonnenlicht, weswegen Gold als Sonnensymbol galt. Darauf scheinen die rätselhaftesten Objekte der Bronzezeit hinzuweisen, die sogenannten Goldkegel oder -hüte.

Lediglich vier Exemplare davon blieben in Deutschland und Frankreich erhalten, in den seltensten Fällen unmittelbar aus der Erde geborgen, zumeist als kuriose Wunderwerke gehandelt und endlich von Museen erworben. Nach allem, was man weiß, waren sie vor 3000 und mehr Jahren dem Erdreich anvertraut worden – teils in ihrer vollständigen Form, teils zerhackt. Zu ihren Gemeinsamkeiten zählten die Herstellung aus dünnem Goldblech, ihre teils bis zu 90 cm hohe Hohlform sowie zahlreiche Bilder und Symbole, die in Ornamentbändern angeordnet wurden. Darin zeigen sich vor allem liegende Halbmonde, Scheiben- und Kreismotive, achtspeichige Wagenräder und Augen; mehrstrahlige Sterne dienten als Bekrönung des Ganzen. Während man lange Zeit nichts mit diesen seltsamen Funden anfangen konnte, glaubt man mittlerweile, ihrer Funktion und Bedeutung auf die Spur gekommen zu sein. Demnach dienten sie als Kegelhüte, die von Priestern zu feierlichen Anlässen getragen wurden. Aber nicht nur das! Die manchmal bis zu 154 Zierzonen sieht man mitnichten als bloße Dekoration, sondern als einen ausgefeilten kalendarischen Code, mit dessen Hilfe verschiedene Jahresberechnungen in Sonnen- und Mondzeiteinheiten ausgedrückt wurden. In der Tat häufen sich auf den Sonnenhüten aus Berlin, Speyer sowie anderen Orten eindeutige Sonnensymbole wie Kreise, Räder und womöglich sogar Barken. Ihre legitimen Träger, Priester eines Sonnenkults, hätten sich mithilfe ihrer heiligen Kopfbedeckungen gewissermaßen als Herren der Zeit erwiesen. Aber ähnlich wie bei der Himmelsscheibe von Nebra war auch die Zeit der Sonnenhüte irgendwann vorbei (der Jüngste könnte sogar noch aus dem 8. Jahrhundert vor Chr. stammen). Üblicherweise wurden sie allein und senkrecht an einem geheimen und heiligen Ort in der Erde vergraben – als Opfergabe an die unterirdischen Götter. Mit den auffallenden Priesterhüten hatten die Menschen der Bronzezeit ein weiteres Mal bewiesen, wie sie mythisches und astronomisches Wissen miteinander verbanden und zur religiösen Grundlage ihrer Welt machten.

Die große Prozession

Archäologische Funde dieser Art dominieren unser Wissen der bronzezeitlichen Religion; Grabfunde belegen den Umgang mit den Toten, während spektakuläre Gegenstände mühsam interpretiert werden müssen. Die handelnden Menschen bleiben dabei im Hintergrund, Mythen finden sich allenfalls in schwer deutbaren Spuren. Denn üblicherweise wurden ihre Erzählungen von Mund zu Mund weitergegeben, schriftliche Aufzeichnungen kannte man nicht. Allerdings können auch Bilder Geschichten erzählen, wie nicht zuletzt die moderne Gattung des Comics belegt. Derartige Bildgeschichten kannten insbesondere die Skandinavier.

Ein prägnantes Zeugnis dafür stellt das Grab von Kivik dar (Tafel VI unten), das um 1000 vor Chr. in der südschwedisches Provinz Schonen entstand. Die damaligen Bewohner machten sich viel Mühe, errichteten sie doch einen Steinhügel mit einem Durchmesser von 75 Metern und damit das größte bekannte schwedische Grab der Bronzezeit. Der beachtliche Arbeitsaufwand galt anscheinend zwei Verstorbenen, die in einzelnen Grabkammern beigesetzt wurden. Von ihnen wäre nicht viel zu berichten, sind sie doch schon recht früh geplündert worden. Gleichwohl hat es die größere dieser Kammern in sich: Von ihrer Steinkiste sind neun Steinplatten erhalten geblieben, in die zahlreiche Bilder eingraviert wurden. Ihre einzelnen Figuren und Motive fügen sich teilweise zu Szenen zusammen, die offensichtlich von einem Ereignis erzählen. Für seine religiöse Bedeutung spricht die Tatsache, dass die Darstellungen einen Wandschmuck im Grabinneren bildeten, also nur für den Toten gedacht waren.

Von den Kivik-Bildern geht ein eigentümlicher Zauber aus, verknüpfen sie doch vermeintlich Erkennbares mit Rätselhaftem und Unbestimmbaren. Einzelne Motive sind unschwer als Bronzeäxte, Räder, vielleicht sogar Goldhüte identifizierbar und dem verbreiteten Sonnenkult zuzuordnen. Pferde scheinen um die Wette zu laufen und gegeneinander zu kämpfen. Zwei Platten haben von jeher besondere Aufmerksamkeit erregt: Die eine zeigt eine menschliche Figur, die auf einem zweirädrigen Wagen steht und zwei Pferde antreibt. Ihr voraus schreiten vier Figuren mit verstümmelten Gliedmaßen – ob diese Darstellung absichtlich erfolgte, ist ungewiss. Darunter zwei wahrscheinlich gegeneinander kämpfende Pferde sowie eine Fischgestalt. Diesen wiederum folgt eine eigentümliche Prozession: Hinter einer Figur mit erhobenem Arm schreiten acht seltsame Gestalten. In lange Gewänder gehüllt und mit einem vogelkopfartigen Haupt bieten sie reichlich Nahrung für Mutmaßungen: Verbergen sich dahinter Frauen, Ahnengeister oder Priester in einem ungewöhnlichen Habit? Zu Letzterem neigt man am ehesten, glaubt man doch in den Szenen die Darstellung einer Kulthandlung zu sehen. Wahrscheinlich wurde sie anlässlich der Totenfeier des Bestatteten begangen und bestand aus Wagenrennen, rituellen Pferdekämpfen sowie Opferzeremonien. Die andere Platte scheint dies zu bestätigen. Auch dort tauchen wieder die acht rätselhaften Gestalten auf, diesmal gruppiert um ein Gefäß, vielleicht einen Kessel. Über ihnen stehen Musikanten mit Luren, daneben findet sich eine Szene, die als Entfachen eines sakralen Feuers interpretiert wird. Ob in der untersten Reihe mit Figuren neben zwei omega-haften Gebilden heilige Bezirke oder Tempel dargestellt sind, ist unklar. Die beeindruckenden Bildfolgen von Kivik dürften jedenfalls Prozessionen, Totenspiele und Opferkulte wiedergeben, wie sie im damaligen Südskandinavien üblich waren.

Vieles davon bleibt im Dunkeln. Allerdings gibt es einen Text, den man der Kivik-Darstellung ergänzend zur Seite stellen kann – mit zweifelsohne faszinierender Wirkung. Denn dieser Vergleich führt zu Homer, dem ersten Dichter Europas, der wahrscheinlich im 8. Jahrhundert vor Chr. das Epos der Ilias verfasste. Darin führen die griechischen Achäer einen zehnjährigen Krieg vor den Toren Trojas, bis die kleinasiatische Metropole dem listenreichen Odysseus in die Falle geht: Seinem Trojanischen Pferd voller griechischer Krieger misstraut man nicht und öffnet deshalb dem Feind Tür und Tor. Das Heldenepos wurde selbst zum Mythos voll von Göttern und Kriegern, deren Kämpfe zu einem Urtext der Weltliteratur wurden. Aber Homer fabulierte nicht nur in epischen Phantasien, sondern griff auch auf jahrhundertealte Lieder und Erzählungen zurück. Sie wurzelten in der bronzezeitlichen Epoche der Ägäis, die von der mykenischen Kultur geprägt wurde und womöglich bis in den Norden ausstrahlte. Die intensiven Handelsbeziehungen jener Zeit förderten diese Verbindungen und Einflüsse. Insofern mag eine Episode der Ilias sich teilweise als Beschreibung der Kivikszenen lesen lassen.

Dabei steht die Leichenfeier des Patroklos im Mittelpunkt, des Freundes und Kampfgefährten des griechischen Helden Achilles. In dessen Rüstung ist er gegen die Trojaner ins Feld gezogen und schließlich von deren Königssohn Hektor getötet worden. Wutentbrannt erschlägt Achilles nun den trojanischen Helden und schleppt seinen Leichnam vor den toten Freund. Dann beginnt das laute Wehklagen und Jammern, bei dem sich der Held und seine Myrmidonen-Krieger ihrer Tränen nicht schämen. Um den toten Patroklos werden dreimal „schönhaarige Pferde“ getrieben. Am Abend findet ein ausgiebiges Totenmahl statt, wozu Rinder, Schafe, Ziegen sowie Schweine geschlachtet werden. Verbunden damit sind die Totenklagen und Achills Weigerung, sich vor der Bestattung seines Gefährten zu waschen. Am nächsten Morgen ziehen die Griechen scharenweise ins nahe Gebirge und fällen Eichenstämme, die sie zum Strand bringen. Schließlich wird der Leichnam in einem festlichen Zug zum Begräbnisplatz gebracht, inmitten der gewappneten Myrmidonen, begleitet von Kampfwagen sowie dem Fußvolk. Dann beginnt die eigentliche Totenzeremonie: Während Achill das Haupt des Patroklos hält, bedecken ihn die Männer mit ihren abgeschorenen Haaren. Auch der Held tut dies, gibt seine Locken aber dem Toten in die Hände. Endlich schichten sie das Holz zu einem Scheiterhaufen, auf den Patroklos auf seiner Bahre gelegt wird. Aber der Leichnam soll nicht allein den Flammen übergeben werden: Zuerst umgibt man ihn mit dem Fett von Schafen und Rindern, deren Kadaver um ihn herum aufgeschichtet werden. Es folgen Krüge mit Honig und Öl, vier Pferde, zwei Hunde und schließlich zwölf gefangen genommene Trojaner, die man vorher tötet. Dann setzt Achilles den Scheiterhaufen in Brand, die Winde anrufend, sie möchten das Feuer entfachen. Es brennt bis in die Morgenstunden, während der trauernde Held die ganze Nacht Wein auf die Erde gießt und klagend Patroklos' Seele anruft. Als alles niedergebrannt ist, kommen die Krieger und löschen die Asche mit Wein. Dann sollen die Überreste des Patroklos gesammelt und in einer goldenen Schale mit Fett geborgen werden. Um den niedergebrannten Scheiterhaufen ziehen die Männer den Kreis für das Grabmal, legen dementsprechend die Grundsteine und schütten Erde darüber, bis ein mächtiger Grabhügel entstanden ist. In dessen Schatten beginnen ausführliche Leichenspiele wie Wagenrennen, Faust- und Ringkämpfe; man misst sich auch im Wettlauf, Speerwurf und im Kampf mit Waffen. Die Krieger tun dies umso lieber, als Achilles zahlreiche Kampfpreise spendet, nämlich Kessel sowie Dreifüße, Pferde und Rinder, sogar gefangene Frauen.

Was schließlich nach dieser epischen Schilderung der Bestattung des Patroklos blieb, war sein Grabhügel. Derjenige von Kivik bestand aus Stein, die Totenfeier mag hingegen ähnlich der griechischen abgelaufen sein. Ob die Vorfahren der Schweden ihren Toten auch in eine Art Hades einziehen sahen, weiß man allerdings nicht.

Die Welt der nordischen Felsbilder

Das Grab von Kivik bietet mit seinen Steinplatten lediglich ein Beispiel für die Bildervorliebe der bronzezeitlichen Nordeuropäer. Denn im 2. und beginnenden 1. Jahrtausend vor Chr. entstanden in zahlreichen Regionen Skandinaviens Felsbilder, deren Zahl die 100 000 bei Weitem überschreitet. Insbesondere im Gebiet um den mittelschwedischen Mälarsee, im westlichen Bohuslän (Tafel IV oben) sowie ganz im Süden Schwedens schufen die Menschen ihre beeindruckenden Kunstwerke vor allem in den Jahrhunderten um 1000 vor Chr. Sie suchten sich dazu senkrechte oder leicht geneigte Felsflächen nahe der Küste aus, in die sie mit Steinen ihre Bilder einschlugen oder einritzten.

Und was sie mühsam daraus schufen, kann sich sehen lassen: Abertausende von menschengestaltigen Figuren, deren größte immerhin mehr als zwei Meter misst; dazu zahllose Tiere wie Pferde, Elche, Rentiere, Eber sowie Schlangen; bevorzugt Schiffe, darunter etliche mit Sonnenscheiben, aber auch zwei- und vierrädrige Wagen ebenso wie Pflüge. Dazu kommen zahlreiche wohl als Symbole zu verstehende Zeichen wie die seltsamen Schalengruben, einzelne Hände und Füße, Beile und Kreise in vielfältiger Form. Die Figuren treten immer als Handelnde auf, die in Szenen zusammengefasst werden. Oftmals sind sie mit Schwert, Axt, Hammer, Speer sowie Pfeil und Bogen bewaffnet und scheinen miteinander zu kämpfen, auch auf Pferden als Reiter mit Speer und Schild. Dann wieder lenken sie Wagen, stehen hinter ihrem Pflug oder bewegen sich als Tänzer und Akrobaten. Nicht selten blasen sie Luren und scheinen sich im Gebet an eine höhere Macht zu wenden. Manchmal sind sie zu einem Brautpaar vereint. Die Felsbilder stellen letztlich einen ganzen Figurenkosmos aus Tausenden von Szenen dar. Was aber hatte dies alles zu bedeuten? Warum machten sich die Menschen über Jahrhunderte immer wieder die Mühe, das Gestein zu bearbeiten und zu bereits bestehenden Motiven neue hinzuzufügen, sie sogar über den älteren einzuschlagen?

Lange wollte man in diesen handlungsreichen bronzezeitlichen Bildergeschichten die Darstellung historischer Ereignisse sehen, von Stammeskriegen, Jagdepisoden, von Szenen des Alltagslebens wie der Bearbeitung des Ackers und von Festen zu besonderen Anlässen. Dann wieder galten die Bilder als regelrechte religiöse Urkunden, die einem bestimmten Götterglauben verpflichtet waren sowie den zugehörigen Kultfeiern. In der Tat schließt man die religiöse Bedeutung vieler Felsbilder heute nicht mehr aus. Zumeist hält man sie für Darstellungen kultischer Feiern, die mit den Ritzungen des Kivikgrabes vergleichbar wären. Allerdings scheint hier ein ausgesprochener Fruchtbarkeitskult im Vordergrund zu stehen. Dafür sprechen regelrechte Schiffsprozessionen mit Sonnenscheiben und Bäumen, die an das pflanzliche Wachstum und die alljährliche Wiedergeburt der Pflanzen erinnern. Ebenso verweisen das Pflügen der Äcker, die vielleicht rituelle Vereinigung von Paaren und die häufige Darstellung phallischer Männerfiguren auf diesen Aspekt. Auf manchen Schiffen finden zweifelsohne Kultfeiern mit Musikanten und Akrobaten statt, womöglich auch mit Waffen schwingenden Kriegern. Das Thema vieler Felsbilder ist dementsprechend die Verehrung der Sonne und göttlicher Mächte, die um Fruchtbarkeit angegangen wurden. Mythen selbst scheinen dabei offenbar kaum dargestellt worden zu sein. Allenfalls in großen Hand- und Fußmotiven könnte man ihre Spuren erkennen. Ausgesprochen groß dimensionierte Figuren sprechen für die Abbildung eines überirdischen Wesens – so ein riesiger Speerträger sowie eine Männergestalt, die eine Axt über ein Brautpaar hält und es mit dieser Geste weiht. Die Menschen der Nordischen Bronzezeit dürften jedenfalls ihre Felsbilder mit heiligen Plätzen verbunden haben. Dabei war ihnen vielleicht die Tätigkeit des Einschlagens wichtiger als das fertige Bild. Sie könnte als rituelle Handlung verstanden worden sein. Darauf verweisen die sogenannten Schalengruben, die man tiefer ins Gestein einschlug. Hatte man es dabei auf den Steinstaub abgesehen? Kam ihm eine besondere Bedeutung zu? Die Felsbilder bezeugen die Religiosität ihrer Schöpfer, auch wenn sie ihre großen Geheimnisse wohl immer für sich behalten werden.

4

Kopfjäger und Druiden – Die Kelten und die Reste ihrer Mythen

Der Schrecken aus Eis und Frost?

Als die Skandinavier ihre Felsbilder schufen, befand sich die bronzezeitliche Welt nördlich und südlich der Alpen in einer Jahrhunderte währenden Phase des Umbruchs. Davon war um 1200 vor Chr. auch das östliche Mittelmeer betroffen, wo die mykenische Kultur unterging, das anatolische Großreich der Hethiter ein Ende fand und sogar das mächtige ägyptische Reich von sogenannten Seevölkern attakiert wurde. Diese geheimnisumwitterten Krieger kamen angeblich aus dem Norden, wahrscheinlich aus Mitteleuropa sowie vom Balkan. Ganze Reiche gingen unter, und auch Sitten und Gebräuche erfuhren grundlegende Veränderungen. Nördlich der Alpen zeigte sich dies an einem anderen Umgang mit den Toten: Sie wurden nun überwiegend verbrannt, und ihre Asche bestattete man in Urnen nebst Beigaben. Europaweit entstanden zahlreiche Urnenfelder, die der Kultur der ausgehenden Bronzezeit ihren Namen gaben – die Urnenfelderkultur. Damit ging die erste bedeutende Metallepoche zu Ende, was womöglich sogar mit einer Klimaverschlechterung verbunden war. Für Skandinavien sowie das nördliche Deutschland endete eine Zeit kultureller Blüte; erst nach mehr als einem Jahrtausend fand sich dort etwas halbwegs Vergleichbares.

Was folgte, war die Ära des Eisens: Viele Jahrhunderte lang galten die Hethiter als Meister der Eisenschmiedekunst, die ihr Geheimnis strengstens hüteten. Als es mit ihrer Macht vorbei war, verbreitete sich das Wissen um Gewinnung und Verarbeitung des neues Metalls, das der Bronze an Härte und Elastizität überlegen war. In Mitteleuropa fanden sich neue Meister, nämlich das Volk der Kelten, deren Eisenwaffen legendär wurden. Aber nicht nur das: Über sie liegen erstmals schriftliche Nachrichten über die Menschen nördlich der Alpen vor; nicht von ihnen selbst, da sie keine eigene Schrift gebrauchten, aber doch von griechischen und römischen Gelehrten. Bereits Herodot, der Vater der Geschichtsschreibung, erwähnte im 5. Jahrhundert vor Chr. jene Kelten, die weit im Nordwesten jenseits der Straße von Gibraltar lebten. Weiterhin wusste er, dass bei ihnen die Donau entsprang. Ob Keltoi oder Galatai, wie die Griechen sagten, oder römisch Celtae oder Galli – die Kelten, Gallier oder Galater sind das älteste namentlich bekannte Volk des Nordens. Über die Herkunft dieses Namens ist wenig bekannt, vermutlich bezeichnete man sich damit ursprünglich als „Kühne“ oder „Herausragende“. Den Menschen vom Mittelmeer galten sie als Barbaren mit absonderlichen Gebräuchen, deren militärische Aggressivität gefürchtet war. Die Griechen lernten sie recht früh kennen, gründeten sie doch um 600 vor Chr. an der südfranzösischen Küste die Kolonie Massalia (Marseille), in deren Hinterland sie mit Kelten Handel trieben.

Mehr als 500 Jahre später weiß der sizilianische Geschichtsschreiber Diodor Bemerkenswertes aus Gallien, dem heutigen Frankreich, zu berichten: Dieses Land liege zum größten Teil unter den nördlichen Sternbildern des Großen und Kleinen Bären und sei deshalb extrem kalt. Im Winter gäbe es tiefen Schnee, viel Eis und strengen Frost, wodurch die Flüsse zufrören. Als Getränke nähmen sie Bier und Met. Aber „Wein lieben sie über alle Maßen. Den Wein, der von Kaufleuten eingeführt wird, gießen sie unvermischt in sich hinein. Und aus Gier sprechen sie dem Trank unablässig zu, bis sie berauscht in Schlaf oder in einen Zustand des Deliriums fallen. Daher nutzen auch viele italische Kaufleute aus gewohnter Habgier die Trunksucht der Gallier als günstige Gelegenheit zur Bereicherung. Diese bringen nämlich den Wein auf den schiffbaren Flüssen mit Schiffen, auf dem flachen Land mit Wagen und bekommen dafür unglaublich viel bezahlt. Denn für eine kleine Kruke Wein erhalten sie einen Sklaven … Die Gallier haben eine mächtige Körpergröße, aufgeschwemmtes Fleisch und weiße Hautfarbe; sie haben nicht nur von Natur blondes Haar, sondern sie suchen diese eigentümliche Naturfarbe auch noch durch künstliche Mittel zu verstärken. Sie reiben nämlich die Haare dauernd mit Kalkwasser ein und streichen es von der Stirn zum Scheitel und Nacken hin zurück, sodass ihr Aussehen Satyrn und Panen ähnlich erscheint. Die Haare werden nämlich von dieser Behandlung so dick, dass sie sich gar nicht von einer Pferdemähne unterscheiden. Den Bart scheren einige ab, andere lassen ihn mittellang wachsen. Die Adligen rasieren die Backen glatt, den Schnurrbart lassen sie aber lang hängen, sodass ihr Mund dadurch bedeckt wird. Daher verwickeln sie sich mit ihrem Bart beim Essen in den Speisen, und beim Trinken wird das Getränk gleichsam durchgeseiht. Sie essen alle sitzend, nicht auf Stühlen, sondern auf der Erde, wobei sie als Unterlage Wolfs- und Hundefelle nehmen. Bedienen lassen sie sich von den Jungen und Mädchen, die gerade das Alter der Reife erreicht haben. In ihrer Nähe stehen Herde, in denen Feuer brennt; darauf befinden sich Kessel und Bratspieße voller Fleisch in ganzen Gliedern. Die tapferen Männer zeichnen sie mit den besten Fleischstücken aus … Sie laden auch die Fremden zu ihren Festmählern, und nach der Mahlzeit fragen sie, wer sie sind und welches Anliegen sie haben. Bei der Mahlzeit geraten sie auch häufig aus unbedeutendem Anlass in einen Wortwechsel und fordern einander zum Zweikampf heraus, da sie sich aus dem Verlust des Lebens nichts machen. Es herrscht nämlich bei ihnen die Lehre des Pythagoras, dass die Seelen der Menschen unsterblich sind und nach einer bestimmten Zahl von Jahren wieder ins Leben treten, indem die Seele in einen anderen Körper eingeht. Daher werfen auch einige bei der Bestattung der Toten Briefe, die an die verstorbenen Verwandten gerichtet sind, auf den Scheiterhaufen, in der Annahme, die Toten würden diese lesen."

Im antiken Bild von den barbarischen Kelten vermischten sich wie anfangs erwähnt Augenzeugenberichte mit Klischees und Mythen – was bis heute nachwirkt. Denn in Europa gelten sie als das Mythenvolk schlechthin, geheimnisvolle Riten praktizierend, geführt von den allwissenden Druiden und erfüllt von uralter Weisheit. Die historische Wahrheit lässt sich mühsamer greifen. Mittlerweile versteht man unter den Kelten eine Gruppe von Stämmen respektive Kulturen, deren Ursprünge wohl in Ostfrankreich sowie Süddeutschland lagen, deren Kultur sich bis nach Spanien und auf den Balkan, insbesondere aber auf die Britischen Inseln ausbreitete. Im 4. und 3. Jahrhundert vor Chr. sorgten die keltischen Krieger in der Mittelmeerwelt für Angst und Schrecken. Aber ihre eroberten Gebiete in Italien und Kleinasien wurden schließlich von den Römern unterworfen und deren Reich eingegliedert. Diese holten schließlich zum Gegenschlag aus und eroberten unter Gaius Julius Caesar zwischen 58 und 51 vor Chr. das keltische Gallien bis zum Rhein. Die zahlreichen, niemals in einem Reich vereinten Stämme verloren ihre Selbstständigkeit; ihre Sprache, Kultur und Religion wurden romanisiert oder zumindest stark römisch geprägt. Übrig blieben die sogenannten Inselkelten der Britischen Inseln, von denen letztlich nur die Iren nie unter Roms Herrschaft gerieten. Als ihre Nachfahren und moderne Kelten gelten heutzutage neben diesen die Schotten, Waliser und Bretonen, deren Vorfahren in der Spätantike von England in die Bretagne auswanderten. Sie alle sprechen verwandte Sprachen und gehören zu den erwähnten Indoeuropäern.

Über ihre Herkunft machten sich bereits die griechisch-römischen Autoren Gedanken, klären konnten sie die Frage nicht. Die moderne Forschung mutmaßte lange Zeit, die Kelten seien aus osteuropäischen Steppen eingewandert.

Heute geht man davon aus, dass ihre Vorfahren bereits zur Bronzezeit nördlich der Alpen lebten. Hier in ihrer alten Heimat entwickelte sich die ausgeprägte keltische Kultur, die anscheinend ohne große Völkerbewegungen von den Bewohnern der Britischen Inseln übernommen wurde.

Fürstengräber und heilige Stätten

In der nach einem oberösterreichischen Fundort benannten Hallstattzeit gewannen keltische Stammesführer große Macht und Reichtum, indem sie den Handel untereinander sowie mit den Gebieten südlich der Alpen kontrollierten. Dies veranschaulichen in Südwestdeutschland Tausende von Grabhügeln, in deren Nähe sich nicht selten eine mächtige Höhenburg erhob, die Residenz der Fürstenfamilien. Derartige Hügelgräber hatten einen Durchmesser von bis zu 102 Metern und blieben dementsprechend nur der Oberschicht vorbehalten.

Dazu zählte auch der bereits erwähnte Fürst von Hochdorf nahe Stuttgart (Tafel VII). Sein Grab blieb wie keines sonst erhalten und belegt die Glaubensvorstellungen der frühen Keltenherrscher. Der Häuptling zählte etwa 40 Lebensjahre, als er um das Jahr 550 vor Chr. eines natürlichen Todes starb. Damit begann eine Reihe aufwendiger Arbeiten, die sein hohes Ansehen belegen: Zuerst konservierte man seinen Leichnam, wahrscheinlich indem man ihn in Salz einlegte und dann austrocknen ließ. Denn der Verstorbene musste offensichtlich fünf Jahre auf seine letzte Ruhestätte warten. Bis dahin hatte man ihm aus Eichenstämmen eine sieben Meter lange Grabkammer gebaut, um die Holzeinbauten und über 50 Tonnen Steinblöcke aufgeschichtet wurden. Den Abschluss bildete schließlich die Aufschüttung des Grabhügels auf eine Höhe von sechs Metern, seinen Rand umgab man mit einer Steineinfassung. Oben markierte eine Steinstele die imposante Stätte. Bevor man den Erdhügel schloss, wurde der Fürst in einer feierlichen Prozession in sein Grab gebracht. Dessen Kammer konnte sich sehen lassen und bezeugte, dass die Kelten von der Brandbestattung ihrer Ahnen weit abgerückt waren, dass sie dem Herrscher gleichsam mit seinem Körper ein Zuhause im Hügel sichern wollten. Der festlich gekleidete Tote wurde nämlich auf einer Bronzeliege aufgebahrt und in die Grabkammer gebracht, die mit Tüchern behängt und mit Blumen und Zweigen geschmückt war. Diese 2,75 m lange sogenannte Kline war ein außergewöhnliches Möbelstück, das der Fürst bereits zu Lebzeiten benutzt hatte. Das Modell stammte aus dem Mittelmeergebiet, dieses Exemplar hatten jedoch wahrscheinlich einheimische Kunstschmiede hergestellt: Auf der Rückenlehne punzten sie Szenen ein, die zwei vierrädrige Wagen zeigen, gezogen von zwei Hengsten, besetzt von jeweils einem Mann mit Schild und Speer. Dazwischen treten Schwerttänzer mit langen Haaren auf. Auch Vogelbarken finden sich und erinnern an das beliebte Motiv der späten Bronzezeit. Das bronzene Kanapee trugen acht gegossene nackte Frauenfiguren mit ihren erhobenen Armen. Da sie auf Räder gestellt wurden, konnte man die Kline rollen. Darauf hatte man den Verstorbenen komfortabel gebettet: mit Kissen aus Grashalmen, Dachsfellen, Stoffen aus Dachs- sowie Rosshaar, mit Marder- und Iltisfellen sowie Stoffen aus Hanfbast. Der Tote trug unter anderem einen chinesisch anmutenden flach konischen Hut aus Birkenrinde sowie mit Goldblech verzierte Schnabelschuhe. Reiche Grabbeigaben gab es in Hülle und Fülle: Dazu gehörte ein vierrädriger Wagen, der als Statussymbol galt. Außerdem ein prächtiges Trinkservice aus neun Trinkhörnern, von denen acht von Auerochsen stammten, das des Fürsten war jedoch aus Eisen gefertigt. Ein griechischer mit drei Löwen verzierter Bronzekessel von 104 cm Durchmesser und 80 cm Höhe konnte 500 Liter fassen – dem Toten hatte man darin Honigmet mit ins Grab gegeben. Aber auch für die Speisen war gesorgt worden: Neun Bronzeteller, Bronzebecken, Geräte zum Kochen und Trachieren erlaubten ein wahres Festbankett. Hinzu kam eine Fülle persönlicher Gegenstände: ein goldener Halsring sowie ein goldverzierter Dolch mit Eisenklinge und langem „Antennengriff"; Waffen wie Lanze, Axt, Messer und ein Köcher für Pfeile und Bogen dienten als Jagdgeräte; für die Körperpflege hatte man Nagelschneider, Holzkamm und Rasiermesser vorgesehen. Der ungewöhnlich reiche Goldschmuck wurde wahrscheinlich erst am Grab hergestellt, darunter ein Armreif, Schlangenfibeln und Gürtelbleche.

Das schwäbische Prunkgrab aus der späten Hallstattzeit besticht durch seinen Reichtum. Zweifellos wollten die frühen Kelten ihrem mächtigen Herrscher ein angemessenes Leben nach dem Tode gewährleisten. Wie zu Lebzeiten sollte er mit seinem Gefolge, seinen engsten Vertrauten und Gästen ein Gelage veranstalten können – gewissermaßen eine Hochdorfer Tafelrunde. Wie bei der Kline oder dem Bronzekessel mögen hier Vorstellungen der Griechen oder Etrusker als Vorbild gedient haben. Warum aber das speziell angefertigte Gold? Hatte es immer noch sonnengleiche Bedeutung? Warum die auffallenden Dachsfelle, die in der unmittelbaren Umgebung wohl gar nicht erjagt werden konnten? Genoss der Dachs als Totemtier besondere Verehrung? Oder unterstellte man ihm eine schadenabwehrende Kraft, wie sie später im Volksglauben bezeugt ist? Nach erkennbaren Spuren der Götter sucht man im Grabhügel vergebens. Alles ist dem Fürsten und seinem höfischen Leben gewidmet. Die Herrscher seiner Zeit zeichnete nämlich weniger kriegerische Tapferkeit als Reichtum und Prestige aus. Die Epoche der großen Heerzüge war noch nicht angebrochen. Der Fürst von Hochdorf wurde wohl als Ahn verehrt, von dem Macht und Heil ausgingen.

Ein anderes gut erhaltenes Prachtgrab führt zum Mont Lassois, einem markanten Berg, der sich über das obere Seinetal bei Châtillon-sur-Seine in Burgund erhebt. Von seinem Plateau aus beherrschte eine keltische Adelssippe den Handel auf dem Fluss. Ihre bedeutendsten Toten bestattete sie unten unweit der Seine in einem dafür vorgesehenen Areal. In einem der Grabhügel hatte man um 500 vor Chr. eine Frau beigesetzt. Sie ruhte in der hölzernen Grabkammer in einem Wagenkasten, dessen vier Räder an die Wand gestellt wurden. Wie der Hochdorfer Keltenhäuptling genoss auch die sogenannte Fürstin von Vix große Hochachtung. Dafür spricht neben der aufwendigen Anlage eine Vielzahl wertvoller Beigaben, darunter ein goldener Halsreif, Fibeln, Ringe sowie Bernsteinperlen und Trinkgeschirr. All dies übertrifft jedoch ein gewaltiges bronzenes Mischgefäß – bei einer Höhe von 1,6 Metern und einem Gewicht von 208 kg betrug sein Fassungsvermögen sage und schreibe 1100 Liter. Kein Wunder also, dass dieser aus den Mittelmeerländern stammende Krater das größte erhaltene Metallgefäß der Antike ist. Die Keltin von der Seine war zweifelsohne eine mächtige Frau. Womöglich übte sie als Stammesherrscherin auch die Funktion einer Priesterin aus. Ob sie gleichsam eine frühe Druidin war, ist allerdings unklar. Immerhin schuf man ihr ein steinernes Denkmal, eine Plastik, die sie in einem langen Gewand sowie mit einem Torques darstellte, einem jener Halsringe, die als Herrschaftszeichen galten.

Die Kelten versuchten sich als erste Mitteleuropäer daran, monumentale Steinskulpturen zu schaffen, die sie neben oder auf Grabhügeln sowie in heiligen Bezirken aufstellten. Damit setzten sie auffallende Mythenzeichen, wie es 2000 Jahre früher weiter nördlich die Megalithbauten gewesen waren. Anfangs taten sie sich schwer mit der ungewohnten Steinmetzarbeit, deren Vorbilder sie bei den Griechen und in Norditalien fanden. Und auch später haftete ihren Steinfiguren immer etwas „Barbarisches" an, das weit entfernt war von der antiken Kunstfertigkeit. Das gilt für den um 500 vor Chr. entstandenen „Krieger von Hirschlanden", der in Württemberg gefunden wurde. Diese ursprünglich fast zwei Meter große Figur ist nackt – bis auf eine Kopfbedeckung, die dem Birkenhut von Hochdorf ähnelt, einen Torques-Halsring und einen Gürtel. Außerdem trägt sie einen Dolch, der in der Hallstattzeit als herrschaftliches Attribut galt. Die Darstellung des erigierten Phallus verweist wahrscheinlich auf den Aspekt der Fruchtbarkeit, den man mit dem Krieger verband.

Abb. 2 Der reich verzierte Sandsteinobelisk von Pfalzfeld (Hunsrück): Von weit über 2 m Höhe blieben nur 1,48 m erhalten.

Abb. 3 Der 1996 am Glauberg gefundenen Sandsteinstatue eines Keltenfürsten wurde sogar eine Briefmarke gewidmet.

Möglicherweise trägt er eine Gesichtsmaske. Aus Frankreich kennt man Steinfiguren in einer Sitzhaltung, die an den Buddhasitz erinnert, aber ihr Vorbild in den üblichen keltischen Sitzgewohnheiten hatte. Außerdem stellten die Kelten auch Pfeiler auf, die ursprünglich über zwei Meter emporragten. Am besten erhalten hat sich eine Sandsteinstele aus Pfalzfeld im Hunsrück (Abb. 2), die 100 Jahre nach dem Hirschlandener Krieger hergestellt wurde.

Im Mittelpunkt jeder ihrer vier Seiten steht ein menschlicher Kopf, der mit einer Blattkrone geschmückt ist – eine haubenartige Kopfbedeckung mit zwei blasenartigen seitlichen Ansätzen, die Mistelblätter darstellten und als Herrschaftszeichen weit verbreitet waren.

Dies bekundeten um das Jahr 450 vor Chr. auch vier lebensgroße Steinstatuen, die man auf einem mächtigen Grabhügel nahe des Glaubergs aufgestellt hatte (Abb. 3). Auf dem Plateau dieses 150 Meter aufragenden Ausläufers des

Vogelsberges, am Rand der hessischen Wetterau gelegen, hatten sich keltische Fürsten einen befestigten Herrschaftssitz erbaut. Ihre Bedeutung zeigte sich in einer imposanten Anlage am Fuße des Berges, die aus einem sich über Hunderte von Metern erstreckenden System von Wällen und Gräben bestand. Schnurgerade hindurch führte eine 350 Meter lange Prozessionsstraße, die an einem runden Graben endete. Dieser umgab den sechs Meter hohen Grabhügel mit seinen bunt bemalten Skulpturen. Sie stellten offensichtlich Krieger in einem Panzer aus Leinen und Leder dar, die mit der linken Hand einen kleinen ovalen Schild hielten, während die rechte auf der Brust ruhte. An der rechten Seite trugen sie ein Schwert als weiteres Zeichen ihres Kriegertums. Ein Halsring und eine Blattkrone zeichneten sie als Herrscher aus.

In einer hölzernen Grabkammer ruhte das verstorbene Vorbild der Statuen, ein etwa 30-jähriger Mann, der bewaffnet und mit mehreren Schmuckringen beigesetzt worden war. Eine zweite Kammer barg die verbrannten Überreste eines weiteren Adligen, vielleicht seines Bruders. Außerdem errichtete man in der Nähe des Prozessionsweges einen kleineren Grabhügel für einen dritten Krieger. In diesem Umfeld fanden darüber hinaus ein Kleinkind und eine Greisin ihre Ruhestätten. Die größte Verehrung genossen jedoch die Toten des großen Grabhügels – was sich in ihren wertvollen Beigaben zeigt, darunter eine prächtige, metgefüllte Schnabelkanne, die nach etruskischen Vorbildern von einheimischen Handwerkern hergestellt wurde (Tafel VIII).

Bei der Anlage vom Glauberg handelte es sich offensichtlich um einen heiligen Bezirk von überregionaler Bedeutung. Hier gedachte man eines mächtigen Fürstengeschlechts, dessen Verstorbene als heldenhafte Ahnen oder gar als götterähnliche Wesen verehrt wurden. Manche feierliche Prozession mag unter der Führung von Priestern über den um die zehn Meter breiten Weg zum Grabhügel mit den Steinstatuen gezogen sein. Dort betete man zu den Ahnen und beging an bestimmten Tagen und Nächten des Jahres Wettkämpfe und Spiele. Im heiligen Bereich, durch die Gräben und Wälle von der profanen Alltagswelt getrennt, dürften Opferrituale und Orakelbefragungen veranstaltet worden sein.

Die Glauberger Fürsten waren mit ihrer monumentalen Kultanlage herausragende Repräsentanten einer reichen Adelsschicht, deren Spuren sich vom Mittelrheingebiet bis zur Marne im Westen finden. Diese Häuptlinge verfügten über gute Beziehungen zu den Etruskern, denen sie viele Handelsgüter verkauften, etwa das weiterhin zur Bronzeherstellung benötigte Zinn von den Britischen Inseln. Von ihrem Reichtum kündet eine Anzahl von Gräbern, deren Tote prächtig ausgestattet wurden. Darunter auch Frauen, wie es etwa die Gräber des saarländischen Reinheim und von Waldalgesheim bei Bingen zeigen. Sie bargen keltische Fürstinnen, die um 370 bzw. um 320 vor Chr. starben. Doch schon im Laufe des 4. Jahrhunderts vor Chr. wurden die Gräber immer unspektakulärer und ärmlich. Die Zeit der mächtigen Adelsgeschlechter ging zu Ende.

Keltische Kunst – ein unentschlüsselter Mythencode?

Lange Zeit scheinen die keltischen Stämme einen Ahnenkult gepflegt zu haben, bei dem die fürstlichen Vorfahren als Heroen oder götterähnliche Wesen in ihren Hügelgräbern verehrt wurden. Von einem ausgeprägten Götterglauben sowie Mythenvorstellungen lassen sich keine deutlichen Spuren finden. Das ändert sich erst mit einem auffälligen kulturellen Wandel. Im Lauf des 5. Jahrhunderts vor Chr. wurde nämlich die Hallstattzeit von der La-Tène-Zeit abgelöst, die nach einem Fundort am Neuenburger See in der Westschweiz benannt ist. Nun erst entwickelte sich das, was gemeinhin als Ausdruck keltischer Kultur und Kunst bezeichnet wird. Insbesondere die Letztere greift auf mediterrane Vorbilder zurück und verändert sie auf einzigartige Weise: Auffallende Ornamente finden sich auf unzähligen Gebrauchs- und Ziergegenständen, die als Grabbeigaben erhalten blieben. Dazu zählen Schwerter, Lanzenblätter und Helme, Schwertscheiden, Fibeln, Ringe und Broschen sowie Weinkannen und Wagenbeschläge. Nur weniges scheint von dieser Kunst unberührt geblieben zu sein, die in ihrer höchsten handwerklichen Vollendung nach dem erwähnten Fundort als Waldalgesheimstil bezeichnet wird. Die keltischen Meisterschmiede erwiesen sich als furiose Könner: Sie griffen auf griechische Vorbilder zurück und gestalteten sie neu. Pflanzenornamente mit Blättern, Blüten und Palmetten wurden in Einzelteile zerlegt und zu einem neuen Muster zusammengesetzt. Die Pflanzenmotive wurden abstrakter, fremdartiger und unübersichtlicher; sie bildeten nun Spiralen und Zirkelbögen, leere Zwischenräume füllten sich mit zusätzlichen blätter- und leierförmigen Motiven. Die reichen Ornamente verwirrten sich schließlich in einem geradezu labyrinthischen Chaos ohne Anfang und Ende. Darin flossen Pflanzen- und Rankenornamente ineinander und bildeten rhythmische, vielfach verschlungene Wellen und Spiralen.

Aus diesen auffallenden Ziermotiven wächst eine Vielzahl figürlicher Darstellungen hervor: Menschenköpfe, Masken, phantastische Tiere und fratzenhafte Dämonen. Insbesondere beeindrucken Fabelwesen, die keiner Realität verpflichtet sind. Da wachsen Pflanzen aus Männerköpfen, finden sich Tiere mit menschlichen Gesichtern und tierische Mischwesen: Verbindungen von Raubtier und Eber oder einem Pferdekopf, ein Pferd mit einem Männerkopf, den ein Schnurrbart ziert, oder Männerköpfe mit Steinbockhörnern. Erkennbar sind bevorzugte Tiere wie Pferde, Eber, Widder, Wasser- sowie Raubvögel. Der Vorstellungskraft keltischer Kunstschmiede waren offensichtlich keine Grenzen gesetzt. Folgten sie dabei allein ihrer Phantasie oder griffen sie auf verbreitete Vorstellungen zurück? Ist die ungeheuer reiche Ornamentik der La-Tène-Kunst nur dem prächtigen Zierrat verpflichtet oder erzählt sie in komplizierten Bildern auch Mythen? Wenn dem so wäre, ließe sich der mutmaßliche Code kaum knacken. Aber die Verwendung anderweitig überlieferter Motive macht doch wahrscheinlich, dass die keltische Kleinkunst in der Tat auf religiöse Vorstellungen zurückgriff. Dazu zählt die auffallende Betonung des männlichen Kopfes gegenüber dem restlichen Körper. Eine Bestätigung findet dies in den Berichten antiker Geschichtsschreiber, denen zufolge die Gallier Kopfjäger waren, die dem Schädel eine besondere Bedeutung zusprachen. Ebenso haben Pferd und Eber auch später noch eine bedeutende Rolle gespielt. Und womöglich sah man die beliebten Wasservögel als göttliche Boten respektive als die Seelen der Verstorbenen an. Die mit Pflanzen eng verknüpften Köpfe erinnern an jenen Brauch, die Fürsten zum Zeichen ihrer sakralen Macht mit Blattkronen zu krönen. Aber die Fabelwesen scheinen das Geheimnis ihrer Schöpfer zu wahren; das eine oder andere mag antiken Vorstellungen entlehnt worden sein – übrig bleiben Dämonen, die nur die Kelten kannten und fürchteten.

Monster, Massaker und Kopfjäger

Die antiken Historiker unterstellten den Kelten, dass sie seltsame, wenn nicht erschreckende und monströse Bräuche und Vorstellungen pflegten. So beschreibt im 1. Jahrhundert nach Chr. der römische Dichter Lucan ein heiliges Waldstück in der Nähe Massalias, das einstmals große Verehrung genossen habe: „Dort existierte ein Hain, der seit undenklichen Zeiten nicht entweiht worden war. Die ineinander verflochtenen Zweige umhüllen trübe Luft und kalte Schatten, indem sie dem Sonnenlicht den Zugang verwehren. Das ist kein Hain eines ländlichen Pan oder des Waldgottes Silvanus oder der Nymphen, vielmehr ein Ort der Kulte von Göttern barbarischer Riten, von Altären, die mit grässlichen Opfergaben versehen sind, und jeder Baum ist mit Menschenblut geheiligt … Die Vögel fürchten sich, auf diesen Zweigen zu sitzen, die wilden Tiere fürchten sich, in diesem Dickicht zu lagern. In diesen Wald ist kein Windstoß noch ein Donnerkeil aus schwarzen Wolken hineingefahren. Von selbst bebt das Laub, obschon es keine Brise rührt. Wasser ergießt sich aus schwarzen Quellen. Die schrecklichen und kunstlosen Götterbilder stehen da wie gestaltlose Baumstämme. Erstaunlich sind der Verfall und die Weiße des verrottenden Holzes. Das Volk, das Götter in gewöhnlicher Gestalt verehrt, fürchtet sich nicht so; vielmehr lässt die Unkenntnis der Götter, die es fürchtet, deren Schrecken wachsen. Gerüchte gehen, dass unterirdische Höhlen im Erdbeben grollen, dass Eiben stürzen und sich wieder erheben, dass Flammen in den Bäumen erscheinen, ohne dass sie in Feuer stehen, und dass sich Schlangen um die Stämme ringeln. Das Volk sucht diesen Ort nicht zu Alltagsriten auf, sondern lässt ihn den Göttern. Wenn die Sonne im Mittag steht oder die schwarze Nacht die Himmel beherrscht, dann wagt sich auch der Priester nicht in die Nähe, aus Angst, den Herrn des Hains zu überraschen.“ Für die Römer galten solche Darstellungen keltischer Opferbräuche als Inbegriff des Barbarischen. Demzufolge hieß Caesar seine Legionäre, die Bäume zu fällen und als Bauholz zu verwenden. Laut Lucan sollen die Soldaten eine solche Scheu vor dem grauenvollen Hain gezeigt haben, dass der Feldherr selbst die ersten Axthiebe anbringen musste. Wenn der römische Historiker auch übertrieben haben mag, so verdeutlicht er doch das Fremdartige und Abstoßende des Hains glaubhaft. Verglichen mit den lichten und erhabenen Tempeln der Griechen und Römer schien er eine völlig andersartige Welt zu repräsentieren.

Allerdings fanden sich bereits 200 Jahre vor der Zerstörung des heiligen Hains in der Provence Heiligtümer, die den keltischen Einfluss verdeutlichten und Lucans Schilderung zumindest teilweise glaubwürdig erscheinen lassen. Das Bekannteste, auf dessen Überreste man in Roquepertuse bei Aix-en-Provence stieß, lag im Gebiet der Ligurer, die engen Kontakt mit den Galliern pflegten. Dort errichteten sie unterhalb einer befestigten Siedlung, auf einer felsigen Anhöhe gelegen, eine heilige Stätte. Deren Mittelpunkt, ein Steingebäude mit bemalten Wänden, betrat der Besucher durch eine breite Öffnung, die drei Pfeiler stützten. Statuen stellten einen Raubvogel dar, im sogenannten Buddhasitz thronende Gottheiten und mindestens eine Figur, deren zwei voneinander abgewandte Köpfe an den doppelgesichtigen römischen Gott Janus erinnerten (Abb. 4, S. 66). Die Wände schmückten Darstellungen von Pferden, Schlangen und Fabelwesen. An den Innenseiten der Pfeiler hatte man Nischen angebracht, aus denen mehrere Totenschädel den Betrachter anstarrten. Die Funde von Roquepertuse belegen ebenso wie Lucans Schilderung des heiligen

Abb. 4 Der keltische Doppelkopf von Roquepertuse aus dem 5. Jahrhundert vor Chr. Zwischen den Köpfen die Reste einer Blattkrone.

Hains, dass die fremdartige Kultur der Kelten und anderer Barbarenvölker in Südgallien schon in geringer Entfernung von der antiken Zivilisation zu finden war.

Die Keltenstämme kannten eine Vielzahl von Heiligtümern und heiligen Orten, an denen sie Gottheiten und numinose Mächte anriefen und ihnen Opfer darbrachten. Dazu gehörten wohl seit jeher Höhlen, markante Anhöhen und Berge, Quellen sowie Gewässer ebenso wie heilige Haine. Einen solchen Wald bezeichneten sie als Nemeton und übertrugen den Namen schließlich auf Tempel, die sie üblicherweise aus Holz und Fachwerk erbauten. An heiligen Plätzen opferten sie wie etwa in La Tène am Neuenburger See alle Arten von Waffen, aber auch ganze Streitwagen, prächtige Schilde und Schmuck. Auch Tieropfer waren beliebt, wozu unter anderem Pferde, Schweine und Hunde gehörten. Unzweifelhaft vollzog man Menschenopfer, um die Götter gnädig zu stimmen. Nach Caesars Ausführungen im *Bellum Gallicum* weihten die gallischen Stämme einem Gott alles, was sie im Krieg zu erbeuten hofften, sobald sie sich zur Schlacht entschlossen hatten. Hätten sie dann den Sieg errungen, opferten sie ihm alle erbeuteten Lebewesen, während sie das Übrige an einer Stelle zusammentrügen. Deswegen könnte man bei vielen Stämmen Hügel in der Nähe geweihter Orte sehen, die sie aus diesen Beutestücken errichtet hätten. Es geschähe nur selten, dass einer sich gegen die Religion verginge und Beute bei sich verstecke oder aber wage, Weihegeschenke wegzunehmen, wenn sie schon niedergelegt worden seien. Auf diese Tat stünde als Strafe härteste Folter und Tod. Wer von schwerer Krankheit befallen wäre oder sich in Krieg und Gefahr befände, opfere Menschen anstelle von Opfertieren oder gelobe solche Opfer.

Die Druiden führten diese Opfer durch; denn die Gallier glaubten, der Wille der unsterblichen Götter könnte nur besänftigt werden, wenn für das Leben eines Menschen ein anderes eingesetzt würde. Einige Stämme besaßen laut Caesar Opferbilder von ungeheurer Größe, deren Glieder durch Ruten miteinander verbunden waren. Diese füllten sie mit lebenden Menschen an. Dann würden die Götterbilder von unten angezündet, sodass die Menschen in den Flammen umkämen. Diodor bestätigt diese brutalen Opfermassaker: „Ihre Verbrecher halten sie fünf Jahre lang gefangen, bringen sie dann auf Pfähle gespießt den Göttern dar und verbrennen sie mit vielen anderen ausgewählten Opfergaben, wofür sie riesige Scheiterhaufen errichten. Sie schlachten auch ihre Kriegsgefangenen wie Opfertiere zu Ehren der Götter."

Haarsträubende Schilderungen dieser Art glaubte man lange der vorurteilsvollen Phantasie antiker Schriftsteller entsprungen, denen die keltische Kultur letztlich fremd und unverständlich war. Archäologische Funde in der nordostfranzösischen Picardie bestätigen allerdings, dass die dortigen Stämme zumindest vorübergehend ungewöhnlichen Bräuchen nachgingen. Für das Nemeton von Ribemont-sur-Ancre lässt sich etwa Folgendes rekonstruieren: Dort hatte man auf einem Abhang oberhalb eines kleinen sumpfigen Flusses ein sakrales Areal angelegt. Dessen Inneres schützten eine übermannshohe Palisade und ein Graben vor neugierigen Blicken. Den einzigen Zugang erlaubte nur ein großes hölzernes Eingangsportal, an dessen Galerie und Pfosten menschliche Totenschädel angebracht waren. Wenn der Besucher hindurchgeschritten war, erblickte er ein System von Einfriedungen, die ebenfalls aus Palisaden und tiefen Gräben bestanden. Dahinter lagen Heiligtümer, Opferplätze und überdachte Bauwerke. An den hohen Holzwänden sah man menschliche Überreste, die offensichtlich als Trophäen zur Schau gestellt wurden: einzelne Knochen, etwa von Arm und Bein, aber auch vollständige Körperpartien, die aus der unteren oder oberen Körperhälfte bestanden. Da diese menschlichen Überreste noch mit Waffen versehen waren, erwiesen sie sich als zerlegte Leichname keltischer Krieger. Andernorts hatte man menschliche Langknochen mit denen von Pferden genau geordnet und säuberlich zu einem gleichmäßigen Viereck von einem Meter Höhe geschichtet. Gleichzeitig waren Männer damit beschäftigt, Knochen peinlich genau zu reinigen, sie zu zertrümmern und schließlich zu verbrennen. Ein lediglich überdachtes Gebäude enthüllte Herkunft und Verwendung dieser menschlichen Gebeine: Dort hatte man in mehreren Metern Höhe ein nach allen Seiten offenes Podest errichtet. Auf ihm hielten 60 keltische Krieger regelrecht Wache – mit ihren vollständigen Ausrüstungen, die Schwerter umgegürtet, die Schilde vor sich und die Speere erhoben. Aber alle

Kämpfer waren tot und ohne ihren Kopf. Ihre Körper befanden sich im Zustand der Mumifizierung, und viele von ihnen hatten schon einzelne Gliedmaßen verloren.

Anscheinend brachte man also gefallene Krieger in das Heiligtum von Ribemont-sur-Ancre, um ihre Überreste einem langsamen und vollständigen Auflösungsprozess auszusetzen und ihn durch Eingriffe sogar zu befördern. Vorher hatte man den Getöteten den Kopf als wertvollste Kriegstrophäe abgetrennt. Die übrigen Körper hielten dann im vollen Kriegerornat ihre Totenwache, bis die Leichen austrockneten und mumifizierten. Allmählich verfielen sie und wurden schließlich von allen Haut- und Sehnenresten bis auf den blanken Knochen befreit. Am Ende stand die erwähnte Verbrennung der Reste. Die Leichen mehrerer Hundert enthaupteter Krieger stellten mit ihrer Ausrüstung nebst den Waffen eine reiche Opfergabe dar – für eine Gottheit, die man sich wahrscheinlich in der Erde oder in den nahen Sümpfen dachte.

Im benachbarten Gournay-sur-Aronde fand sich ein ähnliches Heiligtum, das ebenfalls nahe eines versumpften Flussufers lag (Abb. 5). Dort opferte der gallische Stamm der Bellovaker Rinder, Schweine und Schafe, deren Kadaver und Knochen in zahlreichen Gruben deponiert wurden. Auch hier wurden die Leichen feindlicher Krieger gelagert und zerstückelt respektive mit ihren Waffen als Trophäen ausgestellt. Das Allerheiligste blieb den Priestern vorbehalten, während sich Männer und Frauen der benachbarten Siedlung wahrscheinlich an besonderen Festtagen zum Opfermahl versammelten. Der Verwesungsgeruch und die unmittelbare Nähe menschlicher Überreste dürften sie nicht gestört haben, denn anscheinend verbanden sie die Nähe des Todes nicht nur mit Unterweltgöttern, sondern auch mit Fruchtbarkeit und Wiedergeburt.

Abb. 5 Rekonstruktion des Heiligtums von Gournay-sur-Aronde in der Picardie aus dem 2. Jahrhundert vor Chr.

Welche rätselhaften Rituale man in jener Zeit pflegte, zeigt ein Beispiel aus den Ardennen. Dort hatte ein gallisches Dorf in Acy-Romance sein Nemeton bei einem uralten Grabhügel errichtet, der aus der Bronzezeit stammte. Im 2. Jahrhundert vor Chr. sah man ihn wahrscheinlich als ein Denkmal der Vorfahren oder göttlicher Mächte. Um sie gewogen zu stimmen, zwängte man die Leichen junger Männer dergestalt in Holzkisten, dass der Einzelne zusammengekrümmt darin saß und den Kopf zwischen den Beinen hatte. Auf diese Weise wurde er längere Zeit in einem trockenen Brunnenschacht gelagert, bis sein Körper alle Flüssigkeit verloren hatte und die Kleider verrottet waren. Nach einer weiteren Austrocknungszeit an einem luftigen Ort setzte man den Leichnam in seinem „Buddhasitz" schließlich endgültig bei. Einem anderen Mann fesselte man die Hände, zwang ihn, sich niederzuknien und tötete ihn mit einem Axthieb.

Derartige Funde bestätigen keltische Menschenopfer, wie sie auch von antiken Geschichtsschreibern geschildert wurden. Sie sahen darin einen Akt barbarischer Grausamkeit, weil sie einen völlig anderen Umgang mit ihren Toten pflegten. Tatsächlich aber bezeugte dieser keltische Ritus Hochachtung, war es doch sonst üblich, die Leichen einer Siedlung zu verbrennen oder sie achtlos verwesen zu lassen. Das langjährige Ritual der Austrocknung stand insofern wohl nur Angehörigen des Stammesadels zu. Ein Teil der Kelten sah die oben beschriebenen Opfer- und Totenbräuche zweifelsohne als adäquaten Umgang der Menschen mit den Göttern an. Allerdings endeten im nordöstlichen Gallien derartige Bräuche um das Jahr 100 vor Chr. – mutmaßlich wegen vordringender römischer Einflüsse. An die Stelle von Menschenopfern trat nun die Opferung von Haustieren, wobei für eine Zeremonie bis zu 150 Schafe geschlachtet wurden.

Aber nicht nur die Opferbräuche schreckten die Römer ab, sondern auch die immer wieder geschilderte Tatsache, dass die keltischen Krieger Kopfjäger waren. Zur Zeit der Eroberung Galliens durch Caesar berichten Diodor und andere, die Barbaren des Nordens kehrten mit den Köpfen ihrer Feinde aus der Schlacht zurück. Sie hängten sie ihren Pferden an den Hals und nagelten sie später an die Portale ihrer Häuser. Eine derartige Trophäe genoss umso mehr Wert, je größer Ruhm und Tapferkeit des Gegners gewesen waren. Demzufolge wurden die Köpfe der vornehmsten Feinde einbalsamiert und sorgfältig in einer Truhe aufbewahrt. Wenn die Krieger sie ihren Gästen zeigten, brüsteten sie sich, dass für diesen Kopf einem ihrer Vorfahren, ihrem Vater oder auch ihnen selbst viel Geld geboten worden sei, sie es aber nicht genommen hätten. Dass Kopfjagd noch zu Caesars Zeit üblich war, belegt eine gallische Münze, die den

Stammesführer Dumnorix mit einem erbeuteten Kopf in der Hand zeigt. Umso strenger verboten die Römer die gallische Kopfjagd! Aber dies wurde nicht immer befolgt: Anscheinend konnten sogar keltische Hilfstruppen Roms im Kampfrausch nicht von dem alten Brauch lassen und schnitten ihren Feinden wie gewohnt die Köpfe ab.

Allerdings zeugte auch diese Sitte nicht von einer Missachtung des Besiegten. Denn der Schädel galt als Sitz seiner besten Tugenden wie etwa seines Mutes. In ihm wohnte magische Kraft, die ihn zu einem besonders mächtigen Objekt machte. Deshalb durfte er nicht in die Hände der Feinde fallen. Nagelte man ihn über die Haustür oder an einen Pfosten, verwies man nicht nur auf den eigenen Erfolg als Krieger. Die Schädeltrophäen bewahrten ihre Besitzer nämlich auch vor Unheil. Darum trug man auch Splitter eines Schädelknochens als Talisman bei sich, und im Keltenland musste man stets gewärtig sein, auf den Anblick von abgetrennten Männerköpfen zu stoßen: an Hauswänden und Pfählen, in Heiligtümern und an Toren zu den stadtähnlichen Oppida. So schmückten Schädel etwa das Osttor der großen Keltensiedlung von Manching in Bayern.

Köpfe stellten überhaupt eines der Lieblingsmotive keltischer Kunst dar, das sich in keltischen Ländern sogar noch an christlichen Kirchenfassaden findet. In Irland wurde die Kopfjagd auch nach der Einführung des Christentums betrieben. Dort kämpften die Krieger bis ins Mittelalter um ihre Köpfe, die man als Trophäen an Pferdesätteln oder auf Lanzenspitzen mit sich führte. Ihre Heldengeschichten zeugen zudem von der poetischen Vorliebe für die Kopfjagd, die in den Dichtungen der grünen Insel allenthalben auftaucht. Kopfjagd und Schädelkult findet sich zu allen Zeiten und in vielen Kulturen – die Kelten selbst haben diesen Brauch möglicherweise bei den Skythen der östlichen Steppen kennengelernt und von ihnen übernommen. Aber nur selten wurde dieser Kult derart intensiv gepflegt und überliefert wie unter den keltischen Stämmen des europäischen Festlandes und der Britischen Inseln.

Die Druiden – Wächter der Mythen?

Die Kelten stellten den seit der Vorzeit bekannten Schamanen und Schmieden Priester zur Seite, die deren Bedeutung bei Weitem überflügelten: die Druiden, die „sehr Weisen" respektive „Eichenweisen". Bis heute ist das frühgeschichtliche Volk ohne diese geheimnisvollen Männer nicht denkbar. Wenn allerdings der Zauberer Merlin von König Arthurs Hof gemeinhin als ihr berühmtester

Vertreter angesehen wird, hat er doch außer einigen blassen Spuren wenig mit den historischen Druiden gemein. Immerhin galt diese Priesterkaste bereits in der Antike als typisches Kennzeichen der keltischen Religion und Kultur. Caesar behauptete sogar, der Unterschied zwischen Kelten und Germanen zeige sich vor allem daran, dass die Ersten das Druidenamt kannten, während es den Letzteren überhaupt nichts bedeutete. Die derart Angesprochenen verraten indes kaum etwas von ihren Priestern. Wegen ihrer Schriftlosigkeit bleiben nur Schlüsse und archäologische Funde. Die komplizierten Opferrituale erforderten erfahrene Priester, die deren Einhaltung überwachten. Die Druiden verfügten über das umfassende Wissen um die Gottheiten und wie man ihnen opferte; denn davon hing auf Gedeih und Verderb das Geschick der Stammesgemeinschaft ab. Sie hatten zudem Kenntnisse von der Anatomie des Menschen, die bei dessen ritueller Zerstückelung angewandt wurden. Und in der Tat ist man in der Umgebung der großen Kultplätze auf Gräber einzelner Männer gestoßen, in denen man Angehörige der Druidenkaste zu erkennen glaubt. Zu deren Grabbeigaben gehörten nämlich Äxte und große Messer, die bei Tier- und Menschenopfern verwendet wurden. Kleine Bronzepfannen dienten wahrscheinlich der rituellen Reinigung und wurden mit Scheren und anderen Werkzeugen ergänzt. Auch die Kriegerausrüstung hatte man den Toten mitgegeben, wobei allerdings die Schwerter wie üblich unbrauchbar gemacht worden waren.

Aber diese Funde allein wären zu dürftig, um einen Druiden-Mythos zu begründen. Nur die antiken Autoren nennen ihre Namen und gehen ausführlich auf sie ein. Unter diesen gibt Caesar die ausführlichsten Informationen zu den gallischen Priestern: „Den Druiden obliegen die Angelegenheiten des Kultes, sie richten die öffentlichen und privaten Opfer aus und interpretieren die religiösen Vorschriften. Eine große Zahl von jungen Männern sammelt sich bei ihnen zum Unterricht, und sie stehen bei den Galliern in großen Ehren. Denn sie entscheiden in der Regel in allen staatlichen und privaten Streitfällen. Wenn ein Verbrechen begangen worden oder ein Mord geschehen ist, wenn der Streit um Erbschaften oder den Verlauf einer Grenze geht, fällen sie auch hier das Urteil und setzen Belohnungen und Strafen fest. Wenn sich ein Privatmann oder das Volk nicht an ihre Entscheidung hält, untersagen sie ihm die Teilnahme an den Opfern. Diese Strafe gilt bei ihnen als die schwerste, denn die, denen die Teilnahme untersagt ist, gelten als Frevler und Verbrecher, alle gehen ihnen aus dem Weg und meiden den Umgang und das Gespräch mit ihnen, damit sie nicht durch ihre Berührung Schaden erleiden. Wenn sie etwas beanspruchen, wird ihnen kein Recht zuteil, und alle Ehrenstellen sind ihnen verschlossen. An der Spitze aller Druiden steht ein Mann, der den höchsten Einfluss unter ihnen genießt. Stirbt er, so folgt ihm entweder der nach, der unter den Übrigen das höchste Ansehen besitzt, oder aber sein Nachfolger wird von den Druiden gewählt, wenn mehrere gleich hohes Ansehen besitzen. Nicht selten wird dann jedoch auch mit Waffen um die leitende Stelle gekämpft. Zu einer bestimmten Zeit des Jahres tagen die Druiden an einem geweihten Ort im Gebiet der Karnuten, das man für das Zentrum von ganz Gallien hält. Von allen Seiten kommen dort alle die zusammen, die einen Streitfall auszutragen haben, und unterwerfen sich den Entscheidungen und Urteilen der Druiden. Man glaubt, dass die Lehre der Druiden aus Britannien stammt und nach Gallien herübergebracht worden ist. Daher gehen die, die tiefer in ihre Lehre eindringen wollen, meist nach Britannien, um sie dort zu studieren. Die Druiden nehmen in der Regel nicht am Krieg teil und zahlen auch nicht wie die Übrigen Steuern. Sie leisten keinen Kriegsdienst und sind auf jedem Gebiet von der Abgabepflicht ausgenommen. Diese großen Vergünstigungen veranlassen viele, sich aus freien Stücken in ihre Lehre einweihen zu lassen, oder ihre Eltern und Verwandten schicken sie zu den Druiden. Wie es heißt, lernen sie dort eine große Zahl von Versen auswendig. Daher bleiben einige 20 Jahre lang im Unterricht. Sie halten es für Frevel, diese Verse aufzuschreiben, während sie in fast allen übrigen Dingen im öffentlichen und privaten Bereich die griechische Schrift benutzen. Wie mir scheint, haben sie das aus zwei Gründen so geregelt: Einmal wollen sie nicht, dass ihre Lehre allgemein bekannt wird, zum andern wollen sie verhindern, dass die Lernenden sich auf das Geschriebene verlassen und ihr Gedächtnis weniger üben. Denn in der Regel geschieht es, dass die meisten im Vertrauen auf Geschriebenes in der Genauigkeit beim Auswendiglernen und in ihrer Gedächtnisleistung nachlassen. Der Kernpunkt ihrer Lehre ist, dass die Seele nach dem Tod nicht untergehe, sondern von einem Körper in den anderen wandere. Da so die Angst vor dem Tod bedeutungslos wird, spornt das ihrer Meinung nach die Tapferkeit ganz besonders an. Sie stellen außerdem häufig Erörterungen an über die Gestirne und ihre Bahn, über die Größe der Welt und des Erdkreises, über die Natur der Dinge, über die Macht und Gewalt der unsterblichen Götter und vermitteln dies alles der Jugend." Caesars Zeitgenosse Diodor aus Sizilien weiß eine Art der Wahrsagung zu berichten, die an beschriebene Opferpraktiken und archäologische Funde erinnert: „Sie weihen nämlich einen Menschen als Opfer und stoßen ihm ein Messer über dem Zwerchfell in den Körper; wenn das Opfer getroffen niedersinkt, erkennen sie aus der Art des Fallens, den Zuckungen der Glieder sowie dem Ausströmen des Blutes die Zukunft; in diesen Dingen verlassen sie sich fest auf eine alte und langjährige Beobachtungspraxis."

Demzufolge verfügten die Druiden als oberste Priester und Rechtsgelehrte unter den Kelten über außerordentliche Macht. Die Bedeutung ihres Namens bestätigt zudem Caesars Angaben, wonach sie die jungen Stammesadligen unterrichteten. Ihr Wissen umfasste wahrscheinlich alle Kenntnisse ihrer Welt, deren Grundlagen sie als Wächter der Mythen wahrten: Sie kannten die zahlreichen Götter und wussten, wie ihnen zu opfern sei und wie man sich ihnen zu nähern habe. Sie lehrten von den Grundlagen des Kosmos, über sein Werden und Vergehen, die Bewegungen der Gestirne und die Wirkungen von Pflanzen. Als Kenner der Naturkräfte wussten sie von den Krankheiten der Menschen und wie man sie heilen konnte. Doch ebenso führten sie ihre Zöglinge in die Geheimnisse der menschlichen Seele ein und in das, was sie nach dem Tod erwartete, wobei sie angeblich der Lehre von einer Seelenwanderung und Wiedergeburt anhingen. Außerdem erzählten sie die Mythen und Heldensagen ihres Stammes. Darüber hinaus waren einem Druiden auch die praktischen Hilfsmittel der Magie nicht fremd, sodass er sich und anderen mit den passenden Zaubersprüchen zu helfen wusste.

Das von Caesar erwähnte Schriftverbot sicherte die Exklusivität von Geheimwissen für Eingeweihte, scheint aber auch in den Grundlagen der keltischen Religion begründet. Denn man kannte durchaus das griechische sowie andere Alphabete, die in geschäftlichen Angelegenheiten auch verwendet wurden. Aber die Kelten verzichteten offensichtlich von Anfang an auf eine Schrift für religiöse Bereiche, bis schließlich die Druiden strenge Hüter dieses Verbots wurden. Die Gründe dafür sind ungewiss: Möglicherweise hatte man durchaus ein System von Zeichen in Gebrauch, das seinen bis heute faszinierenden und rätselhaften Ausdruck in der oben genannten La-Tène-Kunst fand. Deren Motive beziehen sich auf Mythen, von denen keine schriftlichen Nachrichten überliefert wurden. Nach dem keltischen Glauben mögen sich die göttlichen Wesen und ihre Geschichten von den Ursprüngen der Welt eine feste Fixierung verboten haben. Ihre Niederschrift war tabu, damit das Heilige nicht seine ihm innewohnende Kraft verlor. Darum behielt auch die Sprache ihre magische Kraft und wurde zum alleinigen Medium der Mythen und des Wissens über Kosmos und Welt.

Das populärste Druidenbild verfasste der römische Gelehrte Plinius der Ältere. Nach seinen Worten halten sie nämlich „nichts für heiliger als die Mistel und den Baum, auf dem sie wächst, wenn es eine Steineiche ist. Schon um ihrer selbst willen wählen sie Steineichenhaine und sie verrichten keinen Kult ohne deren Laub … Denn alles, was daraus hervorwächst, halten sie für vom Himmel gesandt und für ein Zeichen, dass der Baum vom Gott selbst erwählt sei.

Die Mistel ist jedoch ziemlich selten zu finden, und wenn sie gefunden wird, so wird sie mit großer Feierlichkeit geerntet, insbesondere am sechsten Tag des Mondes – womit bei ihnen die Monate und Jahre beginnen – und nach dem dreißigsten Jahr eines Zeitabschnitts, weil sie dann Kräfte im Überfluss hat und nicht nur die Hälfte. Sie nennen sie in ihrer Sprache Allheilmittel. Nach dem Ritus bereiten sie unter dem Baum ein Opfer und Opfermahl vor und führen zwei weiße Stiere herbei, deren Hörner bei dieser Gelegenheit das erste Mal bekränzt werden. In weißem Kultgewand besteigt der Priester den Baum und schneidet die Mistel mit einer goldenen Sichel ab. Man fängt sie in einem weißen Wolltuch auf. Endlich schlachten sie die Opfertiere, wobei sie beten, dass der Gott seine Gabe jenen, denen sie zuteilwird, zum Glück ausschlagen lasse. Sie glauben, dass durch Mistelabsud jegliches unfruchtbare Tier fruchtbar werde und dass er ein Gegengift gegen alle Gifte sei."

In der Tat weiß man von dieser immergrünen Schmarotzerpflanze, dass sie über heilwirkende Eigenschaften verfügt: herzkräftigend, blutdrucksenkend und anderes mehr. Dies bestätigt die Kenntnisse der druidischen Mediziner, die außerdem auf alte Überlieferungen zurückgriffen. Immerhin wurden etwa die großen Steinfiguren von Glauberg bereits ein halbes Jahrtausend früher mit Blattkronen geschmückt, deren Vorbild wahrscheinlich das Mistelgewächs war. Unbekannt ist allerdings, welche Rolle der Pflanze im Weltbild und in der Mythologie der Kelten zukam. Ihre zähen Lebenskräfte sowie das immergrüne Äußere dürften als vitales Symbol während der kalten und dunklen Winterzeit gegolten haben. Solch einer Ehrfucht gebietenden Pflanze durften sich selbst die Druiden nur unter bestimmten Ritualen nähern. Deren Höhepunkt bildete die Mistelernte, die vermutlich im Oktober und November stattfand und wie oben geschildert mit einem Stieropfer verbunden war. Die Szene von den weiß gewandeten Keltenpriestern, die mit goldenen Sicheln die Eichen erklettern, dürfte einer gewissen poetischen Ausschmückung geschuldet sein, deren historische Wahrheit davon unbenommen bleibt.

Die Priester der Kelten erweisen sich gleichwohl als nur schwer greifbar. Denn einerseits gibt es keinen Zweifel an ihrer Existenz und ihrem großen Einfluss, aber andererseits hinterließen sie nur vage archäologische Spuren. Etwa auf der Insel Anglesey vor der Küste von Wales: Dort gilt der Fund einer reichen Opferstätte an einem See als Beleg druidischer Opfer, zu denen Schwerter, Speere, Schilde und ganze Streitwagen gehörten. Die Insel war immerhin unter dem antiken Namen Mona ein berühmtes Druidenzentrum der Britischen Inseln, das Roms Legionäre 60 nach Chr. eroberten und zerstörten. Einerseits sahen die antiken Geschichtsschreiber die keltischen Priester als blutrünstige

Barbaren an, andererseits verglichen sie sie wegen ihrer Weisheit mit den griechischen Philosophen. Dies bestätigt der römische Politiker und Intellektuelle Marcus Tullius Cicero: Als der gallische Haeduerfürst Diviciacus im Jahr 61 vor Chr. in Rom weilte, stattete er dem einflussreichen Cicero einen Besuch ab. Dabei erklärte dieser einzige namentlich genannte Druide, die Erforschung der Natur der Dinge sei ihm bekannt und er könne die Zukunft voraussehen. Manchen griechischen und römischen Gelehrten erinnerten deshalb die Druiden an die ursprünglich in Süditalien beheimatete Philosophenschule des Pythagoras. Auch deren Angehörige umgaben sich mit dem Schleier des Geheimnisvollen und glaubten an eine Seelenwanderung nach dem Tod. Zudem zogen die Pythagoräer weit herum und gewannen in der Mittelmeerwelt viele Anhänger. Im Umland der griechischen Kolonie Marseille hätte schon um 500 vor Chr. die Möglichkeit bestanden, die philosophischen Lehren den Kelten zu vermitteln.

Die Druiden – barbarische Anhänger einer griechischen Philosophenschule oder Misteln erntende Naturpriester? Wahrscheinlich nur zwei Aspekte einer vielschichtigen Überlieferung. Denn überall in der keltischen Kultur trafen Altes und Neues, Fremdes sowie Eigenes zusammen. Die „hochgelehrten" Priester standen in einer langen Tradition, die zum Teil zu vorgeschichtlichem Schamanenwissen zurückführte. Darum kannten sie zweifelsohne viele Geheimnisse der natürlichen Mächte. Darin mögen sie die Nachfahren der frühkeltischen Herrscher von Hochdorf oder Vix gewesen sein, die nicht nur als Fürsten, sondern auch als Priesterkönige angesehen wurden. Nach der Entmachtung dieser Häuptlingsschicht könnten die Druiden deren Wissen und die religiösen Aufgaben übernommen haben. Dazu standen sie südlichen und östlichen Einflüssen offen gegenüber – etwa der Griechen und Etrusker oder der Skythen aus den eurasischen Steppen. Mit der Eroberung der festlandkeltischen und britischen Stämme durch Rom war ihr Ende noch lange nicht gekommen; sie verloren ihren großen Einfluss, überlebten aber als Weise und Gelehrte.

Der Kessel von Gundestrup und die Götter der Kelten

Welchen Gottheiten dienten die Druiden, welche Mythen erzählten sie ihren Schülern? Davon ist bei den Keltenstämmen vom Atlantik bis zur Donau nur wenig bekannt. Das meiste darüber erfährt man erst nach der römischen Eroberung aus den Berichten der antiken Gelehrten – und aus einer Vielzahl von

Weihesteinen nebst lateinischen Inschriften. Die in Glaubensfragen toleranten Römer erlaubten nämlich den Galliern unter ihrer Herrschaft die Anbetung der einheimischen Götter und Göttinnen. Allerdings lag es in der Natur der schleichenden Romanisierung, dass diese sich veränderten. Darum bleibt es letztlich ungewiss, woran bereits die frühen Kelten glaubten. Davon erzählen allenfalls antike Berichte sowie archäologische Funde, die ihre letzten Geheimnisse selten preisgeben.

Zu diesen Fundstücken gehört ein silberner Kessel, der bei Gundestrup im dänischen Nordjütland gefunden wurde. Dort hatte man das 65 cm Durchmesser große Gefäß vor mehr als 2000 Jahren in einzelne Platten zerlegt und sorgsam auf der Oberfläche eines Moores niedergelegt – wahrscheinlich als Opfer an die Götter. Wie der Kessel in das Gebiet der germanischen Kimbern kam, ist unbekannt; vielleicht als wertvolles Beutestück oder Geschenk. Ebenso herrscht über seine Herkunft Ungewissheit: Am ehesten sieht man das Meisterwerk im 3. oder 2. Jahrhundert vor Chr. in den Schmieden der kunstfertigen Thraker auf dem Balkan entstanden. In den zahlreichen Figurendarstellungen finden sich allerdings eindeutig keltische Motive. Dazu zählen auf den sieben äußeren Platten Brustbilder von männlichen und weiblichen Gottheiten, die Torques-Halsringe tragen. Von den erhaltenen fünf Innenplatten zeigt eine Krieger zu Pferd und zu Fuß, die Lanzen, Schilde sowie eine Karnyx tragen, die typisch keltische Kriegstrompete. Daneben steht eine übergroße Figur, die eine kleinere kopfüber in eine Art Kessel steckt – was eine auch andernorts beschriebene Opferzeremonie zu sein scheint. Eine andere Platte bietet wiederum ein männliches Brustbild mit erhobenen Händen, deren rechte ein gebrochenes Speichenrad hält; außerdem finden sich auf ihr eine männliche Figur mit einem Hörnerhelm und allerlei Fabeltiere nebst einer Schlange. Da das Rad als Symbol des Himmelsgottes Jupiter galt, könnte es sich hier um seine keltische Entsprechung Taranis handeln. Am sichersten lässt sich das Motiv einer anderen Platte identifizieren: Dort sitzt im „Buddhasitz" ein Gott mit einem Hirschgeweih, der in seinen Händen einen Torques sowie den Kopf einer Widderkopfschlange hält, eines Mischwesens, das auf etlichen keltischen Darstellungen zu finden ist. Begleitet wird dieser nach einer jüngeren Überlieferung Cernunnos genannte Gott unter anderem von einem Hirsch und einem Eber, die zu den verehrtesten Tieren zählten. Damit sind wir ohne Zweifel einer vielerorts verehrten Gottheit auf der Spur, deren tierische Attribute sich bei einer südlich von Paris in Bouray gefundenen Statue aus Bronzeblech in Beinen ausdrücken, die in Hirschhufen enden (Tafel IX). Cernunnos dürfte als Herr der Tiere verehrt worden sein, als Schutzherr des

Wildes wie der Jäger. Hinter ihm verbirgt sich wahrscheinlich ein uralter Naturgott, der die dämonische Widderkopfschlange bändigt und auf schamanistische Vorstellungen zurückzuführen ist. Eine frühe Darstellung dürfte Cernunnos auf der filigranen Schnabelkanne gefunden haben (Tafel VIII), die im 5. Jahrhundert vor Chr. dem Fürsten von Glauberg mit ins Grab gegeben wurde. Dort sitzt er im Schneidersitz zwischen zwei Fabelwesen.

Aber Cernunnos war nur einer unter den Hunderten von Göttern, die die Kelten anbeteten. Caesar weist im „Gallischen Krieg" ausdrücklich darauf hin, dass alle gallischen Stämme sehr religiös seien und zahlreiche Gottheiten verehrten. Deren höchste benennt er nach der üblichen Interpretatio romana mit den Namen und Eigenschaften seiner römischen Götter: „Unter den Göttern verehren sie Merkur am meisten. Von ihm besitzen sie besonders viele Götterbilder, ihn halten sie für den Erfinder aller Künste, für den Führer auf allen Straßen und Wegen, und von ihm glauben sie, er habe den größten Einfluss auf den Erwerb von Geld und auf den Handel. Auf Merkur folgen Apollo, Mars, Jupiter und Minerva. Der Glaube an diese Götter hat etwa denselben Inhalt wie bei den übrigen Völkern: Apollo vertreibt Krankheiten, Minerva lehrt die Anfangsgründe des Handwerks und der Künste, Jupiter hat die Herrschaft über die Himmelsbewohner, und Mars lenkt die Kriege." Die Götterwelt aller Kelten war zweifelsohne vielgestaltig und ähnelte den religiösen Vorstellungen anderer indoeuropäischer Völker wie der Griechen, Römer oder Germanen. Die meisten Gottheiten verehrte man lediglich an bestimmten heiligen Orten, beschränkt auf einzelne Landstriche und Stämme. Anscheinend unternahm man erst in der Römerzeit Ordnungsversuche, wodurch sich einige Namen herauskristallisierten. Dazu gehörten nach dem Römer Lukan Teutates, Esus und Taranis, die gern als Hauptgottheiten angesehen wurden. Dabei trug Teutates die Züge eines Stammvaters, der auch dem römischen Kriegsgott Mars und dem Handelsgott Merkur ähnelte. Angeblich konnte man ihn mit einem Opfer nur dann zufriedenstellen, wenn ein Mensch kopfüber in einen gefüllten Bottich gesteckt wurde, sodass er darin erstickte. Unbestimmt bleibt auch das Wesen des Esus, der als bärtiger, einen Baum fällender Mann dargestellt wurde. Demgemäß mussten seine Menschenopfer an einem Baum aufgehängt werden. Taranis galt als Gott des Donners und entsprach darum Jupiter, dem obersten römischen Himmelsherrscher. Für ihn verbrannte man Menschen in einem hölzernen Behältnis. Außerdem seien noch Belenus erwähnt, der mit dem Heilgott Apollo gleichgesetzt wurde, der Handwerkergott Lugus, dessen Spuren sich in Ortsnamen wie Lugudunum (Lyon) erhalten haben, und Ogmios,

Abb. 6 Die gallo-romanische Göttin Epona, deren Name vom keltischen Wort für Pferd abgeleitet ist.

ein Gott der Unterwelt, dem aber auch die Kraft der Rede zugeschrieben wurde.

Neben den männlichen Gottheiten kannten die Kelten eine große Anzahl von Göttinnen. Zu ihnen zählte die mit Minerva gleichgesetzte Belisama ebenso wie Epona (Abb. 6), die populäre Schutzgöttin der Pferde. Besonderer Beliebtheit erfreuten sich allerdings höhere weibliche Mächte, die man an bestimmten Orten als heimisch ansah. Dort repräsentierten sie Gebirge, Flüsse und Quellen, so Abnoba den Schwarzwald, Arduinna Eifel und Ardennen sowie Sequana und Matrona die Seine und die Marne. Wie wichtig den Kelten die Anrufung solcher Mächte war, belegt die Vielzahl heiliger Quellen, an denen man ihnen Opfer darbrachte. Eine späte Erinnerung an den Kult solcher Ortsgottheiten stellt die irische Vorstellung von den Elfen dar, die in den Hügeln der Großsteingräber wohnen sollten.

Schließlich spielen in der keltischen Götterwelt auch Tiere eine hervorragende Rolle. Ihre Bedeutung zeigt sich nicht nur in den unzähligen Opfertieren aller Art, sondern auch in den Beinamen und Attributen der mit ihnen verbundenen Gottheiten. Dazu gehörte der Hirsch, der eng mit dem „behornten" Cernunnos verbunden war. Der Bär erfuhr keine so große Verehrung, trotzdem galt er als Tier zweier Göttinnen, die mit ihm dargestellt wurden: Artio und Andarta („die einen Bären in sich hat"). Seine Stärke und Tapferkeit dienten dem keltischen Krieger als Vorbild, und in Irland bezeichnete man einen beherzten Kämpfer als Bären. Ähnliches galt von den angriffslustigen Wildschweinen der Wälder, deren Wut vorbildlich war. Dies zeigen die häufigen Eberdarstellungen als Figuren, auf Münzen und Helmzieren. Der Göttin Arduinna diente der Eber sogar als Reittier. Das eindrucksvollste Zeugnis für das Ansehen des Stiers kommt aus Irland: Denn in der mittelalterlichen Heldenerzählung des „Rinderraubs von Cooley“ symbolisieren der mächtige Donn und der gewaltige Findbennach die Provinzen Ulster und Connacht. Für die irischen Stämme drückten sich Macht und Reichtum nicht zuletzt in solchen Tieren und der Größe der Rinderherden aus. Das Pferd genoss hohes Ansehen, stand es doch als Reit- und Zugtier der Streitwagen in engster Beziehung zu den Kriegern. Folgerichtig dienten Pferde auch als häufige Opfertiere und wurden manchmal sogar mit ihren Herren bestattet. In gallorömischer Zeit sorgte die Pferdegöttin Epona für die Popularität dieser Tiere. Magische Bedeutung sprach man anscheinend zahlreichen Vögeln zu: dem Kranich, der Gans, dem Schwan und anderen Wasservögeln. Krähen und Raben galten als Tiere des Todes.

Aus der Tierwelt entnahmen die Kelten die Bestandteile für ihre Dämonen und Ungeheuer, die sich als phantastische Mischwesen in der Ornamentik der La-Tène-Kunst zeigen. Aber erschreckenden Monsterwesen widmete man sogar große Plastiken, wie sie sich am eindrucksvollsten in der südfranzösischen Darstellung der „Tarasque“ von Noves findet. Sie zeigt ein löwenartiges Untier mit Zügen eines Reptils, das seine Vorderpranken auf zwei abgeschlagene Menschenköpfe stützt, während aus seinem aufgerissenen Rachen ein menschlicher Arm hervorragt. Welche Bedeutung dieses Schreckwesen hatte, ist ungewiss.

5

Von Waldgöttern und Nebelländern – Gallorömer und Inselkelten

Der Pariser Nautenstein – Zeugnis der romanisierten Gallier

In Paris haben sich Reste eines bemerkenswerten Denkmals erhalten: mehrere Kalksteinquader, die einst eine um die fünf Meter hohe Säule bildeten. Dieses imposante Monument widmeten die Seine-Schiffer dem römischen Kaiser Tiberius (14–37 nach Chr.) sowie dem höchsten römischen Gott Jupiter. Zahlreiche Reliefs zeigen diesen sowie andere römische Götter – außerdem mehrere gallische Gottheiten einschließlich der schriftlichen Wiedergabe ihrer Namen. Damit ist der Nautenstein (Stein der Schiffer) aus dem damals Lutetia genannten römischen Paris eines der wichtigsten Zeugnisse der keltischen Götterwelt. Er gibt nämlich Namen und Mythen wieder, die sonst nirgendwo überliefert werden. Darunter Cernunnos mit Geweih und Torques, aber auch Esus, der mit einem sichelartigen Messer Äste eines Laubbaumes abschlägt. Rätselhaft ist die Darstellung eines Stiers mit drei Kranichen auf Rücken und Kopf, der demgemäß als Tarvos trigaranus (Stier mit drei Kranichen) bezeichnet wird und wahrscheinlich in einem Wald steht. Rätselhaft ist auch das Relief eines Gottes Smertrios (der zweite Namensteil muss ergänzt werden), der mit einer Keule nach einer Schlange schlägt. Insbesondere hinter den ursprünglich wohl nebeneinander platzierten Szenen von Esus und dem Stier mit den drei Kranichen vermutet man einen Mythos. Zumindest sind die beiden Tierarten in älteren keltischen Darstellungen häufig anzutreffen. Alles andere ist Spekulation – wie übrigens auch der Versuch, hinter den Szenen den Mythos um eine Himmelsgöttin Rigani zu finden, die in einen Kranich verwandelt und von einem Ungeheuer verfolgt wird, das in Schlangengestalt von Smertrios erschlagen wird.

Dass die Gedenksäule der Pariser Seine-Schiffer gallische Gottheiten anführt, bezeugt das Fortbestehen älterer Vorstellungen. Rund 80 Jahre nach der blutigen Eroberung durch Caesar hatten sich die Gallier allerdings mit Roms Herrschaft abgefunden. Auch wenn Kopfjagd, Menschenopfer sowie der Druidenstand verboten worden waren, schätzte man doch die Zugehörigkeit zum Imperium Romanum, die die blutigen Fehden zwischen den zahlreichen gallischen Stämmen und ihren Adligen beendete. Unter der Friedensordnung der Pax Romana konnten sich Handel und Wandel entwickeln und die gallischen Provinzen zu Reichtum und Wohlstand führen. Insofern galten sie als loyaler Teil des Römischen Reiches. Dafür sprach auch die fortgeschrittene Romanisierung, die römische Gelehrte von der Provence sagen ließ, sie ähnele Italien mehr als einer eroberten Provinz. Die römische Kultur mit ihrem wirtschaftlichen und politischen Vorsprung schloss den Wunsch nach einer Wiedergeburt des „barbarischen" Gallien so gut wie aus. Das bedeutete jedoch nicht, dass sämtliche Überlieferungen und Erinnerungen der keltischen Zeit vergessen wurden. Die römische Toleranz gegenüber dem Privatleben der Untertanen ermöglichte sogar eine Entwicklung, die regionalen Eigenheiten freie Entfaltung gewährte. Darum wurde Gallien über Jahrhunderte römisch geprägt, entfaltete jedoch zugleich eine gallorömische Zivilisation, die manches keltische Erbe bewahrte und weitergab.

Das zeigte sich im Bewusstsein der alten Stammeszugehörigkeit, wonach sich die Gallier nicht nur als römische Bürger sahen, sondern etwa auch als Haeduer, Sequaner, Remer oder Treverer. Als in der Spätantike die Macht Roms schwächer wurde und man verstärkt auf eigene Traditionen zurückgriff, verdrängten sogar die alten Stammesnamen die römischen Bezeichnungen vieler Städte: Lutetia benannte man nun nach den Parisiern Paris, Durocortorum wurde nach den Remern Reims genannt und Autricum erhielt den Namen der Karnuten und hieß seitdem Chartres. Und obwohl das Lateinische die dominierende Sprache war, scheint doch in breiten Bevölkerungskreisen und besonders auf dem Land weiterhin das alte Idiom benutzt worden und erst im Lauf der Jahrhunderte ausgestorben zu sein. Sogar bei ihren Bauwerken entwickelten die Galloromanen eigene Formen. Diese fanden ihren deutlichsten Ausdruck im sogenannten Umgangstempel, den man in Italien nicht kannte. Darunter versteht man einen hohen meist quadratischen Mittelraum, dessen Außenwände von einem gedeckten Gang umgeben waren. Mehrere Säulen trugen das Dach dieses Umgangs, der den Gläubigen Schutz gewährte.

Götter des Waldes – Göttinnen der Fruchtbarkeit

Die Eigenarten der galloromanischen Religion waren der Toleranz des römischen Staates geschuldet, der von seinen Untertanen die Verehrung des Kaisers und Opfer für die offiziellen Staatsgötter wie Jupiter verlangte. Aber welche Gottheiten die Gallier außerdem privat anriefen, blieb jedem Einzelnen überlassen. Religionspolitische Duldungen endeten bei den Druiden, die Kaiser Claudius im Jahr 54 nach Chr. verbot. Ansonsten vermischten sich neue römische mit alten keltischen Vorstellungen, was in der Götterverehrung, an heiligen Plätzen und in Kultbauten seinen Ausdruck fand. Die Römer ordneten die Aufgabe der auf den Höhen gelegenen Oppida an und gründeten in den Tälern und Ebenen Städte, die verkehrsgünstiger lagen. Doch auf den Bergen blieben oftmals die keltischen Kultplätze zurück, deren Mächte weiterhin von den Gläubigen angerufen wurden.

Ein bezeichnendes Beispiel bietet der Martberg oberhalb der Untermosel, der ein altes Zentrum der Treverer war. Dieser ostgallische Stamm hatte einst auf dem lang gestreckten Plateau, das fast durchgehend in Steilhängen abfällt, eine große Siedlung angelegt: ein Oppidum, das von mächtigen Befestigungsmauern geschützt wurde. Nach Caesars Eroberung entwickelte sich aus diesem politischen Mittelpunkt ein großes Areal, das aus mehreren gallorömischen Umgangstempeln und vielen anderen Gebäuden bestand. Sie alle wurden nach römischer Sitte aus Stein errichtet. Dort hinauf zog es über mehrere Jahrhunderte die gallischen Gläubigen, um Lenus-Mars Opfer darzubringen, dem traditionellen Stammesgott der Treverer. Zudem galt er als Gottheit mit heilenden Kräften, von der man sich Gesundung von diversen Krankheiten versprach. Darum verband man auf dem Martberg den religiösen Kult mit der medizinischen Betreuung. Um das Wohlwollen des Gottes zu erringen, opferte allerdings niemand mehr Tiere oder Menschen. Die Pilger gaben nun keltische und römische Münzen aus Bronze und Silber, kleine Tonväschen, Statuetten oder kleine Räder, die schon die freien Gallier als Götterattribute benutzten. Der viel besuchte Tempelbezirk auf der Moselhöhe fand erst um 400 nach Chr. ein Ende. Damals gab man die heidnische Verehrung auf und besuchte die christlichen Kirchen im Tal.

Gerade im ostgallischen Gebiet der Treverer und Mediomatriker, deren Hauptstädte Trier und Metz waren, pflegte man die alten Kultplätze. Häufig lagen sie in den weiten Wäldern des Mittelgebirges, von den Vogesen über den Hunsrück bis zu Eifel und Ardennen. Keltische Naturkulte wurden mit Tempeln aus Mauerwerk verknüpft, mit Stelen und aus hohen Schieferfelsen herausgehauenen Reliefbildern. Noch heute finden sich in Eichenwäldern Reste dieser Weihedenkmäler, von denen ein eigentümlicher Zauber ausgeht. Diese Heiligtümer der mitteleuropäischen Wälder trugen zum Bild der Mythenlandschaften nördlich der Alpen mit bei. Die Treverer errichteten sie etwa für Diana, die römische Göttin der Jagd und des Wildes, die man mit der keltischen Arduinna gleichsetzte, der Gottheit des Gebirges gleichen Namens, heute Ardennen und Eifel.

Überhaupt verschmolzen die Galloromer bevorzugt die einheimischen mit den fremden Göttern. So entstanden Gottheiten mit keltisch-römischen Doppelnamen, wie der treverische Lenus-Mars oder Apollo-Grannus, der ebenfalls als Heilgott galt. Weiterhin stellte man sich Paare vor aus einem römischen Gott und einer gallischen Göttin. Im Saarland blieben zum Beispiel die Reste eines Felsbildes erhalten, das die keltische Nantosvelta mit Sucellus zeigte, der mit dem Waldgott Silvanus identifiziert wurde. Ähnliche Paare stellten Merkur und die fürsorgliche Rosmerta oder Apollo-Grannus und Sirona dar, die man besonders an Heilquellen verehrte. Die gallorömische Götterwelt bot eine Fülle derartiger Verschmelzungen, die an Naturplätzen verehrt wurden. Dies kam besonders in der Vorstellung weiblicher Quellgottheiten zum Ausdruck. Eine ihrer berühmtesten Vertreterinnen war Sequana, die Seine-Göttin, an deren Quelle in der Nähe Dijons ein bedeutendes Heiligtum errichtet wurde.

Überhaupt genossen weibliche Mutter- und Fruchtbarkeitsgottheiten große Verehrung. Das galt besonders für die Matronen („Mütter“), denen man im östlichen Gallien und in der Provinz Niedergermanien zwischen dem 2. und 4. Jahrhundert nach Chr. viele Weihesteine und Altäre errichtete. Ihr Kult war dementsprechend unter romanisierten Germanen und Galliern weit verbreitet und stellte eine Vermischung römischer mit keltischen und germanischen Vorstellungen dar. Zahlreiche Weihesteine zieren lateinische Inschriften und Darstellungen der Matronen (um die 1100 Inschriften wurden bislang gefunden). Zumeist stellte man sie sich als drei sitzende Frauen vor, die teils die Kopfhauben der Ehefrauen, teils das offene Haar der Unverheirateten tragen. Auf ihrem Schoß halten sie reich beladene Fruchtkörbe, dazu kommen als Umrahmung weitere Opferschalen mit Obst, Opfer von Schweinen und Fischen, Weihrauch sowie Pflanzen und Bäume. In den Jahrzehnten um 200 nach Chr. erfreuten sich diese Muttergottheiten der größten Beliebtheit und Verehrung. In Kultzentren und Tempelbauten opferten ihnen Frauen und Familien, die sie um Fruchtbarkeit auf den Feldern, beim Vieh und bei den Menschen baten. Denn sie galten als Schützerinnen der Familie und wurden auch bei Geburten um Hilfe angerufen. Selbst Soldaten erbaten ihren Beistand.

Wer damals über die Römerstraßen durch das östliche Gallien reiste, der nahm demzufolge eine Fülle von Zeugnissen der gallorömischen Religion wahr: Er sah auf den Höhen und im Tal die Umgangstempel, manchmal inmitten sakraler Bezirke wie auf dem Martberg oder im Trierer Altbachtal. Er kam an Matronenheiligtümern vorüber und konnte an einer Quelle ein Opfer darbringen, bevor er unter schattigen Baumkronen ein ehrwürdiges Weihedenkmal betrachtete. An manchem Straßenrand erhob sich ein mächtiges Monument, das man als Jupitergigantensäule bezeichnet hat. Hoch oben zeigte sie den höchsten römischen Gott, wie er gepanzert und zu Pferd einen riesenhaften Giganten niederreitet. Diese Art der Jupiterdarstellung kannte man in Rom nicht; auch sie war typisch für ostgallische und niedergermanische Gebiete. Die Gallier setzten Jupiter mit ihrem alten Himmels- und Donnergott Taranis gleich, dessen Radsymbol er manchmal hält. Auf den Säulen waren zudem neben einem Schuppenmuster stilisierte Eichenblätter zu erkennen – ein Hinweis auf den vorrömischen Kult dieses den Kelten heiligen Baumes.

Zaubersprüche, Hexenkämpfe und das Überleben der Druiden

Aber zur gallorömischen Glaubenswelt gehörten nicht nur die lichten und freundlichen Gottheiten der Berge, Wälder und Quellen. Dort gab es auch dunkle Vorstellungen des Aberglaubens, der Magie und Hexerei. Nur wenige Zeugnisse blieben davon erhalten, und römische Schriftsteller wussten kaum etwas von diesem geheimnisumwitterten Geschehen. Aus diesem Umfeld stammt eine Bleitafel, die um das Jahr 100 nach Chr. auf einer Graburne befestigt worden war. Auf die Platte aus dem südfranzösischen Larzac ritzte man mit lateinischen Buchstaben über 160 Wörter in gallischer Sprache, weswegen der Text nur schwer verständlich ist. Offensichtlich ging es um den „Zauber von Frauen", die ihr magisches Wissen zum Schaden anderer Frauen ausgeübt hatten. Die sogenannte Fluchtafel bietet einen Gegenzauber und bezeugt somit eine Auseinandersetzung zwischen zwei sich bekämpfenden gallischen Hexengruppen. Wahrscheinlich folgten sie vorrömischen Traditionen, von denen der griechische Geograf Strabon zu berichten weiß: Ihmzufolge lag gegenüber der Loire-Mündung eine kleine Insel, die nur von Frauen bewohnt wurde. Diese seien von dem Gott Dionysos besessen, der unter den Griechen für seine orgiastischen Kultfeiern berühmt war. Gemäß Strabon betrat kein Mann die Insel, aber die Frauen segelten zum Festland, um Verkehr mit Männern zu haben.

Einmal im Jahr werde das Tempeldach abgetragen und am selben Tag wieder neu gedeckt. Dafür müsse jede Frau Baumaterial herbeibringen. Diejenige aber, die es fallen lasse, werde von den anderen in Stücke gerissen. Dann trügen sie die Leichenteile so lange um den Tempel, bis ihr Wahnsinn nachlasse. Ungewiss ist, ob es sich bei dieser Schilderung um eine phantasievolle, mit Versatzstücken der antiken Mythologie angereicherte Erzählung handelt oder um einen im Großen und Ganzen der historischen Wirklichkeit verpflichteten Bericht. Dann stünde hinter dem seltsamen Treiben auf der gallischen Insel ein Erneuerungsritus, der mit einem Menschenopfer verbunden wurde.

Harmlosere Überlieferungen bezeugen das Fortleben alten keltischen Wissens – so verfasste der Gelehrte Marcellus aus Bordeaux um 400 ein Medizinbuch mit Zaubersprüchen, die er zum Teil in gallischer Sprache niederschrieb. 200 Jahre früher entstand der rätselhafte Kalender von Coligny, der in 150 Fragmenten einer Bronzetafel erhalten blieb. Darauf berechnete man für fünf Sonnenjahre den jeweiligen Jahresverlauf nach dem Mondkalender. Wahrscheinlich befand sich die Tafel ursprünglich in einem Heiligtum und diente kultischen Zwecken. Vielleicht wurde dieser späte Nachkömmling der Himmelsscheibe von Nebra von Druiden geschaffen und gehandhabt.

Denn trotz des strengen kaiserlichen Verbots der Priesterkaste und ihrem Verschwinden aus den schriftlichen Quellen seit der Mitte des 1. Jahrhunderts nach Chr. finden sich erheblich später wieder einzelne Spuren. Pomponius Mela preist sie in seiner Weltbeschreibung als Meister des Wissens, die den Adligen über 20 Jahre in Höhlen oder abgelegenen Wäldern viele Dinge beigebracht hätten. Noch jüngere Inschriften erwähnen gallische Priester, hinter denen sich vielleicht die Erben der Druiden verbergen, die sich nun überwiegend der Lehre und Wahrsagekunst widmeten. Im 4. Jahrhundert bekannten sich angesehene Gelehrte aus Bordeaux ganz offen zu ihren druidischen Vorfahren. So preist Ausonius, später Prinzenerzieher am kaiserlichen Hof von Trier, seinen 332 gestorbenen Großvater Caecilius Argicius Arborius als weisen Druiden: „Du kanntest die himmlischen Zahlen und die für unser Schicksal entscheidenden Gestirne; aber du übtest diese Wissenschaft im Verborgenen aus. Du warst nie in Unkenntnis über die Zukunft meines Lebens. Du hast sie im Voraus auf versiegelten Täfelchen aufgezeichnet und diese niemals enthüllt, aber die Neugierde einer Mutter wusste aufzudecken, was die zaghafte Vorsicht der Großmutter mit so viel Sorgfalt versteckt hatte.“

Letztlich bereitete erst das Christentum dem gallorömischem Heidentum ein Ende. Mit ihm endeten die letzten Erinnerungen an die Kelten des Festlandes, deren Spuren erst viele Jahrhunderte später wieder aufgenommen werden.

Die geheimnisvollen Zinninseln – Die Welt der Inselkelten

Den Kelten der Britischen Inseln war ein anderes Geschick beschieden. Spätestens seit der Mitte des letzten Jahrtausends vor Chr. herrschten dort allenthalben die keltische Kultur und Religion vor, ohne dass man von einer großen Einwanderungswelle ausgehen könnte. Der erwähnte Pytheas von Marseille traf dort jedenfalls auf Kelten, deren gesamte Inselwelt er als „Bretanike", Britannien, bezeichnete. Die größten Inseln waren Albion (die britische Hauptinsel) und Ierne (Irland), womit Pytheas wahrscheinlich keltische Eigenbezeichnungen wiedergab. Seit damals spielten die unzähligen großen und kleinen Eilande zwischen Nordsee und offenem Atlantik eine Sonderrolle, der ein Hauch des Geheimnisvollen nachgesagt wurde. Ihn begründen bis heute solche vorgeschichtlichen Steinbauten wie das südenglische Stonehenge und Newgrange in Irland (Tafel II unten). Seit dem Anbruch der Eisenzeit entstanden zahlreiche Stämme, die neben den Neuerungen weiterhin alte Traditionen pflegten und darum in einer spezifisch britannischen Kultur lebten. Wie die Kelten auf dem Kontinent kannte man keine großen Städte, sondern wohnte auf dem Land. Darüber herrschten die Häuptlinge in den sogenannten Hillforts, die im Süden und Westen Englands besonders häufig zu finden waren. Wie die größte Anlage, Maiden Castle im südenglischen Dorset, bestanden diese befestigten Höhensiedlungen aus einem von Wällen und Gräben geschützten Areal, das im Innern dicht bebaut war. Außerdem entstanden auch in England stadtähnliche Oppida, deren Zahl jedoch viel geringer war als in Gallien. Überhaupt gab die spätkeltische Stadtkultur auf den Britischen Inseln nicht den Ton an. Deren Stämme blieben ihren Traditionen treu und lebten in einer bunten Vielfalt, was den Römern als Kennzeichen besonderer Urtümlichkeit und Wildheit galt.

Davon weiß als erster römischer Autor Caesar im Gallischen Krieg zu berichten, der die Küstenbewohner für eingewanderte Nordgallier hält. Anders dagegen jene Kelten, die von der Küste weiter entfernt leben: „Die Bewohner des Innern bauen kein Getreide an, sondern leben von Milch und Fleisch und tragen als Bekleidung Felle. Alle Britannier aber reiben sich mit Waid ein, einem Färbemittel, das eine Blaufärbung bewirkt, wodurch sie im Kampf noch schrecklicher aussehen. Sie lassen ihre Haare lang wachsen, sind aber bis auf den Kopf und die Oberlippe am ganzen Körper glatt rasiert. Sie haben je zehn oder auch zwölf Frauen gemeinsam, vor allem unter Brüdern, aber auch unter Vätern und Söhnen." Ebenso vermitteln spätere Geschichtsschreiber wie Tacitus das Bild einer barbarischen Welt, in der kaum zu unterscheiden war, welche Stämme seit uralten Zeiten hier lebten und welche erst später eingewandert waren. Zu den Britanniern gehörten die Kaledonier in Schottland, deren gewaltige Glieder und rötliches Haar an Germanen erinnerten, während die walisischen Siluren dunkle Gesichter und krauses Haar wie die Spanier hatten. Einig war man sich stets darin, dass sie alle erheblich mehr Wildheit als die Gallier aufwiesen.

Trotzdem eroberten die römischen Legionäre um die Mitte des 1. Jahrhunderts nach Chr. einen großen Teil der Britischen Inseln. Dabei wurde das kaledonische Schottland nicht eingenommen und blieb sich selbst überlassen. England und Wales wurden hingegen römische Provinz. Hier entstanden Städte wie London, Bath, Lincoln und York, wo man Straßen anlegte und Steinbauten errichtete. Britannier und Römer opferten in zahlreichen Tempeln ihren Göttern, ganz ähnlich wie in Gallien jenseits des Ärmelkanals. Die fortschreitende Romanisierung brachte ein friedliches Miteinander, unter dem der Handel gedieh. Damit dies so blieb, schützten die römischen Kaiser ihre nördlichste Provinz. Seit 122 nach Chr. ließ der Imperator Hadrian einen Verteidigungswall anlegen, von dem aus die angriffslustigen Stämme Schottlands abgewehrt werden sollten. Über 120 km zog sich der Hadrianswall vom Norden der Irischen See quer durch Nordengland bis zur Nordseeküste bei Newcastle. Die Britannier südlich davon akzeptierten letztendlich die Herrschaft des römischen Kaisers und wurden ein Teil seines Weltreichs. Doch unter der römischen Oberfläche pflegten sie weiterhin Teile ihres keltischen Erbes, wie die Verehrung alter Gottheiten und die Verwendung latènezeitlicher Schmuckornamente belegen. Als sich Rom von den Britischen Inseln zurückziehen musste, erlebten die keltischen Traditionen eine regelrechte Renaissance.

Irland – die Insel der reinen Kelten?

Irland lag für die römischen Interessen zu weit abseits und blieb somit sich selbst überlassen. Trotzdem war die Insel nicht völlig isoliert, denn zwischen Iren, Britanniern und Römern bestanden etliche Kontakte kriegerischer wie friedlicher Natur. Insbesondere über den Handel machten sich fremde Einflüsse bemerkbar; unter anderem entwickelten die Iren nach dem Vorbild des lateinischen Alphabets eine eigene Schrift, das Ogam. Dabei blickte die auf keltisch Ériu genannte Insel auf eine lange Geschichte zurück, wie die Vielzahl der Megalithbauten verdeutlicht. Gemessen an ihnen erfolgte die Keltisierung im 4. Jahrhundert vor Chr. erst spät. Wie in Britannien ist auch hier ungewiss, auf welche Weise die Iren zu Kelten wurden – durch Einwanderung oder durch Übernahme der keltischen Kultur und Sprache. Jedenfalls blieben sie von fremden Eroberern bis ins frühe Mittelalter verschont, als die skandinavischen Wikinger ihre Küsten angriffen.

Dies hatte Konsequenzen, die Irland heute zum keltischen Land schlechthin machen. Denn während die Gallier und andere Stämme des Kontinents romanisiert wurden und die Zahl der freien Kelten in Britannien zusammenschrumpfte, bewahrten sich die Iren ihre Selbstständigkeit. Fernab der römischen Eroberungen lebten sie in latènezeitlichen Traditionen, denen sie ein eigenes Gepräge gaben. Seit dem frühen Mittelalter schrieben christliche Mönche und Gelehrte die Überlieferungen nieder – Mythen, Sagen, Legenden und Geschichtswerke. Sie sind die einzigen schriftlichen Quellen der frühen irischen Geschichte. Da sie Historisches mit Phantastischem vermischten, entstand jene zauberhafte Darstellung keltischer Erzählungen, die die irische Mythen- und Sagenwelt so populär macht.

Die geschichtlichen Fakten sind dagegen karg: Das Land war in bis zu 150 kleine Stammesreiche zersplittert, zu denen selten mehr als 3000 Menschen zählten. An der Spitze dieser Zwergstaaten standen Könige, die sich zumeist heftig befehdeten. Trotzdem schloss man sich auch zu lockeren Reichen zusammen, aus denen sich die Provinzen Ulster, Munster, Leinster, Connacht und Meath entwickelten. Deren Oberkönige genossen ein höheres Ansehen, ohne allerdings große militärische Macht zu besitzen. Als Ideal pflegte man die Vorstellung eines irischen Hochkönigs, der über die gesamte Insel herrschen sollte. Aber erst um das Jahr 1000 nach Chr. gelang es, dieses höchste Amt in die Tat umzusetzen – wenn ihm auch auf Dauer weder Erfolg noch Beständigkeit beschieden waren.

Die Iren siedelten als Bauern in einem Land, das weder Städte noch Dörfer und feste Straßen kannte. Die einzelnen Gehöfte umgab man mit einem runden Erdwall, der den Großfamilien, ihrem Gesinde und dem Vieh Platz und notfalls auch Schutz bot. Denn Reichtum zeigte sich vor allem in der Größe der Rinderherden, deren Tiere als wichtigstes Tauschmittel dienten. Diese galten neben Sklavinnen als Wertmaßstab, weil Münzen und Geldverkehr unbekannt waren. Über allen herrschte der Adel mit einem König an der Spitze. In seinen Kreisen pflegte man noch lange die keltische Kriegerherrlichkeit, für die wie früher auf dem Kontinent der stolze Streitwagenkämpfer mit seinen erbeuteten Feindesköpfen bestimmend war.

Außer den Tausenden von Bauernhöfen, die man archäologisch nachgewiesen hat, und den befestigten Königssitzen kannten die irischen Stämme Orte von besonderer Bedeutung. Dazu zählte Tara nordwestlich des heutigen Dublin, wo der irische Hochkönig seinen Sitz nahm. Inmitten ausgedehnter Wallanlagen auf einer Hügelkuppe wurde der König in sein Amt eingeführt. Diese geheiligte Zeremonie begleitete ein großes Fest, zu dem die Menschen von nah und fern kamen. Noch immer erhebt sich in diesem Areal der Stein Fál, der laut den Erzählungen aufschrie, wenn ihn der rechtmäßige Herrscher berührte. Ein anderer Platz, der mit zahlreichen Mythen und Sagen verknüpft wurde, ist Navan Fort in der Provinz Ulster, wo angeblich die mächtigen Herrscher des gleichnamigen Königreichs ihren Sitz hatten. Bis heute bestimmen derartige historische wie mythische Örtlichkeiten das Landschaftsbild der Grünen Insel. Häufig errichtete man religiöse und rituelle Anlagen dort, wo die Inselbewohner der Jungsteinzeit mächtige Grabbauten und Großsteindenkmäler hinterlassen hatten. Die Geschichtsschreiber des Mittelalters schrieben diese Bauten geheimnisvollen und dämonischen Wesen der Vorzeit zu.

Über viele Jahrhunderte stand die Welt der Stämme mit ihren Fehden und Kriegen, aber auch mit ihren Feiern und Ritualen im Mittelpunkt der irischen Geschichte. Sie wurde allenfalls von den Zügen irischer Seeräuber unterbrochen, die britannische Küstengebiete verunsicherten und in Wales sogar Kolonien gründeten. Erst die christlichen Missionare sorgten für eine deutliche Zäsur, als sie im 5. Jahrhundert von Britannien herüberkamen. An ihrer Spitze stand der Heilige Patrick, der „Apostel Irlands", der den kriegerischen Stämmen den christlichen Glauben brachte. Und seltsam genug gelang dies, ohne dass nur ein einziger Missionar den Märtyrertod erleiden musste. In der Nachfolge Patricks entstand eine Vielzahl von Klöstern, aus denen die neuen Mittelpunkte Irlands wurden. Dort kam man auf Märkten zusammen, während die asketischen Brüder in ihren Mönchszellen prächtige Bücher schrieben und zum Lobe des Herrn ausschmückten. Sie verließen sogar ihre Insel und brachten das Christentum vielen heidnischen Völkern des europäischen Kontinents. In Irland rotteten die Mönche das keltische Heidentum nicht mit Stumpf und Stiel aus, sondern integrierten herkömmliche Vorstellungen des Volkes in die neue Religion. Damit bewahrte man bei allen zeitbedingten Veränderungen eine Vielzahl keltischer Relikte.

Auf der Flucht vor den Germanen

Britannien war im 4. Jahrhundert zunehmend Überfällen und Raubzügen fremder Völker und Kriegerscharen ausgesetzt – Iren an der Westküste, schottischen Pikten im Norden und schließlich germanischen Sachsen im Südosten Englands. Die Herrschaft Roms geriet überall ins Wanken, weil Wirtschaftskrisen und Kämpfe zwischen kaiserlichen Thronanwärtern das Reich von Innen schwächten, während das Reitervolk der Hunnen und germanische Stämme gegen seine Grenzen anrannten. Kaiser Honorius verließ damals die Hauptstadt Rom und nahm in Ravenna seine Residenz, wo er sich inmitten der Sümpfe des Po-Deltas sicherer fühlte. Den bedrohten Gebieten jenseits des Ärmelkanals konnte das Imperium Romanum keine Hilfe mehr leisten. Schließlich sah man sich sogar gezwungen, die Provinz Britannien militärisch aufzugeben, und zog um das Jahr 410 die letzten Legionäre ab. Wohl kein anderes römisches Gebiet wurde so abrupt jeden Schutzes beraubt. Ein Land, das über Jahrhunderte tief von der römischen Zivilisation geprägt worden war, sah sich vor dem Abgrund des Chaos und der Anarchie. Damit begann auf der britischen Hauptinsel eine Epoche, die man wegen des Fehlens schriftlicher Quellen als *dark age*, das „dunkle Zeitalter", bezeichnet. Über 200 Jahre gab es nur wenige Informationen über die Ereignisse in der im Stich gelassenen Provinz. Umso mehr sollten sich die Nachfahren dieser Zeit annehmen und in ihr die Quelle für Mythen, Sagen und Legenden sehen.

Die historischen Fakten sind dünn: Anscheinend „rüsteten sich die Männer aus Britannien, setzten ihr eigenes Leben ein und befreiten die Städte selbst von der Bedrohung durch die Barbaren" – wie es einer der wenigen römischen Autoren jener Zeit schildert. Ihmzufolge nahm die römisch-keltische Provinzbevölkerung ihr Schicksal selbst in die Hand und baute eigene Staatswesen auf. So soll sogar in London ein König gewählt worden sein, der eine Regierung bildete und die Herrschaft über das Land beanspruchte. Während man in den Städten versuchte, das römische Leben so gut es ging weiterzupflegen, wurden in vielen Gebieten Britanniens wieder einheimische Traditionen aufgegriffen. Entsprechend alter Überlieferungen und nach irischem Vorbild etablierten sich keltische Fürsten. Sie zogen zu den Überresten der seit langen Zeiten ungenutzten britannischen Hügelbefestigungen, bauten sie wieder auf und nutzten sie als Herrschaftssitze. Ebenso griff man auf vorrömische Wirtschaftsformen zurück, indem die Geldwirtschaft aufgegeben wurde und man stattdessen Tauschhandel trieb. Wie in Irland zählten von nun an Rinder und Sklavinnen als Werteinheit.

Britannien teilte sich in eine Vielzahl von Herrschaften auf, von denen manche eher römisch, andere traditionell keltisch und weitere eine Mischung beider Kulturen waren. Sie richteten sich unter den neuen Verhältnissen ein, und nicht alles in dieser Zeit erschien den Menschen als finster. Doch da gab es weiterhin die Bedrohung durch die Pikten und die Skoten, wie die Iren damals genannt wurden (erst später bezeichnete der Name die heutigen Schotten). Um sich ihrer zu erwehren, kam – nach späteren Quellen – ein britannischer Fürst Vortigern auf die Idee, germanische Krieger zu Hilfe zu rufen. Er bot den jenseits der Nordsee in Jütland siedelnden Angeln und Sachsen Land an, wenn sie die barbarischen Stämme zurückschlugen. Demzufolge wanderten sie in den Jahrzehnten um 450 massenweise in Britannien ein, wo sie sich allerdings willkürlich das Land der Einheimischen aneigneten. Diese wurden in ihrer eigenen Heimat zu Vertriebenen, die letztlich dem Ansturm nicht standhalten konnten. Die Angelsachsen bestimmten seither die Geschicke der meisten britischen Gebiete. Sie gaben nicht nur England seinen Namen (Land der Angeln), sondern lieferten mit ihren germanischen Dialekten auch die Grundlage des Englischen. Die Sachsen hinterließen bis heute ihre Spuren in den Namen von Sussex, Wessex und Essex, wo sie später eigene Reiche begründeten. Die keltischen Britannier wurden dagegen zu Fremden im eigenen Land, was die Bedeutung des Landesnamens Wales ausdrückt („Land der Fremden"). Denn dorthin in die westlichen Randgebiete zogen sie sich zurück, nach Wales und Cornwall, wo die keltische Sprache und Kultur erhalten blieben. Einige Gruppen entschlossen sich, ihrer Insel völlig den Rücken zu kehren. Sie wanderten auf die Halbinsel im nordwestlichen Gallien aus, die von den Römern Aremorica genannt wurde und später Bretagne („kleines Britannien") hieß. In dem – erst in der Neuzeit so bezeichneten – Großbritannien sollten dagegen die Angelsachsen die Macht erringen.

Doch bevor dies geschah, leuchtete im „dunklen Zeitalter" noch einmal ein heller Hoffnungsstrahl für die Kelten auf. Denn sie gaben sich noch nicht geschlagen und leisteten den Angelsachsen erbitterten Widerstand. Unter ihren Häuptlingen ragte einer hervor, der später als König Arthur grenzenlosen Ruhm genießen sollte. Er brachte den germanischen Kriegern mehrere schwere Niederlagen bei und konnte damit ihren Vormarsch für einige Jahrzehnte aufhalten. Aber die Geschichte von Arthur und seinen Kämpfern ist so stark von Legenden und Sagen umrankt, dass ihr an anderer Stelle mehr Aufmerksamkeit gebührt; denn sie ist vor allem Ausdruck keltischer Dichtung und Phantasie.

Im frühen Mittelalter konnten außer den Bretonen der Bretagne nur noch die Kelten in Cornwall, Wales, Schottland, auf der Insel Man und in Irland ihre Selbstständigkeit behaupten. Sie nahmen jedoch das Christentum an und waren teilweise vorzüglich mit der spätantiken Bildung vertraut – wofür vor allem die irischen Mönche stehen. Besonders in den Künsten, der Dichtung, der Buchmalerei und dem Kunsthandwerk schöpfte man zudem aus den keltischen Traditionen, die ihren Ursprung in der La-Tène-Zeit hatten. Die Ära von 800 bis ins 11. Jahrhundert wurde von den Zügen der nordgermanischen Wikinger bestimmt, wobei insbesondere Dänen und Norweger die angelsächsischen Königreiche Englands und die keltischen Stämme angriffen. Um 835 fassten norwegische Krieger an der irischen Küste Fuß, von wo sie Raubzüge zu den reichen Klöstern im Landesinnern unternahmen. Gleichzeitig gründeten sie mehrere Handelsplätze, aus denen die ersten Städte wie Dublin und Cork hervorgingen. Überall entstanden Wikingerreiche, die aber zumeist ein buntes Durcheinander von Dänen, Norwegern, Angelsachsen und Kelten bildeten. Koalitionen während der häufigen Fehden waren nicht an ethnische Zugehörigkeiten gebunden, sondern richteten sich nach den Machtinteressen der einzelnen Gruppen und ihrer Anführer. Aber die irisch-keltische und die nordgermanische Kultur befruchteten sich auch gegenseitig. Nach dem Ende der Wikingerzeit entstanden in Irland und Wales Königreiche, die zunehmend Anschluss an den Kontinent fanden. Sie wurden von der wachsenden Macht Englands bedroht und fielen ihr schließlich zum Opfer. Damit endete die Unabhängigkeit der letzten Keltenreiche. Keltisches überdauerte in Kultur und Kunst. Ein ausgeprägtes keltisches Selbstbewusstsein sollte jedoch erst viele Jahrhunderte später wieder entstehen.

Mythenland Britannien

Die Britischen Inseln wurden zum Sagen- und Mythenland schlechthin, woran die keltischen Überreste ebenso wie die geheimnisvollen dunklen Jahrhunderte ihren Anteil hatten. Diesen Ruf bestätigte der byzantinische Gelehrte Prokop, der im 6. Jahrhundert eine seltsame Kunde von Britannien wiedergab: Nach seinen Worten werde die Insel von einer langen Mauer in zwei ungleiche Teile getrennt. Im Süden herrsche gute Luft, die Menschen lebten wie anderswo, und die Bäume, deren Früchte gut reiften, stünden in voller Pracht; ebenso geben die Felder gute Ernte in einem wasserreichen Land. Im Norden könne ein Mensch kaum leben in einer Gegend, die von Schlangen, Nattern und ähnlichem Getier verseucht sei. Die Eingeborenen behaupteten, jenseits der Mauer gebe man wegen der Verderben bringenden Luft sofort den Geist auf, auch verirrte Tiere verendeten dort. Doch für Prokop existierte in Schottland nicht nur ein völlig ödes, todbringendes Land – er sah die ganzen Britischen Inseln als Land der Toten an. Denn nach den Erzählungen vieler Leute führen die Seelen der Verstorbenen nach Britannien, was gemäß dem oströmischen Historiker auf folgende Weise geschah: An der gegenüberliegenden Küste befänden sich viele Dörfer, deren Bewohner von Fischfang, Ackerbau und Schifffahrten nach Britannien lebten. Jene Leute behaupteten, sie müssten die Seelen nach Britannien übersetzen. Wer des Nachts diesen Fährdienst leisten muss, legt sich schlafen, bis ihn der Führer des Seelenzuges weckt. Vor Mitternacht hören sie es an ihre Haustür klopfen und vernehmen die Stimme eines Unsichtbaren, der sie zur Arbeit ruft. Wie unter Zwang und Hypnose stehen sie auf und gehen zum Strand. Dort finden sie fremde Kähne, in denen alles zur Abfahrt bereit ist – ohne dass sie allerdings jemanden erblicken. Trotzdem steigen sie hinein und ergreifen die Ruder. Erst dann nehmen sie wahr, wie schwer die Schiffe durch die Mitreisenden sind, kaum erhebt sich der Kahn über die Oberfläche. In einer Stunde rudern sie nach Britannien, während sie es sonst mit den Segeln gerade in einer Nacht und einem Tag schaffen. Nach der Ankunft merken sie, wie sich die Schiffe rasch leeren, und fahren schnell heimwärts. Keinen Menschen haben sie auf dieser Fahrt erblickt, glauben aber, eine Stimme gehört zu haben, die die am Ufer Angekommenen namentlich aufruft und ihren gesellschaftlichen Rang und die Abstammung hinzufügt.

Prokop gestand selbst das phantastisch Anmutende und Unglaubliche dieser Geschichte ein, die offensichtlich bis zu ihm nach Konstantinopel gedrungen war. Heutzutage erinnert sie an jene Elfen- und Feensagen, die sich gerade die Kelten Irlands und anderer Gebiete der Britischen Inseln erzählten. Ob eine dieser Geschichten tatsächlich den weiten Weg bis ins östliche Mittelmeer gefunden hat, ist ungewiss – trotzdem belegt Prokops Text, dass man sich schon zu seiner Zeit Geschichten über den Nordwesten Europas erzählte, zu denen die Kelten ein großes Maß beitrugen.

6

Anderwelt und entfesselte Krieger – Die Götter- und Heldengeschichten der Iren

Irlands Mythenwelt

Den Iren gebührt der Verdienst, als Erste im nördlichen Europa die einheimischen Mythen und Sagen niedergeschrieben zu haben. Aber die christlichen Schreiber mischten die alte mündliche Überlieferung mit ihrem biblischen und von der Antike inspirierten Weltbild. Was an ihren Geschichten demnach echt keltisch ist, bleibt oftmals unklar oder muss doch sorgsam erwogen werden. Dass zumindest Reste der Mythen erhalten blieben, ist dem archaischen Lebensstil der Grünen Insel zu verdanken, der teils bis ins hohe Mittelalter gepflegt wurde. Dementsprechend kannte man an den zahlreichen Königshöfen regelrechte Gelehrtenklassen. Deren Aufgaben bestanden insbesondere darin, den Herrscher zu unterstützen sowie die Gesetze und die mythischen wie historischen Stammesüberlieferungen zu bewahren. Von den drei wichtigsten Gruppen kam den altbekannten Druiden (irisch *druí*) die Aufgabe zu, an der Seite des Königs das Land zu beschützen, ihm etwa mit magischen Kräften zu helfen, Weissagungen mit Ratschlägen zu verbinden und in der Schlacht die Feinde mit Sinnestäuschungen zu verwirren. Außerdem kannte man zwei Dichtergruppen, von denen die Barden minderen Ranges waren und anscheinend keinen großen Ruf genossen. Dieser kam ganz jenen gelehrten Poeten zu, die als *Filid* (Sg. *fili*) bezeichnet wurden. Die Angehörigen dieser hoch angesehenen Dichterkaste hatten eine mündliche Ausbildung von zwölf Jahren zu absolvieren und waren in Untergruppen organisiert. Dem erreichten Grad entsprechend, durfte ein Fili nur in einem vorgeschriebenen Versmaß dichten. Das Dichterhonorar konnte bis zu zehn Kühen betragen. Aber diese Poeten schufen nicht nur eigene Gedichte, die zum Lobpreis des Königs und zur Schmähung der Gegner vorgetragen wurden. Sie bewahrten auch die alten Geschichten, von denen sie mehrere Hundert aus dem Gedächtnis erzählen konnten. Damit hüteten sie gleichsam das keltische Erbe sowie das Wissen ihrer Gesellschaft.

Dichterschulen, die sich dieser Tradition verpflichtet fühlten, gab es in Irland noch während des gesamten Mittelalters. Seit den ersten christlichen Glaubensboten des 5. Jahrhunderts wurden die Druiden zunehmend in die Bedeutungslosigkeit verdrängt. Ihre Aufgabe übernahmen die Mönche in den Klöstern. In der altirischen Literatur traten nun Heilige an die Stelle der Druiden, deren zauberkräftige Fähigkeiten sie einfach übernahmen.

Letztlich war es den traditionellen der mündlichen Überlieferung verpflichteten Poeten der *Filid* und den schreibkundigen Geistlichen zu verdanken, dass seit dem frühen Mittelalter die vorchristlichen Erzählungen erhalten blieben und in unterschiedlicher Form zu Pergament gebracht wurden (Tafel X). Wann genau mit der Niederschrift einheimischen Erzählgutes in altirischer Sprache begonnen wurde, ist unbekannt. Als älteste Handschrift wird ein „Heft von Druim Snechta" (*Cín Dromma Snechta*) erwähnt, das wahrscheinlich kurz nach 700 verfasst wurde und später verloren ging. Gewiss kannte man in Irland mehrere Hundert Prosageschichten, die auf altem Wissen basierten. Seit dem 11. Jahrhundert wurden sie über mehrere Jahrhunderte aufgeschrieben, sodass letztlich mehr als 100 Texte erhalten blieben. Aus der verwirrenden Vielzahl von Manuskripten seien zwei berühmte Sammelhandschriften angeführt, die verschiedene Erzählungen mythenhaften Inhalts sowie Heldensagen enthalten: Das „Buch der dunklen Kuh" (*Lebor na hUidre*) entstand bereits um 1100 in der Schreibstube eines Klosters; das „Buch von Leinster" (*Lebor Laignech*) schrieb rund 60 Jahre später der Abt von Teryglas nieder.

Die fleißigen Klosterbrüder folgten keinem übergeordneten Konzept und stellten ihre Texte nach Gutdünken zusammen. Einem Original, das bei mündlichen sowie schriftlichen Vorlagen ohnehin nicht existierte, fühlten sie sich nicht verpflichtet. Insofern entstanden in Irland genauso wie in anderen europäischen Skriptorien des Mittelalters zahlreiche Varianten, was für Unübersichtlichkeit und Verwirrung sorgte. Man hat sich darum angewöhnt, die für die Überlieferung alten Wissens infrage kommenden Texte in vier Zyklen einzuteilen:

- Der *Königszyklus* respektive historische Zyklus hat die Herrscher der Vorzeit bis ins 11. Jahrhundert zum Thema. Er präsentiert insofern eine Geschichtssammlung, die hier nicht weiter von Interesse ist.
- Anders hingegen der *Mythologische Zyklus*, dessen Hauptzeugnis das „Buch von der Landnahme Irlands" ist (*Lebor Gabála Érenn*). Im 12. Jahrhundert niedergeschrieben, ist die Handschrift nämlich die wichtigste Quelle der keltischen Mythologie. Der zweifelsohne geistliche Verfasser folgt darin dem christlichen Weltbild, indem er die Geschichte Irlands von der Schöpfung bis

in seine Gegenwart erzählt. Sechs große Einwanderungswellen prägen demnach die Insel, darunter die einer Tochter Noahs, von dämonischen Monstern, den Vorfahren der Feen und schließlich der Kelten.

- Der *Ulster-Zyklus* schließt chronologisch an die mythischen Ereignisse der Vorzeit an und schildert die Kämpfe zwischen den irischen Königreichen in der Zeit um Christi Geburt. Im Mittelpunkt steht die Geschichte des „Rinderraubs von Cooley" (*Táin Bó Cuailnge*): Ailill und Medb, das Königspaar von Connacht, raubt Donn, den berühmtesten und unvergleichlichen Stier der Nachbarprovinz Ulster. Deren König Conchobar setzt jedoch mit seinem Heer nach und erringt einen überwältigenden Sieg. Dabei steht ihm sein Neffe Cú Chulainn treu und ergeben zur Seite – der größte und populärste Held Irlands.
- Der *Finn-Zyklus* (auch *Ossianischer Zyklus* genannt) spielt mehr als 200 Jahre später überwiegend im Süden Irlands. Sein namengebender Held ist Finn mac Cumaill, der Anführer einer verschworenen Kriegerschar, die ihm treu ergeben ist. Wenn sie nicht im Auftrag ihres Königs Cormac Kriege führen, leben diese Krieger in der freien Natur und erleben Liebeshändel oder Jagdabenteuer. Kein Wunder also, dass sich der unbeschwerte Held Finn auch in späteren Zeiten unter Iren und Schotten großer Beliebtheit erfreute.

Diese vier großen Zyklen komplettieren drei Typen von Erzählungen: abenteuerliche Reisen in überirdische Länder jenseits der Menschenwelt (*echtra*), Seereisen zu fernen wundersamen Inseln (*immram*) sowie Visionen (*fís*).

Alle Werke schildern die farbige, rätselhafte und archaische Welt der irischen Mythen und Sagen, bevölkert von Monstern und Feen der Anderwelt, von entfesselten Kriegern auf Kopfjagd, von Druiden und mächtigen sowie schönen Frauen. Es ist eine Mythenwelt, die in dieser Form erst im frühen Mittelalter entstand, aber gleichwohl allen Kelten zugeschrieben wird.

Einwanderer und Dämonen

Nach den geistlichen Chronisten des Mittelalters bevölkerten sechs Einwanderungswellen die Grüne Insel, die Irlands Gesicht bis in die Gegenwart prägen; denn von ihnen stammen allerlei überirdische Wesen sowie die Ahnen der keltischen Iren ab. Dem biblischen Geschichtsbild ist es geschuldet, wenn Noahs Enkelin Cesair den Reigen der Einwanderungen eröffnet. Mit drei Männern und 50 Frauen erreicht sie das Land 40 Tage vor der Sintflut, in der alle umkommen – bis auf einen: Cesairs Mann Fintan mac Bóchra überlebt und geistert seitdem durch alle Epochen der irischen Geschichte – als Lachs, Adler und Habicht. Damals hausten bereits andere Wesen im Land, geheimnisvoller Abkunft und schrecklicher Wesensart: Die Fomóri sind urzeitliche Dämonen, Mächte des Chaos, die alle Ankömmlinge unterdrückten und ihnen blutige Schlachten lieferten. Ihr Name verweist wahrscheinlich auf die Herkunft aus dem Meer oder ihren gespensterhaften Charakter. Schrecken konnten sie in der Tat einflößen, hatten sie doch ein monströses Aussehen: riesig und missgebildet, mit einem Bein oder einem Auge, mit Ziegen- oder Dämonenköpfen. Dergestalt lernten sie die frühesten Siedler nach der Sintflut kennen, die unter ihrem Anführer Partholón das Land erstmals unter den Pflug nahmen. Auch anderes kam in dieser Zeit auf: Häuser, Kessel, der Zweikampf und die erste Schlacht. Diese fochten sie mit den Fomóri aus, die sich ihre Herrschaft nicht streitig machen lassen wollten. Eine Woche soll sich der Kampf hingezogen haben, der manchmal als Zauberschlacht beschrieben wird. Zu den Opfern zählte jedenfalls auch Partholón, der an vergifteten Wunden starb. Seine Leute scheinen die Auseinandersetzung überlebt zu haben, aber schließlich an einer Seuche zugrunde gegangen zu sein. Aber wiederum überlebte ein Mann, der dieses Mal Túan mac Cairill hieß und in vielerlei Gestalt die nun folgenden Einwanderungen erlebte: als Hirsch und Eber, Seeadler und Lachs, bis er schließlich als Fisch gefangen, verspeist und als Königskind wiedergeboren wurde.

Túan erlebte demzufolge auch die nächste Einwanderungswelle. Diesmal erreichte ein Anführer Nemed mit wenigen Verwandten die Insel, nachdem es ihn über Jahre in alle Welt verschlagen hatte. Wiederum mussten sich die Neuankömmlinge mit den Dämonen herumschlagen, denen sie immerhin mehrere Niederlagen bereiten konnten. Aber nach dem Tod Nemeds gewannen die Fomóri die Oberhand und unterdrückten die Siedler. Harten Tribut mussten diese zahlen: Zwei Drittel ihres Getreides, ihrer Milch sowie ihrer Kinder hatten sie in jeder Samain-Nacht zu entrichten, dem keltischen Winteranfang am 1. November, dessen Vorabend heute unter der englischen Bezeichnung Halloween bekannt ist. Schließlich lastete diese Unterdrückung so schwer auf ihnen, dass sie sich erhoben: Mit 30 000 Kriegern zu Wasser wie zu Land zogen sie gegen die Fomóri, deren Hauptsitz zu jener Zeit der Turm Conanns war, auf einer Insel vor der nordwestlichen Spitze Irlands. Den Menschen gelang es sogar, diese Bastion zu erobern und viele Unterdrücker zu erschlagen. Aber plötzlich zogen frische Heerscharen der Dämonen heran, und es kam am Strand zu einer erbitterten Schlacht. Wer nicht durch Feindes Hand starb, der ertrank in der herannahenden Flut. Von den Iren entkam nur ein einziges Schiff mit 30 Kriegern. Wiederum war die Insel menschenleer, nur von Fomóri besiedelt.

Ein Teil der Vertriebenen kehrte jedoch unter dem Namen der Fir Bolg zurück. Sie erwiesen sich als bedeutende Kulturbringer; denn sie teilten Irland in fünf Provinzen ein und begründeten als Erste das Königtum. Dann geschah etwas noch niemals zuvor Geschehenes: Nicht die Fomóri griffen die Siedler an, sondern andere Einwanderer, die mit ihnen sogar verwandt waren.

Denn auch die Tuatha Dé Danann („die Sippen der Göttin Danann") entstammten den geflüchteten Überlebenden der Nemed-Nachkommen. Sie hatte es allerdings auf die nördlichen Inseln der Welt verschlagen, wo sie Kenntnisse geheimen Wissens und der Hexerei erwarben, des Druidenwesens, der Zauberei und vieler magischer Künste. Vier mächtige magische Gegenstände nannten sie ihr eigen, die in der irischen Mythologie eine bedeutende Rolle spielten: den „Stein des Schicksals" (Lía Fáil oder Fál), der sich später im Königssitz von Tara befand und aufschrie, wenn ihn der irische König betrat; den Speer des Lug, der seinen Träger und dessen Heer unbesiegbar machte; das Schwert des Herrschers Nuadu, das ebenso immer den Sieg davontrug, und schließlich Dagdas Kessel der unerschöpflichen Speisung, der immer gefüllt blieb. Die derart ausgestatteten Tuatha Dé Danann kehrten insofern nicht nur als tapfere Krieger, sondern auch als mächtige Zauberer nach Irland zurück. Dabei schreckte sie selbst ein Bündnis mit den Fomóri nicht, das sogar mit einer Ehe besiegelt wurde: Dem Cian gab man nämlich die Tochter des dämonischen Anführers Balor zu Frau. Dieser Verbindung entstammte Lug mac Ethnenn, einer der Berühmtesten vom Volk der Tuatha Dé Danann. Nachdem sie mit einer großen Flotte gelandet waren und alle Schiffe verbrannt hatten, kam es im Nordwesten Connachts zur ersten Schlacht von Mag Tuired. Die Fir Bolg wehrten sich erbittert, fielen aber zu Tausenden neben ihrem König Eochaid mac Eirc. Auch die Angreifer hatten zahlreiche Opfer zu beklagen, und ihr König Nuadu verlor seine rechte Hand. Später erhielt er einen silbernen Ersatz, der beweglich war und ihm den Namen Nuadu mit der Silberhand einbrachte. Die unterlegenen Fir Bolg ließen sich auf kleinen Außeninseln wie Arran nieder.

Die Nachkommen der Göttin Danann werden von der mittelalterlichen Überlieferung ausführlich beschrieben. Sie stellen das eigentliche Pantheon der irischen Mythologie dar, auch wenn sie im Mythologischen Zyklus zuerst als menschliche Wesen dargestellt werden. An ihrer Spitze steht wie erwähnt König Nuadu Argatlám; ihm folgen so herausragende Anführer wie Dagda („der gute Gott"), der den lebensspendenden Kessel und eine sowohl Tod als auch Leben bringende Keule sein Eigen nennt, und Lug mac Ethnenn, ein heldenhafter Kämpfer mit handwerklichen wie magischen Kenntnissen. Außerdem seien die Schmiede Goibhniu und Crédne, der meisterhafte Zimmermann Luchta sowie der geschickte Arzt Dian Cécht genannt. Zu den weiblichen Vertreterinnen der großen Sippe zählen die Königinnen Banba, Fótla und Ériu.

Den mächtigen Tuatha Dé Danann hätte die Herrschaft über Irland gebührt, wenn dem nicht die Fomóri im Wege gestanden hätten. Und in der Tat begannen sie im Laufe der Jahre mit der Unterdrückung der Menschen, die ihnen Tribute leisten mussten. Als besonders beschämend wurde empfunden, dass sogar Helden wie Dagda Frondienste erbringen mussten. Deshalb wuchs der Widerstand und die „Sippen der Danann“ verschworen sich gegen die Unterdrücker. Deren Anführer war Balor mit dem todbringenden Auge, und sein Heer war das schrecklichste, das man in Irland jemals erblickte. Die Tuatha Dé Danann konnten hingegen auf ihre vielfältigen Fähigkeiten zurückgreifen, nicht zuletzt auf das magische Wissen ihrer Druiden. Außerdem waren unter ihnen wie erwähnt vorzügliche Schmiede und Bronzegießer, die die besten Waffen fertigten. An der „Quelle der Gesundheit“ sprachen vier Ärzte Beschwörungsformeln, deren Zauber bewirkte, dass die ins Wasser geworfenen Toten und Verwundeten wieder gesund der Quelle entstiegen.

Schließlich kam es zur Entscheidung, der großen zweiten Schlacht von Mag Tuired, zu deren Beginn die Fomóri ihr Lager verließen und sich in langen Schlachtreihen aufstellten. Ihre kampferprobten Krieger trugen Harnische und Helme, waren mit Lanzen und Schwertern bewaffnet und schützten sich mit ihren Schilden. Balor gehörte zu den Anführern dieser furchterregenden Scharen, während sich unter den „Sippen der Göttin Danann“ Lug mit seinem Streitwagen an die Spitze des Heeres stellte. Ein Zauberlied anstimmend, führte er ein seltsames Ritual unbekannter Bedeutung aus: Er hüpfte auf einem Bein im Kreis um die Iren und hielt ein Auge geschlossen. In dem dann beginnenden Gemetzel ließen viele edle Streiter ihr Leben. Blut strömte über die weiße und zarte Haut der jungen Krieger, die die Fomóri angriffen, um ihren Mut zu beweisen. Ein ungeheurer Schlachtlärm kam auf: Die tapferen Krieger schützten sich mit Schwertern und Schilden, während die Feinde mit Lanzen und Schwertern auf sie eindrangen. Der Waffenlärm erschallte über das ganze Schlachtfeld: die Schreie der Krieger, das Gedröhn der Schilde, das Sausen der Schwerter, das Rasseln und Scheppern der Pfeilköcher, das Surren und Schwirren der Speere und das Krachen der Hiebe. Auf dem schlüpfrigen Blut rutschten viele aus und stürzten; als sie hilflos auf dem Boden lagen, wurden ihnen die Köpfe abgeschlagen. Die Feinde lieferten sich eine mörderische Schlacht, und die Speerschäfte röteten sich in ihren Händen. Dort fielen zahlreiche Tuatha Dé Danann, darunter Nuadu mit der silbernen Hand, der von Balor getötet wurde.

Schließlich stieß Lug mit dem furchtbaren Kämpfer zusammen, dessen Enkel er war. Balor wurde wegen seines Auge gefürchtet, dessen tödlichen Blick er über das Schlachtfeld schweifen ließ. Vier Männer waren nötig, um das gewaltige Augenlid hochzuziehen. Wer auch immer in dieses Auge blickte, selbst wenn es Tausende Krieger waren, verlor seinen Kampfmut. Denn einstmals war Balor der Dampf einer druidischen Zauberbrühe unters Lid gedrungen und hatte das Auge mit Gift erfüllt. Doch Lug handelte schnell und schoss einen Schleuderstein gegen Balor, der durch dessen Auge gejagt wurde. Auf diese Weise trieb er es durch den Kopf, sodass es auf einmal die Krieger der Fomóri anblickte. Diese wurden davon wie gelähmt und sahen Balors riesigen Körper auf sich stürzen. Trotzdem entbrannte die Schlacht aufs Neue, bis die Iren die Fomóri ans Meeresufer zurückschlugen. Dort baten diese den siegreichen Lug um Gnade, die er ihnen gewährte – unter dem Versprechen, Irland und seine Bewohner niemals wieder zu behelligen. Seit dieser Schlacht herrschten die Könige der Tuatha Dé Danann über die Insel und nahmen geradezu göttlichen Charakter an.

Viel Zauberhaftes spielte sich im Umfeld dieses gewaltigen Kampfes ab: So erzählte das aus der Scheide gezogene und gereinigte Fomóri-Schwert Orna von seinen Taten. Denn in der irischen Sagenwelt pflegten solche Schwerter über ihre blutige Arbeit zu sprechen. Magische Kräfte hatten diese Waffen, und Dämonen klangen aus ihnen. Die Krieger verehrten ihre Schwerter fast wie Götter und sprachen ihnen besondere Kräfte zu. Aber auch eine Harfe konnte ihr Eigenleben entwickeln, wofür aufseiten der „Sippen der Göttin Danann" die prächtige Harfe des Anführers Dagda ein bezeichnendes Beispiel liefert. Die Fomóri raubten sie und befestigten sie als Beutestück an der Wand ihrer Halle. Aber als ihr Eigentümer Dagda die Harfe zu sich rief, sprang sie von der Wand, tötete neun Männer und flog zu den Tuatha Dé Danann zurück.

Diese blieben indes nicht die Herren über Irland – auch sie wurden besiegt und vertrieben. Denn nach der legendenhaften irischen Zeitrechnung des Mittelalters betraten um 1700 vor Chr. die letzten Einwanderer die Insel: die Söhne des Míl, keltische Goidelen aus Spanien. Einer von ihnen namens Íth hatte an einem klaren Winterabend einen Turm bis zur Spitze erklommen und in nordöstlicher Richtung fern am Horizont die ihm unbekannte Insel Irland erblickt. Mit 150 Kriegern segelte er dorthin und landete an ihrer Nordküste. Dieser erste Kelte näherte sich den Tuatha Dé Danann mit friedlichen Absichten, bei ihren Streitigkeiten trat er sogar als Vermittler auf. Als er jedoch auf dem Rückweg zum Schiff war, ließen sie ihn von einer Streitmacht überfallen. Der Goidele erlag seinen Wunden und wurde zurück nach Spanien gebracht. Dort entschloss man sich, seinen Tod zu rächen und machte sich auf den Weg nach Irland. Aber „die Sippen der Göttin Danann" versuchten mit allerlei magischen Mitteln die Landung der Kelten zu verhindern. So gaben sie einem Hafen die Gestalt eines Schweinerückens, um die anrückenden Feinde zu verwirren. Als die Goidelen trotzdem landeten, wandte man weitere Listen an. Die Tuatha Dé Danann vereinbarten etwa mit den Angreifern, dass diese ihre Schiffe bestiegen und Irland vorübergehend den Rücken kehrten. Aber als sie auf See waren, offenbarte sich die List der „Sippen der Göttin Danann". Denn deren Druiden stimmten am Strand magische Beschwörungen an, die die keltische Flotte weit aufs Meer hinaustrieben und in Seenot brachten. Ein derartiger Druidensturm wehte nicht oberhalb der Schiffsmasten und gab sich auf diese Weise als Zauber zu erkennen. Allerdings verfügten auch die Goidelen über magische Fähigkeiten. Deshalb sprach ihr zauberkundiger Dichter Amorgen einen Gegenzauber, der ihnen einen günstigen Wind bescherte. So kam es schließlich doch zu einer Entscheidungsschlacht, in der drei Könige und drei Königinnen der Tuatha Dé Danann fielen und mit ihnen die Mehrzahl der Krieger. Nach diesem Sieg übernahmen die Goidelen die Herrschaft und teilten Irland unter sich auf. Die Insel benannten sie nach der Königin Ériu, die zu den Unterlegenen gehörte.

Aber die Tuatha Dé Danann wurden weder ausgerottet noch verließen sie Irland für immer. Angeblich war es nämlich der Zauberer Amorgen, der die Insel zwischen den Siegern und den Unterlegenen aufteilte. Den Teil unter der Oberfläche Irlands erhielten die Tuatha Dé Danann; sie gingen in die Hügel und in die Unterwelt, wo sie sich einen König wählten. Mit der goidelischen Einwanderung ließen die irischen Dichter und Historiker die mythischen Ereignisse der Vorgeschichte enden. Von nun an siedelten die Kelten auf der Insel und prägten sie auf einzigartige Weise.

Die Elfen aus der Anderwelt

Das vertriebene Göttergeschlecht der Tuatha Dé Danann lebte hingegen in seinem Reich, für das sich der Name der „Anderwelt" (englisch *otherworld*) eingebürgert hat. Die Iren siedelten sie seit jeher in den vorkeltischen Grabhügeln und in den Bergen an. Diese sogenannten *Síde* (Sg. *síd*) gaben dem unterirdischen Volk von nun an seinen Namen: „Volk des *síd*" (*áes síd*), kurz *síde*. Im

Deutschen sind sie viel später als Elfen respektive Feen berühmt geworden. Versteht man unter diesen üblicherweise kleine Naturgeister, hatten die ursprünglichen Bewohner der Grabhügel einen ganz anderen Charakter. Denn die einstmals mächtigen Herrscher Irlands residierten nun in ihren unterirdischen Palästen, so Fürsten wie Dagda, dessen Sohn Oengus, der talentreiche Lug oder Midir. Das Volk der Anderwelt war zahlreich und trug lichte wie dunkle Züge. Und jedem der Großen stand ein eigener Hügel zu, sodass man in Irland schließlich eine mythische Geografie der Síde kannte – das prähistorische Hügelgrab von Newgrange galt beispielsweise unter der Bezeichnung Brugh na Bóinne als ursprüngliche Herberge des Dagda, dem später dessen Sohn Oengus folgte.

Im Lauf der Jahrhunderte dachte man sich die Wohnsitze der Elfen und Feen an vielerlei verborgenen Orten: nicht nur in Bergen und Grabhügeln, sondern auch auf dem Grund von Seen und des Meeres oder auf Inseln weit draußen im Ozean. Solchen Vorstellungen entstammte die von Avalon, wohin der zu Tode verwundete König Arthur gebracht worden sein soll. Die Zugänge zur anderen Welt fand man allerdings nicht ohne Mühe. Sie konnten in einer Höhle versteckt sein, sich in einem Felsspalt verbergen, hinter einem großen Stein liegen oder auf einer einsamen Ebene erreichbar sein, über die sich ein Zaubernebel gelegt hatte. Die Anderwelt lag folglich weder im Jenseits noch war es eine Hölle entsprechend christlichen Vorstellungen. Übliche Umschreibungen wie „Land der Jugend“ oder „Land der Frauen“ charakterisieren sie hingegen als einen Ort, an dem geradezu paradiesische Zustände herrschten. Denn ihre Bewohner verfügten mithilfe druidischer Zauberkünste über Dinge, die ihre Welt zu einem Schlaraffenland machten: Dort wuchsen Bäume, die stets reife Früchte trugen, und selbst auf den beliebten Schweinebraten musste nicht verzichtet werden, weil sich das Fleisch des Tieres stets erneuerte. Darüber hinaus sorgten Kessel mit unerschöpflichem Met für die Wiedergeburt und ein glückliches Leben, wo zudem ein ganz anderer Zeitbegriff herrschte als in der Menschenwelt. Beide Sphären waren nicht hermetisch voneinander getrennt; es existierte eine Fülle gegenseitiger Kontakte, die zu den Lieblingsstoffen irischer wie walisischer Erzählungen gehörten. Unter anderem konnten sich die Elfen und Feen unsichtbar machen und zeitweilig ihre Hügel verlassen, um die Oberwelt aufzusuchen. Dies geschah vor allem zu Halloween, in der Nacht zum 1. November, sodass dieser Zeit der Ruf gefährlichen Geistertreibens anhing.

Das unterirdische Reich der Tuatha Dé Danann ist wie ein Spiegelbild der oberirdischen Menschenwelt. Obwohl die Elfen schöner, reicher und langlebiger sind, herrschen doch auch unter ihnen Fehden und Auseinandersetzungen. Die Normalsterblichen sollten den Kontakt zum schönen Volk meiden, brachte er doch nach anfänglichem Ergötzen nur Leid und Tod über die Menschen. Allerdings war die Sehnsucht nach den unterirdischen Hallen so groß, dass man sich gern zu einem Besuch verführen ließ. Darüber verfasste der Gelehrte Giraldus Cambrensis eine bezeichnende Schilderung aus Wales, die sich ganz ähnlich auch die Iren erzählten. Der Geistliche hatte Ende des 12. Jahrhunderts entlegene Gebiete seiner Heimat bereist und die Geschichten des Volkes gehört. Dort erzählte man von einem Jungen aus Südwales, der sich einst in einer Höhle an der Uferböschung des Flusses Neath versteckt hatte. Nach einiger Zeit bekam er Hunger, als plötzlich zwei kleine Männer die Höhle betraten und einen Korb Beeren sowie einen Krug Milch vor ihn stellten. Nachdem der Junge gegessen hatte, luden sie ihn ein, mit ihnen in ein wunderschönes Land zu kommen, wo nur Freude herrsche. Daraufhin folgte er ihnen auf einem Pfad tief in die Höhle hinein, der schließlich in ein Land führte, in dem es grüne Bäume, blühende Sträucher und saftige Wiesen gab. Allerdings sah man dort weder Sonnen- noch Mondlicht, weshalb die Tage düster und die Nächte stockdunkel waren.

Seine beiden Führer brachten den Jungen vor ihren König, der ebenfalls klein war, aber seine Untertanen doch weit überragte. Dieser erfragte viel über die Menschenwelt und erlaubte seinem Gast, bei den Feen in der Anderwelt zu bleiben. Ein ganzes Jahr wohnte er daraufhin unter dem kleinen freundlichen Volk, dessen Männer und Frauen wunderschön waren. Sie ernährten sich nur von Milch und sahen Vertrauen als das höchste Gut an. Selbst der Knabe genoss so viel davon, dass man ihn immer wieder seine Mutter besuchen ließ. Als diese vom Reichtum der Feen erfuhr, überredete sie den Sohn, ihr einen Ball aus purem Gold zu bringen. Bevor er das nächste Mal zu seiner Mutter aufbrach, stahl er ihn und ging auf dem bekannten Pfad zur Menschenwelt. Aber bald schon hörte er kleine Schritte hinter sich und sah, dass seine beiden Freunde ihn verfolgten. Auf der Hausschwelle seiner Mutter stolperte er und verlor den Ball, den die Feen sofort ergriffen. Alles Bitten, man möge ihm verzeihen und ihn wieder mitnehmen, war umsonst: Die Männer verließen ihn, ohne sich ein einziges Mal umzudrehen. Über viele Jahre ging der Junge zum Flussufer und suchte die Höhle mit dem Zugang zur Anderwelt – doch vergebens: Er fand sie niemals wieder. Später wurde er Mönch und erzählte sein Leben lang klagend von jener Welt der Feen, deren Vertrauen er gebrochen und die er darum auf immer verloren hatte.

Die Iren schätzten Erzählungen von Reisen in die Andere Welt so sehr, dass diese sich als eigene dichterische Gattung der *echtrae* und *immram* großer Beliebtheit erfreuten. Als älteste und berühmteste Dichtung dieser Art gilt „Brans Seefahrt“ (*Immram Brain*), die im frühen 8. Jahrhundert entstand: Deren Held Bran mac Febail war eines Tages nahe seiner Burg allein unterwegs, als er Musik hinter sich hörte. Aber so oft er sich auch umblickte, stets erklangen die süßen Töne nur hinter seinem Rücken. Darüber schlief er schließlich ein. Als er nach einiger Zeit erwachte, sah er einen silbernen Zweig mit weißen Blüten neben sich. Den trug er in den Palast, dessen Königshalle voll von Gästen war. Unter ihnen stand auf einmal eine fremde Frau in seltsamem Gewand, von der niemand wusste, wie sie hereingekommen war. Sie sang ein langes Lied über die Anderwelt: Der silberne Ast sei von deren Apfelbaum auf einer fernen Insel. Dort herrschten weder Schmerz noch Kummer, gäbe es weder Krankheit noch Tod. Nur Bran könne dorthin gelangen und vielleicht sogar das Land der Frauen finden. Nach diesen Worten verschwand die Elfe samt dem wunderbaren Apfelzweig.

Schon am nächsten Morgen stach Bran mit seinen Männern in See. Nach zwei Tagen erblickten sie einen Mann, der mit einem Streitwagen über das Meer fuhr. Bran gab er sich in einem Gesang als Manannán mac Lir zu erkennen, als Herrscher eines Meeresreiches, der auf dem Weg nach Irland war. Bran sei hier in Mag Meld, den Gefilden der Glückseligkeit, voller Blumen und umgeben von unzähligen Pferden, die für ihn unsichtbar seien. Nach dem Zusammentreffen sah Bran bald eine Insel vor sich, voll von Menschen. Als sie das fremde Schiff erblickten, brachen sie in schallendes Gelächter aus und antworteten nicht auf Brans Fragen. Genauso verhielt es sich mit einem der Iren, den man auf dieser Insel der Fröhlichkeit zurücklassen musste. Dann traf Bran auf ein Land, wo ihn die Fürstin der Frauen begrüßte. Sie lud ihn ein, er möge doch zu ihr kommen. Als er noch zögerte, warf sie ihm ein Bindfadenknäuel zu und zog damit das ganze Boot an den Strand. Sie führte die Männer in ihren Palast, in dem für alle Liebesbetten bereitstanden. Die Speisen wurden niemals weniger, und die Seefahrer wähnten sich dort ein Jahr; in Wirklichkeit aber waren in der Menschenwelt viele Jahre vergangen. Als die Männer das Heimweh packte, warnte sie die Fürstin, niemals mehr die Erde Irlands zu betreten.

Schließlich näherten sie sich der heimatlichen Küste, wo sich Menschen versammelt hatten und fragten, wer sie seien und woher sie kämen. Aber an einen Bran und seine Männer konnte sich niemand erinnern. Allerdings erzählten sie sich eine alte Sage von der Seereise eines gleichnamigen Mannes, der niemals zurückgekehrt sei. Ein Begleiter Brans hielt es nicht länger an Bord und er sprang an Land. Doch dort verwandelte er sich sofort in einen Haufen Staub. Da erkannte Bran, dass er in Irland dem schnellen Tode geweiht wäre. Er erzählte den Versammelten seine Geschichte und stach in See, ohne jemals wieder gesehen zu werden.

Wie ihm erging es vielen seiner Nachfolger, die den Weg zu den Wohnstätten der Elfen suchten. Nicht wenige mussten erfahren, dass für deren Genüsse ein hoher Preis zu zahlen war. Denn während weniger Stunden in der Anderwelt vergingen daheim Jahrhunderte, und so mancher Rückkehrer zerfiel wie Brans Gefährte zu Staub oder lebte doch zumindest von nun an einsam und arm unter fremden Menschen.

Cú Chulainn – Irlands größter Held

Die irischen Dichter des Mittelalters schätzten außer den Erzählungen von den mythischen Einwanderungen und den Geschichten über die Anderwelt noch ein weiteres Thema: die Abenteuer und Kämpfe verwegener Heldengestalten. Deren Schlachten und Schicksale siedelten sie zumeist in den ersten Jahrhunderten nach Chr. an, ohne dass man historische Ereignisse damit verknüpfen könnte. Aber die abgelegene Insel am Rande Europas bot mit ihren Stammesfehden genug Stoff für Heldensagen. An den Höfen ihrer Häuptlinge und Könige pflegten deren Gefolgsleute ein Kriegerideal, das dem untergegangenen der Kelten auf dem Festland sehr nahe kam.

Die Erzählungen des Ulster- und Finn-Zyklus geben poetisch gestaltete Eindrücke eines solchen heroischen Lebens wieder, in dessen Mittelpunkt der Held in seinem Streitwagen stand. Je mehr erbeutete Feindesschädel an diesem hingen, desto größer war der Ruhm des Kriegers. Mit ihnen prahlte man beim Gelage in der Halle, bei dem das beste Stück Schweinefleisch als sogenannter Heldenbissen dem Helden vorbehalten blieb. Außer dem Zweikampf kennen die Heldengeschichten den Rinderraub als herausragenden Beweis kriegerischer Tapferkeit und Verwegenheit. Denn da die Rinderherden als wertvollstes Gut galten, boten sie sich als Beute an, deren Eroberung respektive Verteidigung dem Krieger Ruhm verschaffte.

Demzufolge steht der „Rinderraub von Cooley“ konkurrenzlos im Mittelpunkt der irischen Heldengeschichten. Deren außerordentlicher Held ist Cú Chulainn, dem bereits wegen seiner Herkunft eine besondere Rolle zufällt. Denn seine Mutter Deichtine war königlichen Geschlechts, die Schwester des Königs Conchobar mac Nesa von Ulster. Einstmals wurden die beiden von drei Vögeln nach Brugh na Bóinne gelockt, in die Gegend des Hügelgrabes von Newgrange, das als Zufluchtsstätte des Elfenvolkes galt. In der Einöde wurden sie von einem Paar gastfreundlich aufgenommen, dessen Frau mit Deichtines Hilfe einen Sohn zur Welt brachte. Am nächsten Morgen ist das Paar verschwunden, und Deichtine nimmt sich des Kindes an. Als es nach einigen Jahren stirbt, erscheint ihr Lug mac Ethnenn im Traum, jener götterähnliche Kämpfer der Tuatha Dé Danann, der das Fomóri-Ungeheuer Balor bezwang. Er gibt sich als Vater des verstorbenen Jungen zu erkennen und kündet Deichtine ihre Schwangerschaft durch ihn an. Als demzufolge ein Sohn das Licht der Welt erblickt, erhält er von seinem Vater Lug den Namen Sétanta und wird später Cú Chulainn genannt – „Hund des Culann". Diese Bezeichnung verweist auf eines seiner Abenteuer, die er als Kind bestand. Denn einstmals besuchte sein Onkel Conchobar mit ihm den Schmied Culann. Dieser besaß einen gefürchteten Kampfhund, den er von der Kette gelassen hatte – ohne zu ahnen, dass der Knabe im Hof spielte. Als König und Schmied voll Sorge hinauseilten, sahen sie, wie der kleine Junge mit dem Untier fertiggeworden war: Er hatte ihm eine Silberkugel in den Rachen geschleudert, die seine Eingeweide durch das Hinterteil riss, und ihn anschließend gegen einen Stein geschlagen, sodass nun die Überreste des Hundes in zwei Teilen dalagen. Als der Schmied zu klagen begann, wer nun seinen Hof schützen solle, erbot sich der Knabe, diese Aufgabe zu übernehmen, bis ein ebenso starker Wachhund wieder herangewachsen sei. Auf diese Weise wurde der junge Held zum „Hund des Culann".

Wenn er wütend wurde, verfiel Cú Chulainn bereits als kleiner Junge in seine berüchtigte Wutverzerrung, eine Art Raserei, bei der sich ihm niemand in den Weg stellen durfte. Dann begann er an allen Gliedern zu zittern, seine Adern schwollen auf die Größe eines Kindskopfes an und ein Auge versank im Kopf, während das andere übergroß heraustrat. Sein Mund verzerrte sich, und sein Herzklopfen war so laut wie das Bellen eines Kampfhundes. Auch wenn er schon dutzendfach Feinde getötet hatte, konnte sich der derart entfesselte Held nicht beruhigen und musste mehrmals abgekühlt werden.

Ein solcher Held musste einen frühen und dramatischen Tod im Kampf finden. Deshalb verwehrte sich Cú Chulainn nicht der letzten Schlacht, obwohl ihm üble Vorzeichen wie sein von der Wand fallendes Schwert und drei Hexen am Wegesrand das Ende ahnen ließen. Während des Kampfes gegen zahlreiche Feinde starben sein Wagenlenker und sein edelstes Pferd, bis den Helden selbst die Erfüllung einer Weissagung traf: Ein Speer zerriss ihm den Bauch und ließ seine Eingeweide hervortreten. Um aufrecht und bis zum letzten Atemzug kämpfen zu können, schleppte sich Cú Chulainn zu einem hohen Stein, an dem er sich mit seinem Gürtel festband und schließlich starb. Wie es Brauch war, schlugen ihm die Sieger den Kopf ab und nahmen ihn mit sich.

Seine bedeutendste Rolle fiel Cú Chulainn beim „Rinderraub von Cooley“ zu, bei dem es um die Rivalitäten der beiden Königreiche von Ulster und Connacht geht. Sie gipfeln schließlich im Wettstreit der berühmtesten Stiere dieser Provinzen. Das Geschehen beginnt aber mit einem Streit am Königshof von Connacht, den König Ailill und seine Gemahlin Medb miteinander führen. Denn jeder will den anderen an Reichtum und Macht übertreffen, was die Königin schließlich dazu bringt, den herrlichsten Stier Irlands gewinnen zu wollen: den Donn, den „Braunen“, von Cuailnge (Cooley) an der Ostküste. 50 junge Kühe pflegt er jeden Tag zu bespringen, die schon am nächsten Morgen Kälber werfen. 50 Knaben können auf seinem Rücken spielen, und 100 Kriegern bietet er unter sich Schutz vor Kälte und Hitze. Jeden Mittag und Abend lässt er sein melodisches Gebrüll ertönen, das man weithin vernimmt. Allerdings lebt dieses Wundertier im Gebiet des Königs Conchobar von Ulster, der nie und nimmer darauf verzichten wird.

Deshalb ruft Medb ein großes Heer aus allen Provinzen zusammen und beginnt einen Kriegszug gegen Ulster, um den unvergleichlichen Donn zu erbeuten und ihren Gemahl zu überflügeln. Indessen ist das angegriffene Reich völlig schutzlos, weil sich seine Krieger in einem Schwächezustand befinden, der sie periodisch überkommt und auf einen Fluch zurückzuführen ist. In dieser Situation schlägt die Stunde des Knaben Cú Chulainn, der als Einziger bei Kräften ist und sich den Kriegerscharen aus Connacht entgegenstellt. Zuvor gibt er ihnen jedoch ein deutliches Zeichen, dass sie nicht ungeschoren in Ulster einfallen können. Denn der Knabe mit den ungewöhnlichen Kräften hatte einen Baum geschlagen und ihn zu einer Gabel mit vier Zinken zurechtgehauen. Dabei überraschten ihn zwei junge Connachter Krieger mit ihren Wagenlenkern, die sich ihren ersten erbeuteten Kopf erhofften. Aber Cú Chulainn vereitelte ihre Pläne und es war an ihm, den vier Feinden die Köpfe abzuschlagen. Anschließend spießte er jeden auf eine der vier Gabelzinken, die inmitten einer Furt von seiner Tat kündeten. Die Pferde und Streitwagen der Erschlagenen ließ er mit deren blutigen Überresten zum Heer der Feinde zurückkehren.

Im Folgenden führt der jugendliche Einzelkämpfer einen verwegenen Streit gegen das große Feindesheer, wobei er sogar Königin Medb bedroht. Denn er macht seine Drohung war, einen Stein in ihre Nähe zu schleudern: Mit zwei Würfen trifft er sowohl den zahmen Vogel als auch das Frettchen, die auf ihrer Schulter saßen. Obwohl der junge Held viele Krieger aus Connacht tötet, kann er den Raub des prächtigen Stieres Donn nicht verhindern. Aber er kämpft weiter, kann jedoch seine Erschöpfung kaum noch verbergen. Da erhält er die Hilfe des Sídvolkes: Ein junger Elfenkrieger kommt geradewegs durch das feindliche

Heer zu ihm – wie von Zauberhand ungesehen und unbehindert von den Connachtern. Er ist ein großer schöner Mann mit blond gelocktem Haar, dessen grüner Mantel von einer Silbernadel geschmückt wird. Sein schwarzer Schild ist mit weißer Bronze beschlagen, und einen Spieß hält er in der Hand. Der Krieger aus der Anderwelt lässt Cú Chulainn drei Tage und drei Nächte schlafen, währenddessen er für ihn wacht und seine Wunden mit Heilkräutern und Zaubersprüchen heilt.

Danach setzt „der Hund des Culann" seinen Kampf fort, bis endlich König Conchobar mit seinem Ulster-Heer erwacht. Sie setzen den Feinden nach und schlagen sie in einer gewaltigen Schlacht, in der sogar die Kriegsdämonin Morrígain in das Geschehen eingreift. Unterdessen kommt der umkämpfte Donn nach Connacht, wo er auf dessen Stier Findbennach, „den weißen Gehörnten", stößt. Zwischen den beiden Tieren kommt es zu einem gewaltigen Kampf: Beide sehen einander, scharren wütend mit den Hufen und werfen Erde über sich. Sie schleudern diese über die Schultern, und ihre Augen glühen wie feurige Kugeln. Dazu blähen sich ihre Backen und Nüstern wie Blasebälge. Krachend stoßen sie aufeinander und versuchen sich gegenseitig zu durchbohren, niederzustoßen und zu vernichten. Die ganze Nacht kämpfen die Stiere erbittert, wobei sie durch Irland jagen und in der Dunkelheit ihr Kampfgetöse vernehmen lassen. Letztendlich trägt der Donn den Sieg davon, indem er den Gegner mit seinen Hörnern durchbohrt. Danach erliegt auch er dem furchtbaren Kampf und stirbt an gebrochenem Herzen.

Die Iren trennten ihre Heldensagen nicht streng von den mythenhaften Geschichten der Vorzeit. Das wird bei der Hilfe des Elfenkriegers für den todmüden Cú Chulainn deutlich. Der Held selbst ist zudem ein Sohn des Lug und somit teilweise von Elfennatur. Er kann es darum wagen, sich mit dem schönen Volk einzulassen; gleichwohl erfährt auch er, wie gefährlich der Umgang mit den zauberkundigen Bewohnern der Síde sein konnte. Die Erzählung seines Abenteuers in der Anderwelt schildert die große Versammlung, die die Ulster-Krieger jedes Jahr an den Tagen um das Samain-Fest abhielten. Dabei führten sie ausgiebige Gespräche und vergnügten sich bei Gelagen und Spielen. Aber am liebsten prahlten sie mit ihren Heldentaten und zeigten als Beweis angeblich die Zungenspitzen der getöteten Feinde vor. Sprachen sie die Unwahrheit, kehrten sich ihre wundersamen Schwerter gegen sie selbst. Als sie während dieses Festes auf einem benachbarten See einen an Herrlichkeit unvergleichlichen Vogelschwarm erblickten, wünschten sich die Frauen diese Tiere.

Daraufhin fuhr Cú Chulainn mit seinem Streitwagen in den Schwarm, erschlug alles mit seinem Schwert und brachte die Vögel zu der Versammlung –

nur für seine Frau blieb nichts übrig. Doch auf einmal gewahrte er zwei weitere Vögel auf dem See, die durch eine Kette verbunden waren und eine sanfte Melodie sangen. Als die anderen Krieger sie hörten, fielen sie in einen tiefen Schlaf. Cú Chulainn aber versuchte, die Vögel mit seiner Steinschleuder zu erlegen – zunächst ohne Erfolg. Als er schließlich doch einen verletzte, tauchten sie im Wasser unter. Der Held war davon so erschöpft, dass er sich an einen Stein lehnte und ebenfalls vom Schlaf übermannt wurde. Dabei hatte er eine traumhafte Vision von zwei Frauen, die in einem grünen und einem purpurnen Mantel zu ihm traten. Beide lächelten ihn an, schlugen ihn aber abwechselnd so lange mit einer Pferdepeitsche, bis er halbtot war. Dann verschwanden sie wieder.

Als Cú Chulainn nach dieser Vision erwachte, schwieg er ein ganzes Jahr lang. Am Tag vor dem nächsten Samain-Fest hatten sich alle um den schweigenden Helden versammelt. Da erschien ein Bote des Elfenherrschers und sang ein Lied, demzufolge dessen Tochter Fand den Helden begehrte. Anschließend verschwand der Fremde so unvermittelt, wie er erschienen war. Cú Chulainn jedoch erzählte seine Vision und erbat sich von König Conchobar Rat. Diesem folgend ging er zu der Steinsäule, an der er in den Schlaf gefallen war. Unverzüglich erschien die Frau im grünen Mantel und gab sich als Lí Ban aus der Anderwelt, dem „Land der Wonne", zu erkennen. Er könne die Elfe Fand gewinnen, wenn er mit ihr komme und dem Elfenkrieger Labraid im Kampf gegen seine Feinde beistehe.

Lange zögernd und voller Sehnsucht nach Fand entschloss sich Cú Chulainn, in den Síd zu gehen. Dort traf er auf Labraid unter vielen Leuten inmitten seines Feenhügels, umgeben von Massen an Waffen. Besonders schmückte ihn sein langes gelbblondes Haar, das ein Goldapfel zusammenhielt. Im Königspalast standen Reihen von Betten, deren Pfosten rot und deren Stützen weiß und vergoldet waren. Ein strahlender Edelstein spendete ihnen Licht. Vor dem westlichen Tor weideten herrliche Pferde, vor dem östlichen wuchsen drei Bäume aus purpurnem Glas. Dort sangen Vögel immerzu ein sanftes Lied. Ein silberner Baum strahlte in blendendem Licht, und dicht an dicht standen weitere Bäume, die überreich köstlichste Früchte trugen. Eine Quelle sprudelte aus goldenen Zapfen, und ein Fass mit Met ging niemals zur Neige. Dort wohnte die herrliche Jungfrau Fand mit weißblondem Haar, an deren Liebeszauber das Herz jeden Mannes zerbrechen musste. Aber das ganze Land wurde von bildschönen Frauen bewohnt und von glänzenden Kriegern mit ihren furchterregenden Waffen. Im Elfenland zog Cú Chulainn wie versprochen in die Schlacht und stellte sich allein einem unzähligen Heer. Nachdem er viele Krieger getötet hatte, griff Labraid selbst in den Kampf ein und bezwang die Feinde endgültig. Aber der junge Held war so entfesselt, dass er erst in drei Fässer kalten Wassers steigen musste, um sich zu beruhigen. Mit diesem Sieg gewann er die Elfe Fand, bei der er einen Monat blieb und mit ihr schlief – worüber seine Ehefrau äußerst zornig wurde. Erst als ihnen Druiden Vergessenstränke reichten, lösten sie den Bann der Anderwelt, dem der Held erlegen war.

Die Schar des Finn

Auch die Erzählungen um den Helden Finn mac Cumaill verherrlichen das abenteuerliche Kriegerleben. Denn Finn ist der Anführer einer Schar verwegener Gefolgsmänner, der Fianna. Diese stellen ihre Dienste insbesondere dem Oberkönig Cormac mac Airt zu Verfügung. Wenn sie nicht in den Kampf ziehen, jagen sie Hirsch und Eber, suchen Liebeshändel oder rauben den Gegnern das Vieh. Dabei bekommen es die Iren nicht nur mit Feinden aus Fleisch und Blut zu tun. Sie bestehen zahlreiche Abenteuer gegen überirdische Wesen wie Riesen, Spukgestalten, Ungeheuer und magische Tiere, die zum Teil aus der Anderwelt stammen.

Der Held Finn lernt bereits als Kind die Übel der Clankämpfe kennen, was durchaus der historischen Realität des vorchristlichen respektive frühmittelalterlichen Irland entspricht. In der Sage wird nämlich sein Vater von einem feindlichen Clan getötet. Er selbst wächst daraufhin fern seiner Mutter in der Obhut einer Druidin auf. Denn als zukünftiger Rächer droht selbst einem Kind der Tod. Ähnlich wie Cú Chulainn zeichnet er sich noch jung an Jahren durch außergewöhnliche Fähigkeiten aus. Dazu gehört die Weissagekunst: Als er sich eines Tages bei einem zauberkundigen Barden befindet, fängt dieser einen wundertätigen Lachs, dem er sieben Jahre auf der Spur war. Der junge Finn soll den Fisch überm Feuer im Auge behalten, ohne davon zu essen. Als er sich dabei den Daumen verbrennt, steckt er ihn zur Abkühlung in den Mund. Dieses Daumenlutschen bewirkt die Sehergabe. Ob wegen des heißen Lachsfleisches oder wegen einer eingeklemmten Hand – Sagen wie Märchen dichten dieser Gabe verschiedene Ursachen an. Jedenfalls begründet sie die Wesensart des Helden, der nicht nur als Krieger, sondern auch als Seher und Dichter Ruhm erwirbt. Der weise Barde erkennt übrigens, dass die Sehergabe dem Jungen vorherbestimmt war und lässt ihn den ganzen Fisch essen.

Tapferkeit und außergewöhnliche Fähigkeiten beweist dieser auch am Königshof von Tara. Dessen Hofgesellschaft wird Jahr für Jahr zu jedem Samain-

Fest von dem überirdischen Unhold Aillén drangsaliert. Dieser taucht urplötzlich auf und versetzt mit seinem magischen Gesang alle in einen tiefen Schlaf. Dann setzt er mit seinem feurigem Atem die gesamte Burg in Brand. Finn jedoch widersteht diesem Zauber und trotzt dem unheimlichen Wesen, dass er sogar mit einem Speer tötet. Nach dieser frühen Heldentat wird der Knabe der Anführer der Fianna, der bereits sein Vater vorgestanden hatte.

Zahlreich sind die Beziehungen der Heldenschar mit der Anderen Welt und ihren Bewohnern: Für eine Fee taucht der Knabe Finn auf den Grund eines Sees, um nach zwei verlorenen Broschen zu suchen. Er findet sie, kehrt aber zum Greis gealtert an die Oberfläche zurück. Die Frau aus der Anderwelt gibt ihm seine Jugend jedoch zurück. Ein anderes Mal zwingen seine Gefolgsleute den Fürsten eines Síd, ihrem Anführer mithilfe eines Tranks seine Jugend wiederzugeben. Selbst in die Elfenhügel dringt die verwegene Schar nicht ohne Gefahr ein. In ihr dienen zahlreiche Krieger, welche die Freiheit eines herumziehenden Gefolgsmannes zu schätzen wissen – darunter auch Finns Sohn Oisín sowie der Enkel Oscar. Der Erste entstammte seiner Beziehung zu einer Elfe, die zeitweise die Gestalt einer Hirschkuh annahm. Dies schlug sich in den Namen der beiden Nachkommen nieder, die „kleiner Hirsch" und „Hirschliebender" bedeuten. Die Schicksale der Krieger sind nicht selten vorherbestimmt oder doch in bestimmte Bahnen gelenkt. So auch bei Finns Ende: Da will der alternde Fianna-Führer noch einmal beweisen, was er kann. Er zieht ostwärts an den Fluss Boyne, den er von Fels zu Fels überspringen will. Die meisten seiner Gefolgsmänner halten dies für eine Torheit und bleiben am Königshof. Der Held verletzt allerdings ein einst gegen ihn ausgesprochenes magisches Tabu, indem er aus einem Horn trinkt. Deshalb stürzt er sich an den Felsen zu Tode. Ein Mann schlägt dem Leichnam den Kopf ab; andere nehmen ihn mit in ihre Behausung und setzen ihn neben ein Herdfeuer, auf dem Fische gekocht werden. Als es ums Verteilen geht, fordert auf einmal der Kopf Finns seinen Anteil am Mahl.

Streit bricht nicht erst am Ende aus: Unfrieden macht sich schon breit, als der alte Finn mac Cumaill die junge Gráinne heiratet, die Tochter König Cormacs. Diese verliebt sich eines Tages in dessen Gefolgsmann Diarmeid und klagt ihm ihr Leid, mit einem viel zu alten Gemahl verheiratet zu sein. Stattdessen wolle sie lieber mit ihm fliehen. Aber aus Verehrung gegenüber seinem Anführer Finn lehnt der junge Krieger dieses Ansinnen ab. Gráinne belegt ihn schließlich mit einem magischen Befehl, weswegen er mit ihr ziehen muss. Alle Warnungen vor Finns Zorn und seiner alles durchschauenden Sehergabe bleiben unerhört. Bei Einbruch der Dämmerung schlagen sie am Waldrand ein Lager auf, in dem Diarmeid seiner Begleiterin eine Schlafstatt errichtet. In seiner Burg hat derweil Finn von der Flucht der beiden erfahren, worüber ihn große Wut befällt. Er steckt seinen Daumen in den Mund, um ihren Aufenthaltsort in Erfahrung zu bringen. Dies misslingt allerdings, weil Gráinne auf Binsen liegt, derweil Diarmeid getrennt von ihr auf Seesand schläft. Auf Geheiß der Königstochter trug er nämlich einen Sandsack auf dem Rücken, um Finns Sehergabe zu täuschen. Gráinne rührt er jedoch trotz ihres Wunsches nicht an. Stets schläft er getrennt von ihr, weswegen Finn seine Krieger in ganz Irland aussenden muss, um die Flüchtenden zu suchen.

Diese begegnen derweil in großer Not einer alten Frau, die ihnen hilft und reichlich zu essen gibt. Als Streit zwischen ihnen ausbricht, erscheint sie erneut und versöhnt sie. Alsbald beobachten die beiden Finns Fianna, die einen Eber jagt. Dabei erwacht Diarmeids kriegerischer Gefolgschaftsgeist. Unbesonnen bricht er aus seinem Versteck hervor, beteiligt sich an der Jagd und stellt den Eber, dem er schließlich den Kopf abschlägt. Finn gewährt ihm vorerst Schonung, aber ein Gefolgsmann täuscht Diarmeid arglistig, sodass sich dieser an einem giftigen Stachel des Ebers verletzt. Wiederum erscheint die Alte und sagt, was ihn retten könne: Finn müsste ihm drei Tropfen eines zauberkräftigen Wassers reichen. Dieser erklärt sich dazu bereit, lässt es von seinem schnellsten Krieger holen und will den Heiltrank Diarmeid reichen. Aber der böswillige Krieger Conan weiß es mit seinen Anstachelungen stets zu verhindern. Sein Enkel Oscar bittet Finn schließlich inständig, dem sterbenden Diarmeid endlich das lebensrettende Wasser zu spenden. Als er den Intriganten vertreibt, ist der junge Krieger bereits tot. Die Alte hebt die Totenklage an und befiehlt, ihn nach Heldenart zu bestatten. Dann geht sie zu Gráinne und erzählt ihr vom Tod Diarmeids. Sie tröstet die Unglückliche und überredet sie, mit ihr zu Finn zu gehen. Dort winkt ihr letztlich ein freudloses Leben. Die traurige Liebesgeschichte um Diarmeid und Gráinne kursierte über Jahrhunderte in zahlreichen Versionen. Nach einer anderen ließ sich Finn auf Drängen des Elfen Oengus überreden, den beiden zu verzeihen. Dies reute ihn aber und er ließ Diarmeid einen Eber jagen. Damit übertrat dieser eines der vielen magischen Verbote, weshalb er folgerichtig den Tod fand.

Die Inselkelten erzählten sich im Übrigen gern Geschichten von unglücklich Liebenden. Insbesondere schätzten sie die fatale Dreierbeziehung zwischen einem alten mächtigen Ehemann, seiner jungen Frau und ihrem jugendlichen Geliebten. Die weltberühmte Geschichte von Tristan und Isolde entstammt diesem Milieu und bietet insofern das bekannteste Beispiel tragischer Liebe. Ein anderes Liebesgeschick ereilt Finns Sohn Oisín: Er verfällt der Elfe Niav und

Der altsteinzeitliche Löwenmensch aus der Karsthöhle von Hohlenstein-Stadel auf der Schwäbischen Alb. Die aus 200 Bruchstücken wieder zusammengesetzte, 28 cm hohe Figur aus Mammutelfenbein ist eines der berühmtesten Ausstellungsstücke des Ulmer Museums.

Stonehenge, das berühmteste Bauwerk der europäischen Jungsteinzeit, wenige Kilometer vom südenglischen Salisbury entfernt. 1986 wurde es gemeinsam mit der benachbarten Anlage von Avebury sowie anderen Fundorten der Region zum Weltkulturerbe der UNESCO erklärt.

Robert Havell. Grand Conventional Festival of the Britons (1815): Der neolithische Steinkreis von Stonehenge wurde in romantischer Sicht mit den keltischen Briten und ihren Druiden oder Barden verbunden. Dabei schöpft die Darstellung mehr aus der Phantasie denn aus historischen Erkenntnissen.

Der Urdolmen von Alt-Gaarz (Stadt Rerik) in Mecklenburg, ein früher Dolmenbau (bretonisch Steintisch), dessen Steine eine Deckplatte tragen. Urdolmen waren wohl ursprünglich wie eine Blockkiste verschlossen; im 4. Jahrtausend vor Chr. waren sie in Norddeutschland und Skandinavien verbreitet.

Rekonstruktion der jungsteinzeitlichen Kreisgrabenanlage von Goseck an der Saale (Sachsen-Anhalt), die auch als das älteste Sonnenobservatorium der Welt bezeichnet wird. Ob der Fund von Menschenknochen im Innern des Areals für Menschenopfer spricht, ist umstritten. Die Erbauer sahen die Anlage als mythischen Ort an.

Bronezeitliche Felszeichnungen aus Tanum im südwestschwedischen Bohuslän. Dort wurden bislang mehr als 10 000 Ritzungen entdeckt; damit ist es die schwedische Region mit den meisten und größten Felszeichnungen dieser Art. In der Entstehungszeit lagen die Plätze am Meerufer, heute liegen sie bis zu 30 Meter darüber.

Der norwegische Landschaftsmaler J. C. C. Dahl (1788–1857), der auch in Dresden wirkte, vermittelt trotz seiner realistischen Darstellung eines Hünengrabes eine romantische Stimmung. Solche Bilder Norddeutschlands und Skandinaviens trugen mit bei zur stimmungsvollen Einheit von Landschaft und Zeugnissen der „Mythen des Nordens".

Der Hortfund von Nebra, wie er wahrscheinlich um 1600 vor Chr. auf dem Mittelberg in einer Steinkammer angelegt wurde. Die spektakuläre Himmelsscheibe besteht aus einer Bronzelegierung, deren Kupfer nachweislich aus dem Salzburger Land stammt. Über die bronzezeitlichen Handelswege gelangte es bis in die Nähe des Harzes.

Der Sonnenwagen von Trundholm / Dänemark stammt aus der Nordischen Bronzezeit und wurde 1902 von einem Bauern beim Pflügen entdeckt. Fragmente fand man dort noch 90 Jahre später. Das Objekt belegt die Vorstellung der Sonnenfahrt über den Himmel. Es ist eines der berühmtesten Ausstellungsstücke des Nationalmuseums in Kopenhagen.

Das Grab von Kivik im südschwedischen Schonen wird auch als Königsgrab bezeichnet. Noch im 18. Jahrhundert diente der Grabhügel als Steinbruch, die beiden Grabkammern hatte man offensichtlich geplündert. Mit großem Aufwand wurde das Grab restauriert. Seine Steinritzungen bezeugen wahrscheinlich Kulthandlungen.

Das Fürstengrab von Hochdorf als Rekonstruktion des Keltenmuseums Hochdorf (Eberdingen bei Ludwigsburg). Bei der Entdeckung 1978 war von der einstigen Pracht nach über 2500 Jahren nichts mehr übrig geblieben. Mit modernsten wissenschaftlichen Methoden gelang es, die 2000 Einzelobjekte zu identifizieren.

Die über 50 cm hohe bronzene Schnabelkanne gab man dem Keltenfürsten von Glauberg mit ins Grab. Ursprünglich war das filigran verzierte Gefäß mit Met gefüllt. Am oberen Henkelende die „mythische" Figurengruppe eines Mannes im Schneidersitz und zweier Fabelwesen. Der Henkel läuft unten in einem schnurrbärtigen Männerkopf aus.

Die 42 cm hohe Bronzestatue von Bouray südlich von Paris. Schneidersitz, Halsring und insbesondere die in Hirschhufen endenden Beine sprechen für die Darstellung einer keltischen Gottheit. Entstanden ist die Figur in den Jahrzehnten um Christi Geburt, also bereits unter römischer Herrschaft. Man fand sie in einem Fluss.

Die Initiale, mit der im irischen *Book of Kells* das Matthäus-Evangelium beginnt (um 800 nach Chr.). Die griechischen Buchstaben XP, d. i. Chi Rho, des Christusmonogramms wurden von den frühmittelalterlichen Mönchen mit Motiven im La-Tène-Stil verziert: geometrische Muster, Schmetterlinge, Katzen, Otter sowie Menschengestalten.

Rekonstruktionen der beiden Goldhörner von Gallehus im Süden Jütlands. Die Originale wurden 1639 und 1734 gefunden. 1802 wurden sie gestohlen und eingeschmolzen. Den bemerkenswerten Objekten aus der Zeit um 400 nach Chr. haftet ein seltsames Geschick an: 2007 wurden auch die Repliken entwendet, tauchten aber wieder auf.

Der Goldbrakteat von Åsum im südschwedischen Schonen ist mit 123 mm Durchmesser und 100 g Gewicht der prächtigste und größte bisher gefundene. Umrandet von einer breiten Zierborte ist in der Mitte die Darstellung eines Pferdes sowie eines Kopfes zu sehen. Dieses Motiv und einige Runen verweisen wahrscheinlich auf den Gott Odin.

Der Bildstein von Ardre VIII (Gotland / Schweden, nach 800 nach Chr.) zeigt Szenen aus der nordgermanischen Mythologie und Heldensage: Oben reitet Odin mit seinem achtbeinigen Pferd Sleipnir nach Walhall. Links unten wahrscheinlich Thors Fischzug nach der Midgardschlange; Schmiedewerkzeug weist auf die Sage von Wieland.

Die im nordisländischen Akureyri gefundene Figur aus dem 10. Jahrhundert stellt wahrscheinlich den unter den Bauern verehrten Gott Thor dar. Sein Hammer Mjöllnir verweist nicht nur auf den Aspekt der Fruchtbarkeit; er ist auch die wichtigste Waffe im Kampf gegen die bedrohlichen Riesen sowie die Midgardschlange.

Die knapp 7 cm hohe Bronzestatuette von Rällinge in Södermanland (Schweden, 10./11. Jahrhundert) stellt offensichtlich den Wanengott Freyr dar. Dafür spricht der deutlich dargestellte Phallus der Fruchtbarkeitsgottheit, was auch um 1070 der Chronist Adam von Bremen als Kennzeichen Freyrs erwähnt.

Die einäugige Bronzefigur von Lindby in Schonen (Südschweden, Wikingerzeit) stellt wahrscheinlich den höchsten Asengott Odin dar. Von ihm heißt es, er habe ein Auge geopfert, um Weisheit zu erlangen.

Der grimmige Burgundenheld Hagen von Tronje im letzten Kampf am Hof des Hunnenkönigs Etzel. Szene aus Fritz Langs zweiteiliger Verfilmung des Nibelungenliedes (Die Nibelungen, 1924). Das moderne Medium greift auf alten Sagenstoff zurück: Der Stummfilmklassiker war einer der erfolgreichsten Filme seiner Zeit.

Der Kampf um Mittelerde: Die Krieger der Menschenreiche von Gondor und Rohan treten zur letzten Schlacht gegen den dunklen Herrscher Sauron an. Szene aus Peter Jacksons Verfilmung des „Herr der Ringe" („Die Rückkehr des Königs", 2003). Für die Kostüme dienten auch archäologische Funde der Wikingerzeit als Vorbild.

folgt ihr in das Land der ewigen Jugend. Dort packt ihn schließlich das Heimweh nach Irland und er kehrt trotz vieler Warnungen zurück. In der Tat macht auch er die Erfahrung fast aller Besucher der Anderwelt. An der Oberwelt sind mittlerweile 300 Jahre vergangen und Oisín altert rapide. Er fällt vom Pferd und berührt somit irischen Boden, was ihm als todbringend verheißen worden war.

Irische Mythen und keltische Götter

Obwohl die mythenähnlichen Erzählungen der Iren überirdische Figuren der Anderwelt kennen, werden diese nicht als Götter bezeichnet. Die Tuatha Dé Danann gelten lediglich als zauberkundige Menschen, die in die Hügel vertrieben wurden. Bietet insofern die erst seit dem 11. Jahrhundert überlieferte Literatur Irlands Hinweise auf keltische Gottheiten und Mythen? Besteht sie nur aus phantasievoll fabulierten Geschichten christlicher Mönche oder erzählt sie doch etwas vom Glauben der Kelten auf dem Festland, der vor einem Jahrtausend untergegangen war?

In der Tat scheinen die Sagen von Elfen und Dämonen, von der Anderwelt sowie von Königen und Helden in eine ferne Vergangenheit zurückzureichen, deren Spuren sich in den Erzählungen verbergen. Dies verdeutlichen die beschriebenen Einwanderungen des Mythologischen Zyklus, die zumindest zum Teil Erinnerungen an reale geschichtliche Migrationen enthalten. Deren Letzte ist tatsächlich greifbar; denn mit ihr setzten sich die Kelten respektive ihre kulturellen Einflüsse endgültig in Irland durch. Damit verbreitete sich das Eisen als Waffen- und Gebrauchsmetall. Bemerkenswerterweise verabscheuen die Tuatha Dé Danann das von den Goidelen mitgebrachte neue Metall und halten an der Bronze fest.

Altes keltisches Erbe mochte sich auch in der Vorstellung des Königtums zeigen, das von einer heiligen Aura erfüllt war. Dies galt insbesondere für das Ideal des Hochkönigs der gesamten Insel, das mit deren vermeintlicher Mitte verbunden wurde: ursprünglich vielleicht der Hügel Uisnech in der Provinz Mide (Meath), später die Königsburg von Tara. Dort soll ein ungewöhnlicher Ritus vollzogen worden sein, bei dem sich der Herrscher mit der weiblich gedachten Insel vermählte. Man setzte sie mit der Göttin Ériu gleich, die sich als Unterlegene der Tuatha Dé Danann die Namengebung Irlands ausbedungen hatte. Hinter dieser Vorstellung verbirgt sich anscheinend der uralte und weit verbreitete Mythos einer heiligen Hochzeit, worunter man hier die Verbindung des menschlichen Königs mit dem göttlichen Land verstand. Darauf lässt sich auch die Gestalt der Königin Medb von Connacht zurückführen, die im Ulster-Zyklus den braunen Stier rauben lässt. Hinter ihrer vermeintlichen sexuellen Zügellosigkeit – Könige und Helden gehören zu ihren Liebhabern – verbirgt sich die Vorstellung der wahren Landesmutter, die sich mit den festlandkeltischen Muttergottheiten wie etwa den Matronen vergleichen lässt.

Der Fortbestand solcher Traditionen fand nicht nur in der Literatur einen Niederschlag, sondern sogar im irischen Christentum. Ein herausragendes Beispiel bietet die Verehrung Brigits, der berühmtesten Heiligen der Insel. Ihr schrieb man die Gründung des Klosters Kildare zu, und der damit verbundene Kult verbreitete sich später auch auf dem Festland. Überall rief man sie bevorzugt als Schutzheilige des Ackerbaus und des Viehs an, was sich an ihrem Festtag zeigte – dem 1. Februar. An diesem Tag feierte man nach dem alten irischen Kalender Imbolc, den Frühlingsanfang. Der Brigitkult knüpfte dementsprechend an die vorchristlichen Bräuche an. Er nahm zudem Züge einer gleichnamigen heidnischen Göttin auf, die als Tochter des Gottes Dagda galt.

Im Übrigen enthalten die irischen Erzählungen durchaus Gestalten und Motive, die im Kern Relikte der keltischen Götterwelt und Mythologie sind. Allerdings hatte man aus den heidnischen Gottheiten menschliche Helden oder dämonische Wesen gemacht und die alten Mythen irischen Eigenheiten und mittelalterlicher Gelehrsamkeit angepasst. So wurde aus dem gallischen Gott Sucellus der irische Dagda, einer der Anführer der Tuatha Dé Danann. Dies zeigt sich insbesondere an dessen Attributen, die an die alte göttliche Macht erinnern: ein stets voller Kessel und eine Keule, die nicht nur töten, sondern auch zum Leben erwecken kann. Ebenso lebte nach vielfacher Verwandlung der gallische Lugus in den irischen Texten fort. Darin ist er als Lug mac Ethnenn ein Kämpfer des erwähnten Geschlechts, der bekanntlich die dämonischen Fomóri besiegt und aus Irland vertreibt. Deshalb und als Vater des Helden Cú Chulainn genoss er ein hohes Ansehen, das sich auch in der Benennung des Herbstanfangs nach ihm ausdrückt (Lugnasád am 1. August). Als sein Halbbruder galt Ogma, der keltische Gott Ogmios, den die Iren als Erfinder ihrer nach ihm benannten Schrift ansahen. Und im Meisterschmied Goibniu kommt zweifellos das uralte Ansehen dieser Handwerkskunst zum Ausdruck, deren Gott Vulcanus die romanisierten Gallier verehrten. Diese Tradition dürfte weit zurückreichen, weil die Kelten von jeher Könner der Schmiedekünste waren. Archaische Motive vermutet man im Umfeld zweier Helden des „Rinderraubs von Cooley“: Die Wutverzerrung Cú Chulainns ruft Erinnerungen an schamanistische Ekstase-Techniken wach. Und der in Connacht im Exil lebende Ulster-

Krieger Fergus mac Roich ist Königin Medbs Geliebter, der sich durch unerhörte Potenz auszeichnet. Er repräsentiert offensichtlich neben der Muttergottheit den männlichen Aspekt der Fruchtbarkeit. Ebenso gehen die drei Schlachtdämoninnen Badh, Macha und Morrígain auf ältere Vorstellungen zurück, worauf auch Krähe, Pferd sowie Rabe verweisen, zu denen die drei eine besondere Beziehung haben. Darüber hinaus erinnert das häufige Auftreten bestimmter Tiere wie Eber, Hirsch oder Stier an deren traditionelle Verehrung, die viele archäologische Funde belegen.

Die gelehrten mittelalterlichen Erzählungen griffen demnach zumindest auf Götterfiguren und mythische Motive aus keltischem Erbe zurück. Ob ihren Geschichten sehr alte Mythen zugrunde liegen, die womöglich bereits die Festlandkelten kannten, ist allerdings ungewiss. Aber wie auch immer – die irischen Kelten bereicherten mit ihrer Überlieferung die Mythenwelt des nördlichen Europa und gaben ihr einen kennzeichnenden Charakter.

7

Im Land des roten Drachen – Die Erzählungen der Waliser

Wales – letzte Bastion der keltischen Britannier

Mit den umfangreichen Mythen- und Heldenerzählungen der Iren lässt sich nur der Überlieferungsschatz der Waliser vergleichen, obwohl er letztlich wenig mehr als ein knappes Dutzend Texte umfasst. Wales – in der kymrischen Landessprache als Cymru bezeichnet, dessen symbolreiches Wappentier der rote Drache ist – gehörte nach dem Abzug der letzten römischen Legionen um 410 zu den Gebieten auf der Britischen Hauptinsel, in denen sich die keltische Bevölkerung ihres Erbes besann und etliche Kleinreiche gründete. Diese erstreckten sich von Cornwall bis in den Süden Schottlands. Über mehrere Jahrhunderte leisteten sie den Angelsachsen erbittert Widerstand, gleichwohl konnte nur Wales seine Unabhängigkeit wahren. Dabei zerfiel das kleine moor- und gebirgsreiche Land an der Irischen See in mehrere Fürstentümer, von denen Gwynedd im Norden eines der ältesten und langlebigsten war. Die Geschichte dieser kleinen sowohl keltisch wie christlich geprägten Reiche erweist sich als zähes Ringen mit den Gegnern aus dem Osten, wo nach den Angelsachsen die Anglonormannen antraten, um Wales zu erobern. Mit einer schweren Niederlage des Königs Llywelyn ap Gruffudd begann 1282 die sich immer weiter ausbreitende Herrschaft Englands. Trotzdem gelang es den Walisern, Teile ihres keltischen Erbes zu bewahren.

Dazu trugen ihre Dichter maßgeblich bei; denn sie folgten immerhin einer Tradition, die bis ins 6. Jahrhundert zurückreichte und auch auf andere keltische Gebiete zurückgriff. Die ersten namentlich bekannten Poeten der Britannier nannte man demnach Cynfeirdd, die „frühen Dichter“. An nur wenige Namen erinnerte man sich und diese umrankten allerlei Legenden. Im 6. Jahrhundert sollen sie demzufolge an den keltischen Fürstenhöfen im Norden Englands gewirkt haben, wo sie ihre Herren mit Lobgedichten priesen und zum Kampf gegen die Germanen anspornten. Taliesin genoss offensichtlich am meisten Ruhm, immerhin widmete man später seinen Werken ein ganzes Buch. Obwohl ihm mittlerweile davon nur einige Gedichte zugeschrieben werden, bezeugt die Sammlung doch die Mythenbildungen um Dichter seines Schlages: kampferprobte Barden sollten sie sein, poetische Könner, aber ebenso Weise und Propheten. Visionen und Deutungen der Zukunft verknüpften sie mit politischen Ansprüchen, die vor allem ein Ziel kannten: die germanischen Eindringlinge zu vertreiben und ein neues mächtiges Reich der Britannier zu begründen. Folgerichtig findet sich im Buch Taliesins ein Text, der wahrscheinlich um 930 entstand und ein pankeltisches Bündnis (allerdings auch mit irischen Wikingerhäuptlingen) gegen die Angelsachsen prophezeite. Diese „Prophezeiung von Britannien" (*Armes Prydein*) reiht sich in jene für die Inselkelten typischen Visionen ein, von denen große Faszination ausging.

Ein später druidischer Zauber tut sich auf, der seine Lichtgestalt in Merlin gefunden hat, dem Inbegriff des keltischen Druiden am Hofe des Sagenkönigs Arthur. Im Folgenden wird noch zu zeigen sein, wie beide letztlich jüngere Schöpfungen des Mittelalters sind. Aber ihre schwachen Spuren führen in der Tat zur walisischen Überlieferung. Bleiben wir bei Merlin, dem ein geheimnisvoller Dichter und Seher Myrddin zugrunde liegt. Jedenfalls erzählten walisische Annalen von einem Barden dieses Namens, der um 575 an einer Schlacht zwischen keltischen Häuptlingen im nordwestenglischen Cumbria teilnahm. Als er den Tod seines Fürsten mitansehen musste, verlor der treue Dichter den Verstand und streifte vom Wahnsinn umfangen im Land umher. Unter den schottischen Kelten kursierte daraufhin die Sage von Lailoken, dem „Wilden Mann". Die Waliser übernahmen diese Geschichte und gaben dem traurigen Wanderer den Namen Myrddin. Dessen Gestalt wurde bald in Wales heimisch und mit vielen Orten und Ereignissen verbunden. Aus dem wahnsinnigen Waldmenschen und Seher entwickelte sich immer mehr die Gestalt eines Weisen und Zauberers. Historisches ist bei Myrrdin jedoch kaum greifbar. Mag sein, dass die Erzählungen und Dichtungen des Volkes und seiner Barden sich um ein tatsächliches Ereignis des 6. Jahrhunderts rankten. In ihnen vermischten sich alte Relikte mit der faszinierenden Gestalt des Naturmenschen und späteren Magiers, mit dem sich uralte Motive verbanden: Das Außer-sich-Sein des Wahnsinns, das Wissen um die Natur mit ihren Pflanzen und Tieren, die Fähigkeit des Gestaltwandels und das zweite Gesicht des Sehers verweisen auf ferne keltische Quellen.

Der Zauber des Mabinogion

Jene nordenglischen Barden und Seher waren schließlich zur Legende geworden, ihre Gedichte und Abenteuer wurden mündlich überliefert. Erst viele Jahrhunderte später, etwa seit dem 12. Jahrhundert, hört man wieder von vergleichbaren Hofpoeten an den Fürstensitzen von Wales. Selbst nach der englischen Eroberung traten die kleinen Grundherren auf ihren Burgen als Förderer einheimischer Dichtkunst auf. Die hoch- und spätmittelalterlichen Dichter widmeten sich allerdings hauptsächlich mittelkymrischen Übersetzungen lateinischer und französischer Werke, so den Geschichten der Römer und um Karl den Großen. Einheimische keltische Erzählungen hörte man bei Hof anscheinend nicht gern. Umso bedeutsamer ist ein Dutzend Prosatexte, die nach ihrer Wiederentdeckung im 19. Jahrhundert mit dem Kunstwort „Mabinogion" bezeichnet wurden. Es bezog sich auf den überlieferten Titel „Die Vier Zweige des Mabinogi" (*Pedair Cainc y Mabinogi*) für die vier altertümlichsten jener Erzählungen. Seine Bedeutung ist unbekannt: Hängt es mit dem kymrischen Wort *mab*, „Sohn", zusammen, lässt es sich auf die Gestalt eines Mabon zurückführen, in dem die Erinnerung eines einstmals in Nordengland verehrten Gottes Maponus weiterlebte? Was immer die ursprüngliche Bedeutung war, mittlerweile steht „Mabinogion" für die letztlich schmale und deshalb umso kostbarere walisische Überlieferung alten Mythen- und Sagenstoffs – von Geschichten mit Gestalten aus der Anderwelt, übernatürlichen Tieren, von Magie und Geheimnis umgebenen Geschehnissen, von Gestaltwechseln und solchen bezeichnenden keltischen Motiven wie Zauberkesseln und abgeschlagenen Köpfen. Nicht zuletzt bieten die kymrischen Handschriften erste Geschichten um den sagenhaften König Arthur.

Das Wissen um dieses Erbe ist zwei umfangreichen Sammelhandschriften mit klangvollen Namen zu verdanken: dem „Weißen Buch des Rhydderch" (*Llyfr Gwyn Rhydderch*), das um 1350 zusammengestellt wurde, sowie dem „Roten Buch des Hergest" (*Llyfr Coch Hergest*), etwa 50 Jahre später als umfangreichste walisische Handschrift entstanden. Wichtigster Inhalt beider Bücher sind elf Erzählungen, die im Kern teils über Jahrhunderte mündlich wiedergegeben wurden, bis man sie zu Pergament brachte. Darunter befanden sich die erwähnten „Vier Zweige" mit Abenteuern aus einer Zeit, bevor die Römer und die christlichen Missionare kamen. Ähnlich wie in Irland wird eine Welt adliger Krieger geschildert, in der heroische Tugenden zählen und die Helden Zugang zur Anderwelt haben. Die anderen Texte widmen sich in ihrer Mehrzahl Arthur und seinen Kriegern, die hier Owein, Gereint und Peredur heißen (Yvain, Erec, Perceval).

Fürstenhof und Anderwelt

Insbesondere glaubt man, den „Vier Zweigen des Mabinogi“ mit ihren Abenteuergeschichten alte keltische Motive und vereinzelte Mythenelemente entnehmen zu können. Dabei gilt wie für die irischen Texte, dass die walisischen Dichter des 14. Jahrhunderts keine Mythen niederschrieben. Götter kommen bei ihnen nicht vor – allenfalls überirdische Bewohner einer parallelen Anderwelt oder Figuren, hinter denen alte Gottheiten vage hindurchschimmern. Das Ganze spielt sich in einer höfischen Welt ab, in der zeitgenössische Elemente mit märchenhaften Motiven sowie archaischen Relikten vermischt werden. Auf diese Weise entsteht das Bild einer phantastischen Welt des Mittelalters, die nicht immer verständlich ist. Bereits die Zusammenstellung der vier Texte von „Pwyll, Fürst von Dyfed“ (*Pwyll Pendefig Dyfed*; der Erste Zweig), „Branwen, die Tochter Llyrs“ (*Branwen ferch Llŷr*; der Zweite Zweig), „Manawydan, der Sohn Llyrs“ (*Manawydan fab Llŷr*; der Dritte Zweig) sowie „Math, der Sohn Mathonwys“ (*Math fab Mathonwy*; der Vierte Zweig) gibt Rätsel auf. Denn was verbindet diese Teile? Etwa die Gestalt des Fürstensohnes Pryderi? Oder die Handlungsorte jeweils im Norden und Süden von Wales? Vielleicht sogar die unterschiedlich verknüpften Themen des Dialogs zwischen Gegnern und um die Maßlosigkeit? Da nimmt es nicht Wunder, dass manche Interpreten die „Vier Zweige“ mit der verwirrenden Flechtbandornamentik der keltischen Kunst verglichen haben.

Gewiss ist hingegen, dass auch die Waliser Vorstellungen einer Anderwelt hatten, die sie als Annwfn bezeichneten – was „das sehr Tiefe“ oder die „Nicht-Welt“ bedeuten könnte. Diese Welt ähnelte mit ihrem höfischen Habitus der üblichen Menschenwelt, aus der Einzelne gefahrlos hin- und herwechseln konnten. Wie man miteinander umging, zeigt das erste Abenteuer des Fürsten Pwyll, des Herrn des südwalisischen Fürstentums Dyfed. Er ging nämlich eines Tages mit seinen Hunden auf die Jagd. Mit seinem Horn gab er ihnen ein Zeichen zu jagen und folgte den losstürmenden Hunden, ohne auf sein Gefolge zu warten. Da vernahm er das Gebell einer anderen Meute, die der seinen entgegenkam. Bald erblickte er mitten in einer Waldlichtung die fremden Hunde, die einen fliehenden Hirsch gerade zur Strecke gebracht hatten. Mehr als das Wild erregten jedoch die Jagdhunde seine Aufmerksamkeit, denn dergleichen hatte er noch nie gesehen: Ihr Fell war ein makellos-leuchtendes Weiß, und ihre Ohren waren rot. Diese beiden Farben kennzeichnen stets die Tiere der anderen Welt. Aber Pwyll verjagte die fremden Hunde, ging zu dem Hirsch und gab seiner eigenen Meute von dessen Fleisch zu fressen. Währenddessen kam ein

Mann auf einem großen Apfelschimmel dahergeritten, dessen Jagdgewand aus graubraunem Stoff war und der ein Jagdhorn um den Hals trug. Der wandte sich an den Fürsten und beschuldigte ihn eines ungehörigen Verhaltens, habe er doch seine erfolgreiche Meute verjagt und das Fleisch der Beute den eigenen Hunden gegeben. Der derart beschuldigte Pwyll erklärte sich zur Wiedergutmachung bereit; und dies umso mehr, als er Name und Stand des Fremden erfuhr: Arawn, der König von Annwfn. Dieser schlug ihm einen seltsamen Rollentausch vor. Jeweils in des anderen Gestalt sollte jeder für eine Zeit an den Hof des anderen gehen. Pwyll hatte allerdings noch einen Kampf mit einem anderen Elfenfürsten zu bestehen, einem Gegner König Arawns. Dass er ihn besiegte, brachte ihm ebenso dessen Freundschaft ein wie die Tatsache, dass keiner von beiden des anderen Gattin anrührte.

Magie ist auch im Spiel, als Pwyll seine spätere Frau Rhiannon kennenlernt: Von seinem Hof Arberth unternimmt er mit seinem Gefolge einen Ausflug zu einem seltsamen Hügel, auf dem ein Edler angeblich entweder Schläge erhält oder ein Wunder schaut. Letzteres bestätigt sich in Gestalt einer wunderschönen jungen Frau, die in einem Gewand aus Seide und Goldbrokat auf einem stattlichen Falben vorbeireitet. Pwyll entsendet einen Boten, um den Namen der geheimnisvollen Frau zu erfragen. Aber obwohl sie das Pferd nur in einer langsamen Gangart reitet, gelingt es nicht, sie einzuholen. Je schneller man hinter ihr herjagt, umso weiter entfernt sie sich, ohne ihr Pferd anzutreiben. Nachdem am zweiten Tag das Gleiche geschieht, versucht Pwyll am dritten selbst sein Glück. Als auch er erfolglos bleibt, ruft er die Schöne an, sie möge doch um des Mannes willen, den sie am meisten liebe, auf ihn warten. Ob dieser höflichen Bitte bleibt die Frau stehen und gibt sich dem Fürsten als Rhiannon zu erkennen, die Tochter Hefeydds des Alten. Gegen ihren Willen solle sie verheiratet werden, liebe jedoch nur einen Mann, nämlich Pwyll. Um dessen Antwort zu erfahren, sei sie gekommen. Der Fürst ist bereit, um die Jungfrau zu werben und den Nebenbuhler auszuschalten.

So werden beide alsbald ein Paar, dessen Glück durch die Geburt eines Sohnes gekrönt wird. Damit bricht jedoch das Unheil über Rhiannon herein. Denn auf geheimnisvolle Weise verschwindet der Neugeborere. Seine Mutter wird Opfer einer Intrige und des Mordes am eigenen Kind bezichtigt. Mit diesem nach acht Jahren zurückkehrenden und Pryderi genannten Fürstensohn verbinden sich seltsame Geschehnisse. Sie betreffen das Heim seines späteren Pflegevaters Teyrnon Twryf Liant. Dessen vortreffliche Stute wirft jedes Jahr in der Nacht zum 1. Mai ein Fohlen, das darauf immer spurlos verschwindet. Schließlich will Teyrnon diesem Rätsel auf den Grund gehen. Er holt die Stute in sein Haus, legt seine Rüstung an und hält Wache. Und in der Tat wirft sie ein schönes großes Fohlen. Sogleich ertönte jedoch ein furchtbares Getöse, danach greift eine gewaltige Klaue durch das Fenster und packt sich das Fohlen. Da schlägt Teyrnon mit seinem Schwert zu und trennt den unteren Teil des Armes mitsamt Klaue und Fohlen ab. Als er draußen Lärm hört, eilt er hinaus und findet schließlich einen Jungen in Windeln vor seiner Tür, eingeschlagen in ein Seidentuch – Rhiannons Sohn Pryderi, der von nun an seine Kindheit dort verbringt. Als Teyrnon ihn als den verschwundenen Fürstensohn erkennt, bringt er ihn seinen Eltern zurück.

Rhiannon und Pryderi umgeben auch im „Dritten Zweig des Mabinogi" zauberhaft-magische Motive und Szenen. Da heiratet die inzwischen verwitwete Rhiannon Manawydan, den Bruder des britannischen Königs Bran. Gemeinsam mit Pryderi und dessen Frau Cigfa begeben sie sich nach einem großen Fest zum Hügel von Arberth. Aber dort erhebt sich ein gewaltiges Getöse, und gleichzeitig senkt sich ein Nebel herab, sodass sie einander nicht mehr sehen können. Als der Nebel weicht, wird alles von einem hellen Licht durchdrungen. Als sie dorthin blicken, wo zuvor die Herden, das Vieh und das Dorf gewesen waren, sehen sie nichts mehr: weder Haus noch Tier, kein Rauch und Feuer, weder Mensch noch Siedlung. Der eigene Hof ist verlassen und menschenleer, alle sind verschwunden, sodass die vier völlig allein sind. Sie verlassen schließlich ihre trostlos gewordene Heimat und gehen nach England. Dort behandelt man sie derart feindselig, dass sie nach zwei Jahren in ihr Fürstentum nach Dyfed zurückkehren, wo noch immer Einsamkeit und Ödnis herrschen. Als Manawydan und Pryderi auf die Jagd gehen, stoßen sie im Wald auf einen riesigen Keiler von weißer Farbe, der sich in ein prächtiges Schloss flüchtet. Manawydan scheut das menschenleere Gebäude und lässt Pryderi dort allein zurück. Als Rhiannon davon erfährt, sucht sie schnellstens ihren Sohn auf. Beider Hände bleiben an einer goldenen Schale haften, außerdem sind sie unfähig zu sprechen. Am Abend ertönt großer Lärm, und ein Nebel senkt sich herab, in dem das Schloss mit den beiden Gefangenen spurlos verschwindet.

Inzwischen sah sich Manawydan gezwungen, Getreide anzubauen. Diese Arbeit wurde ihm sauer gemacht, fraßen ihm doch Mäusescharen die ganze Saat auf. Eine besonders große Maus konnte er jedoch fangen, die wollte er als Verantwortliche zur Rechenschaft ziehen und aufhängen. Aber dreimal erschien in dem öden Land ein Mann in der Gestalt eines Scholaren, Priesters und Bischofs und bat für die Maus um Gnade. Manawydan aber erfuhr von ihm, was sich hinter all dem verbarg: Der Mann namens Llwyd entpuppte sich als Verursacher aller Zaubererscheinungen. Aus Rachepflicht einem Freund gegenüber senkte er einen Druidennebel über das Land, entführte Rhiannon und Pryderi, die er in Knechtschaft hielt, und ließ schließlich sein Gefolge in Mäusegestalt die Ernte vernichten. Die von Manawydan gefangene Maus allerdings war seine Frau, deren Leben er retten wollte. Darum hob er den Zauberbann auf, sodass die beiden Gefangenen freikamen und Dyfed wieder von Leben erfüllt wurde.

Magische Nebel, wüstes Land, Zauberbann und seltsame Tiere geben den walisischen Erzählungen des Mabinogion eine eigene Gestalt. Von mutmaßlichen Mythen sind diese phantastischen Geschichten weit entfernt. Sie zeichnet allerdings eine Atmosphäre des Mythisch-Magischen sowie Märchenhaften aus. Was daran sehr alt ist, bleibt letztlich ungewiss. Rhiannon gehört wahrscheinlich dazu; denn ihren Namen führt man auf Rigantona („große Königin") zurück und schreibt ihn einer keltischen Göttin zu. Zudem vergleicht man sie mit der im Römischen Reich weit verbreiteten Pferdegöttin Epona: Wie diese hat die walisische Sagengestalt viel mit Pferden zu tun. Womöglich gehören dazu auch die nächtlichen Ereignisse um das Findelkind Pryderi. Denn der rätselhafte Fohlenraub geschah stets in der Nacht vor dem Frühlingsfest Beltaine am 1. Mai, die wie später Halloween als Geisterzeit verschrien war.

Rätselhaftes neben altbekannten keltischen Elementen bieten auch die anderen Erzählungen der „Vier Zweige des Mabinogi": In der Geschichte der britannischen Königsschwester Branwen wirbt um diese der König von Irland. Als dem stattgegeben wird und man die anstehende Vermählung feiert, verstümmelt der Bruder des britannischen Herrschers als Unruhestifter die Pferde des Bräutigams. Der Friede bleibt nur erhalten, weil man dem Iren neue Pferde schenkt sowie einen magischen Kessel, der Tote wieder zum Leben erweckt. Als Branwen einen Sohn geboren hat, wird ihr die Schmach trotzdem heimgezahlt: Auf die Forderungen der Iren hin wird sie als Magd erniedrigt und misshandelt. Schließlich gelingt es, ihrem Bruder Bran von einem Star die Bitte um Hilfe überbringen zu lassen. Dieser rüstet darauf ein walisisches Heer und macht sich auf den Weg nach Irland. Die Figur des Bruders zeichnet sich durch mythische Züge aus; denn er ist so groß, dass er neben der Flotte durch die Irische See watet. Es kommt zu einer furchtbaren Schlacht, die nur fünf Iren und acht Britannier überleben. Den mächtigen Bran tötet ein vergifteter Speer. Vor seinem Tod befiehlt er seinen Männern, ihm den Kopf abzuschlagen, nach London zu bringen und dort zum Heil des Landes zu bestatten.

Schließlich handelt auch die Geschichte des letzten Zweiges in oftmals verwirrenden Zügen von seltsamen und rätselhaften Geschehnissen. In ihrem Mittelpunkt steht der zauberkundige König Math fab Mathonwy, der über das nordwalisische Gwynedd herrscht. Um in Friedenszeiten am Leben zu bleiben und somit seine Herrschaft zu sichern, müssen seine Füße im Schoß einer Jungfrau ruhen. Umso schlimmer, dass seine Neffen einen bösen Plan aushecken: Sie zetteln einen Krieg mit Pryderi von Dyfed an, woraufhin der König ins Feld zieht und Pryderi den Tod bringt. Inzwischen sucht ein Neffe die am Hof gebliebene Jungfrau auf und vergewaltigt sie. Als Math davon erfährt, verwandelt er die Brüder nacheinander in ein Paar Hirsche, Wildschweine und Wölfe, die jeweils miteinander Junge zeugen müssen: Mit einer Zauberrute schlug er den Gilfaethwy, der zu einer Hindin wurde. Den anderen schlug er ebenso und verwandelte ihn in einen Hirschen. Dann bestimmte er über sie als Verbündete, zusammenzuleben, sich zu paaren und Nachkommen zu zeugen. Nach einem Jahr sollten sie wieder zum König zurückkehren ... Aber nach einiger Zeit nimmt der König seine Verwandten wieder in Gnaden auf. Ansonsten spielen in der Erzählung magische Verbote, Verwandlungen sowie Verrat eine wichtige Rolle. Das seltsame Motiv der jungfräulichen Fußhalterin scheint am ehesten sakralen Vorstellungen des Königtums geschuldet zu sein. So wie der irische Hochkönig eine heilige Hochzeit mit seinem als Frau gedachten Land vollzog, erzählten die kymrischen Barden von der Jungfräulichkeit des Landes, der der Herrscher verpflichtet war.

Der keltische Arthur

In der phantastischen Welt walisischer Dichtungen und Sagen taucht auch König Arthur auf, der als höfisch-ritterlicher Herrscher französischer, deutscher sowie anderssprachiger Epen des Mittelalters zu dessen berühmtester Heldengestalt wurde. Zweifelsohne sind die Geschichten von ihm und den Rittern der Tafelrunde der bedeutendste keltische Beitrag zur Weltliteratur. Mit diesem bis heute weithin bekannten Arthur hat die kymrische Figur jedoch wenig gemein. Denn dort zieht der Herrscher mit seinen Kriegern durch eine märchenhaft-mythische Welt, in der er gegen Riesen, Hexen und Werwölfe kämpfen muss. Das Gedicht „Die Beuten aus Annwfn“ (*Preiddiau Annwfn*), das im Buch Taliesins überliefert wird, schildert einen regelrechten Raubzug Arthurs in die Anderwelt. Dorthin segelt er mit seinen Kriegern über das Meer, um einen reich mit Edelsteinen verzierten magischen Kessel zu erbeuten. Diesen bewahrte der Herrscher von Annwfn in einer viereckigen Festung aus Glas auf. Neun Jungfrauen fachten mit ihrem Atem das Feuer unter dem Kessel an. Aber anscheinend endete die Fahrt mit einem Fehlschlag, bei dem Arthur den Tod fand und nur wenige seiner Krieger den Heimweg antraten. Diese frühe Sage zeichnen archaische Züge aus, denen die Vorstellung des Zauberkessels sowie der Jenseitsreise des keltischen Häuptlings zugrunde liegen.

Im „Mabinogion“ findet sich mit der wahrscheinlich um 1100 entstandenen Erzählung „Culhwch und Olwen“ (*Culhwch ac Olwen*) die altertümlichste Dichtung, in der Arthur eine Rolle spielt: Darin kommt sein Vetter Culhwch an seinen Hof und bittet ihn um Hilfe. Denn seine Stiefmutter hat ihm einen Fluch auferlegt, die Riesentochter Olwen als Frau zu gewinnen. Erst Arthurs besten Kriegern gelingt es, Ysbaddaden, den Vater der Riesin, aufzuspüren und seine Bedingungen zu vernehmen. Da ihm geweissagt wurde, nur so lange zu leben, wie seine Tochter Jungfrau bleibe, versucht er eine Vermählung zu verhindern. Als Brautpreis fordert er darum von Culhwch nicht nur, ihm den Bart zu scheren. Dazu sowie als Vorbereitung der Hochzeit benötigt dieser nämlich so viele wundersame Gegenstände, dass er an die 40 Aufgaben erfüllen muss, von denen jede einzelne kaum lösbar scheint. So braucht er: Honig für den Met, neunmal süßer als gewöhnlicher Honig; den Korb des Gwyddno, der Nahrung für 27 Männer aufnehmen kann; die Vögel der Rhiannon, deren Gesang die Toten zum Leben erweckt; die Schale des Llwyr, in die man das stärkste Getränk gießen kann, und anderes mehr. Im Mittelpunkt der Wünsche des Obersten der Riesen steht der gigantische Eber Twrch, ein verfluchter König, der als besondere Kleinodien Kamm, Rasiermesser und Schere zwischen seinen Ohren trägt.

Arthur bricht mit seinen Gefährten auf, um die geforderten Wunderdinge zu erbeuten. Am schlimmsten wird der Kampf mit dem riesigen Eber, der mit seinen sieben Jungen schon große Teile Irlands verwüstet hat. Der König setzt mit den Kriegern samt Pferden und Jagdhunden zur Grünen Insel über, dort beginnt die Jagd auf die Untiere. Doch selbst ein neun Tage und Nächte währender Kampf, dem viele Streiter zum Opfer fallen, schadet dem Wildschwein nicht. Schließlich nimmt einer von Arthurs Männern die Gestalt eines Vogels an, um mit dem Gegner gefahrlos verhandeln zu können. Doch auch dies ist nutzlos: Twrch will nicht mit sich sprechen lassen. Hingegen schwimmt er mit seinen Jungen durch die Irische See nach Wales und Cornwall, wo er ebenfalls alles zu verwüsten beginnt. Arthur setzt ihm nach und verliert in heftigen Kämpfen fast sämtliche Gefolgsleute, ohne dass der Eber größeren Schaden nimmt. Aber letztendlich gelingt es doch, ihm die kostbaren Rasierutensilien zu entreißen. Daraufhin schwimmt Twrch aufs offene Meer hinaus und wird nie mehr gesehen. Zu guter Letzt muss noch das Blut der schwarzen Hexe gewonnen werden, die in einer Höhle im Norden haust. Auch sie erweist sich als ungewöhnlich stark und schlägt Arthurs Männer fast tot. Als Letzter stürmt der König selbst in die Höhle und sticht mit seinem Dolch so lange auf die Hexe ein, bis ihr Körper in zwei Teile zerfetzt ist.

Endlich kann sich Culhwch der abschließenden Aufgabe stellen: Mit den Wunderdingen des Ebers und dem Hexenblut wird der Bart des Riesen geschoren, „Haut und Fleisch bis auf die Knochen, und beide Ohren schnitt er gleich mit ab". Danach gibt dieser seine Tochter dem Culhwch zur Frau und verliert damit sein Leben. Denn man zerrt ihn an seinen Haaren auf einen Misthaufen und schlägt ihm den Kopf ab, der zur Abschreckung auf die Burgzinnen gesteckt wird. Dann eignet sich Culhwch das Land des Riesen an und heiratet Olwen. Anschließend kehrt Arthur mit den Kriegern an seinen Hof zurück.

Solcher Art waren die Geschichten, die sich die frühmittelalterlichen Kelten in Wales erzählten und später niederschrieben. Außer ihnen überlieferten vor allem die Bretonen zahlreiche Erzählungen um den König; denn die Beziehungen zwischen der Bretagne und Wales sowie Cornwall blieben immer recht eng. Deshalb herrschte über das Meer hinweg ein reger Verkehr und Austausch, durch den die Bretonen die Erzählungen von den Britischen Inseln kennenlernten und den Damen und Herren normannischer und anderer französischer Höfe weiter vermittelten.

Neben der märchenhaften Sagengestalt, die keltischen Mythen entsprungen scheint, führen einige lateinische Chroniken und Annalen einen Arthur an, der offensichtlich einem historischen Vorbild entlehnt ist. Insbesondere erwähnt die im 9. Jahrhundert verfasste „Geschichte der Briten" (*Historia Brittonum*) einen Kriegsführer Arturus, der mit seinen britannischen Reiterkriegern sage und schreibe zwölf Schlachten gegen die heidnischen Sachsen geschlagen und alle gewonnen habe. Seinen größten Triumph erkämpfte er gemäß dieser sowie anderer Quellen um das Jahr 518 an einem Berg namens Badon, dessen Lage nicht sicher bestimmt werden kann. Danach zogen sich die Angelsachsen vorübergehend zurück. Doch 20 Jahre später erlitt Arthur eine Niederlage in der Schlacht von Camlan, deren Schauplatz unter anderem in Cornwall lokalisiert wird. Dort begleitete ihn sein tapferer Krieger Medrawd in den Tod, aus dem in der späteren Überlieferung Arthurs verräterischer Sohn Mordred wurde.

Diese dürftigen Angaben verweisen auf das bereits erwähnte „dunkle Zeitalter" der britischen Geschichte. Hinter dem sagenhaften König Arthur verbirgt sich demnach ein britannischer Anführer, dem es im 6. oder bereits im 5. Jahrhundert gelang, die Feinde abzuwehren und der keltischen Bevölkerung vorübergehend eine Zeit des Friedens zu verschaffen. Sein Name verweist auf römische Herkunft, weil man ihn auf einen lateinischen Familiennamen Artorius zurückführt. Folglich stammte Arthur entweder aus einer römischen Familie oder gehörte zu den romanisierten Britanniern, die Eigennamen aus Rom annahmen und ihre Kinder auf sie tauften. Für manche Interpreten war er ein römisch-britannischer Reitergeneral, der mit seiner Kavallerie die zu Fuß kämpfenden Sachsen davonjagte. Für andere war Arthur ein Stammesfürst des Grenzgebiets zwischen England und Schottland, der 542 am Hadrianswall seine letzte Schlacht schlug und sich auf die Insel Man zurückzog. Wieder andere sehen in ihm einen mächtigen britannischen Herrscher, der unter der Bezeichnung Riothamus („höchster König") sogar von Geschichtsschreibern des Festlandes erwähnt wird. Nach ihnen unternahm er um 470 einen Feldzug nach Gallien, wo sich seine Spuren kurz vor der burgundischen Stadt Avalon verlieren – woraus in der sagenhaften Überlieferung die geheimnisvolle Insel Avalon geworden sein soll. Jedenfalls blieben seine vorübergehenden Erfolge im Gedächtnis der keltischen Britannier haften, die daraus eine Heldenfigur schufen. Die walisischen und bretonischen Erzähler und Barden verknüpften diese Gestalt im Laufe der folgenden Jahrhunderte mit Märchenmotiven und Relikten der keltischen Mythologie. Das christliche Mittelalter machte daraus einen idealen höfischen Herrscher.

Bis heute bezeugt eine Fülle von Ortsnamen die Popularität König Arthurs auf der britischen Hauptinsel. Zwischen dem schottischen Hochland im Norden und dem äußersten Ende Cornwalls im Südwesten findet sich in den ehemals bzw. noch immer keltisch geprägten Landesteilen so mancher Arthur's Seat (Stuhl), Stone (Stein) oder Bed (Bett). Allerdings sprechen derartige Bezeichnungen eher für die Beliebtheit der sagenhaften und literarischen Figur als dass sie Spuren des historischen Arthur sind. Aber darüber hinaus gibt es in Britannien Plätze, die den Nimbus des Faszinierenden und Rätselhaften haben und zumindest Spuren aus Arthurs wahrscheinlicher Lebenszeit aufweisen. Dazu gehört Tintagel an der Nordküste Cornwalls, das als Vorgebirge ins Meer hinausragt. Dort soll Arthur gezeugt und geboren worden sein. Archäologische Funde belegen zumindest, dass auf diesem Granitfels um 500 eine Festung stand, in der ein keltischer Häuptling residiert haben mochte. Ähnliches gilt für Cadbury Castle im südwestenglischen Somerset. Dort erhob sich schon in vorrömischer Zeit eine keltische Hügelfestung, die unter der römischen Herrschaft unbewohnt blieb, bis sie zur Zeit Arthurs eine späte Blüte erlebte. Cadbury Castle wurde damals vermutlich als eine Art fürstlicher Residenz genutzt. Deshalb sieht man darin das historische Vorbild für Camelot, jene legendenhafte Burg, in der Arthur seine Ritter der Tafelrunde versammelte. Schließlich ist das unweit gelegene Glastonbury mit seinen Abteiruinen der Ort, an dem Ende des 12. Jahrhunderts Arthurs vermeintliche Gebeine gefunden wurden. Mit dem benachbarten Hügel gilt er vielen nicht nur als uralte magische Stätte, sondern auch als Ort der ersten christlichen Gemeinde Britanniens. Hierher wurde angeblich der Gral aus dem Heiligen Land gebracht; außerdem setzt man Glastonbury von alters her mit jener *Insula Avalonis* gleich, wohin Arthur nach der Schlacht mit Mordred kam. Darum will mancher mit dem Ort in Somerset alte keltische Vorstellungen der Anderwelt verbinden. Jedenfalls bewirkten die reichen Legenden um Arthur und den Gral, dass Glastonbury bis heute eine der populärsten Stätten der Kelten sowie ihrer Mythen geblieben ist.

8

Mooropfer, Runen und Goldhörner – Götter und Mythen der Germanen

Das verborgene Volk oder der Schrecken der Herkynischen Wälder

Während in Frankreich, Süddeutschland sowie auf den Britischen Inseln die Kelten das Erbe der Bronzezeit antraten, taten dies in der norddeutschen Tiefebene und im südlichen Skandinavien die Germanen. Auch sie waren indogermanischer Herkunft und stammten wohl wie die Kelten unmittelbar von der nordeuropäischen Bevölkerung der Bronzezeit ab. Die keltischen Stämme schufen eine bemerkenswerte Kultur der reichen Hügelgräber und Fürstensitze, schließlich der stadtähnlichen Oppida, bei denen vieles den antiken Zivilisationen entlehnt wurde. Anders hingegen die germanischen Gruppen, die übrigens kein einheitliches Volk bildeten, sondern aus einer Vielzahl von Stämmen bestanden: Die ihnen zugesprochenen archäologischen Funde vermitteln das recht trostlose Bild einer ärmlichen Bauernkultur, in der weder größere Siedlungen noch wohlhabende Häuptlingssitze existierten. Üblicherweise bezeichnet man die frühesten Germanen nach einem Fundort im östlichen Niedersachsen als Jastorf-Kultur, die man den Jahren um 500 vor Chr. zuschreibt. Im Gegensatz zur keltischen Welt scheint dort in den folgenden Jahrhunderten nicht viel passiert zu sein. Der erwähnte Weltreisende Pytheas von Marseille dürfte an der dänischen oder norwegischen Küste auf Germanen gestoßen sein, bewusst war es ihm nicht. Denn die griechischen Gelehrten schrieben die Barbaren des Nordens entweder den Kelten oder den Skythen im Osten zu; wen sie nicht eindeutig zuordnen konnten, bezeichneten sie einfach als Kelto-Skythen.

Im letzten Jahrhundert vor Chr. aber änderte sich dies dramatisch. Erst 102 / 101 vor Chr. hatten die römischen Legionäre barbarische Wanderscharen in Südfrankreich und Norditalien besiegt, womit sie einen drohenden Marsch auf Rom stoppten. Deren Kernstämme waren die Kimbern und Teutonen aus Dänemark und somit die ersten Germanen, die die Römer zu Gesicht bekamen.

Einige Jahrzehnte später identifizierte Gaius Julius Caesar diese Stämme als bislang unbekanntes Volk, mit dem er es selbst bei den Kämpfen mit den Sueben zu tun bekam. Er machte den Volksnamen populär und stellte fest, dass diese Barbaren jenseits des Rheins lebten und insgesamt erheblich unterentwickelter als die Gallier seien. Damit vereinfachte er die Verhältnisse, was sich aber zukünftig durchsetzte. Herkunft und Bedeutung des Germanennamens sind im Übrigen ähnlich ungewiss wie des der Kelten. Einige Vorschläge dazu wären: „die Hervorragenden", „die Grimmigen", „die Echten" und „die von den warmen Quellen". Der römische Geschichtsschreiber Tacitus lieferte eine bemerkenswerte Erklärung zur Verbreitung des Namens: „Übrigens soll die Bezeichnung Germanien jung und erst vor einiger Zeit aufgekommen sein. Die Ersten nämlich, die den Rhein überquerten und die Gallier vertrieben, die jetzigen Tungrer, seien damals Germanen genannt worden. So habe sich der Name eines Stammes, nicht der eines ganzes Volkes, verbreitet. Zuerst wurden alle nach dem Sieger aus Furcht vor ihm Germanen genannt. Bald nannten sie sich auch selbst Germanen, nachdem der Name aufgekommen war."

In der Tat zeichnete die nördlichen Barbaren ihre Kampftüchtigkeit aus, weshalb sie sich bereits bei den Galliern als Söldner verdingt hatten. Und obwohl sie seit Caesar als gefürchtete Feinde Roms galten, sollten sie in dessen Diensten letztlich welthistorische Bedeutung erlangen. Als nämlich die Festlandkelten mit ihrer Kultur untergingen, begann der germanische Stern aufzugehen. Anders als Gallien konnte das Imperium Romanum die Stämme jenseits des Rheins nicht dauerhaft unterwerfen. Seit der katastrophalen Vernichtung dreier Legionen in der sogenannten Schlacht im Teutoburger Wald (wohl bei Kalkriese nördlich Osnabrücks) im Jahre 9 nach Chr. blieben die Gebiete östlich des Rheins und nördlich der Donau im Großen und Ganzen frei. Einflüsse Roms fanden sich gleichwohl durch germanische Söldner in seinen Diensten, durch Handel oder diplomatische Geschenke. Im Laufe der Jahrhunderte dehnten Germanengruppen ihre Siedlungsgebiete immer weiter aus, teils durch militärische Eroberungen, teils durch Bündnisse mit Rom: Die westgermanischen Großstämme der Alamannen und Baiern hatten um die Mitte des 1. Jahrtausends in Süddeutschland und dessen Nachbargebieten eine neue Heimat gefunden; Teile der Angeln und Sachsen zog es von Dänemark nach England, wo sie sich bekanntlich mit den Inselkelten bekriegten; die Franken begründeten ihr Reich im Rheinland und in Nordfrankreich; die Langobarden zog es von der Elbe bis nach Oberitalien, das sie 568 eroberten. Die ostgermanischen Stämme der West- sowie Ostgoten, der Vandalen und Burgunden gründeten in der Völkerwanderungszeit des 5./6. Jahrhunderts kurzlebige

Reiche auf dem alten Gebiet Roms – bis hin nach Spanien, Nordafrika und Italien. Als im Jahr 800 der Frankenherrscher Karl der Große in Rom vom Papst zum Kaiser gekrönt wurde, sah er sich in der Nachfolge des Imperium Romanum. Die meisten Germanenstämme unterstanden seiner Herrschaft oder waren doch christianisiert – mit Ausnahme der Sachsen im heutigen Westfalen und Niedersachsen (deren Unterwerfung gerade im Gange war) sowie der skandinavischen Völker der Dänen, Norweger und Schweden, denen sich knapp 100 Jahre später noch die Isländer zur Seite stellten. Ihre vorchristliche Religion sollte zum Teil bis um 1100 erhalten bleiben. Insbesondere die Nordgermanen der Atlantikinsel Island pflegten ungewöhnlicherweise auch als Christen das Erbe des Heidentums. Sie wurden im hohen Mittelalter die Erzähler der letzten germanischen Mythen, womit die Mythenwelt des nördlichen Europa ein Ende fand.

Gewässer und Moore: Holzidole und Opfer

Die ältesten Zeugnisse germanischer Mythen stammen aus jenen Jahrhunderten um die Mitte des 1. Jahrtausends vor Chr., als die Kelten ihren Fürsten reich ausgestattete Grabhügel errichteten. Im Norden verehrte man damals Holzpfähle, aus denen man recht primitiv menschliche Eigenarten herausgearbeitet hatte. Diese hölzernen Idole wurden anscheinend als Gottheiten verehrt und an Opferplätzen aufgestellt. Ein eindrucksvolles Beispiel bietet das Figurenpaar von Braak (Abb. 7), das man in einem Moor bei Eutin in Ostholstein fand. Weit über zwei Meter sind die Eichenidole groß, deren ursprünglich deutlich dargestellten Geschlechtsmerkmale sie als Mann und Frau erkennbar machten. Der Kult solcher Pfahlgötter, der wahrscheinlich mit der Verehrung von Bäumen zusammenhing, war über ein Jahrtausend üblich. Noch im 3. Jahrhundert nach Chr. stellte man im thüringischen Oberdorla derartige Holzidole auf (Abb. 8). Dort markierten sie ein heiliges Areal an einem später vermoorten See, dessen Ufer mit Flechtwerk sowie Pfählen eingezäunt wurde. Im Angesicht der hölzernen Gottheiten fanden über viele Generationen Opferzeremonien statt, bei denen unter anderem Waffen, Pferde, Schweine, Hunde sowie Wildtiere, seltener auch Menschen den Göttern dargebracht wurden. Seit ältester Zeit legten die Germanen Opfergaben an heiligen Orten nieder, wozu neben Gewässern auch Steine und Bäume gehörten. Übliche Gaben waren Kochgeräte, Fibeln und anderer Schmuck sowie später auch römische Münzen (die Stämme Germaniens kannten kein Geld). Unbrauchbar gemachte Waffen

Abb. 7. Das Götterpaar von Braak aus einem Moor bei Eutin in Ostholstein. Erhalten blieben 2,75 bzw. 2,29 m.

Abb. 8 Holzidol einer Göttin vom Opferplatz Oberdorla in Thüringen, mutmaßlich aus dem 3. Jahrhundert nach Chr.

galten als Dankopfer für einen errungenen Sieg oder als Bitte um einen solchen vor einem Kampf.

Welch wertvolle Kriegsbeute die germanischen Stämme ihren Göttern darbrachten, belegt eindrucksvoll der Opferfund von Nydam im dänischen Südjütland: Dort hatten um 350 nach Chr. die Bewohner eines Dorfes anscheinend einen Überfall abgewehrt, um die 40 Angreifer getötet und reiche Beute an Waffen und einem Schiff gemacht. Obwohl sie dies alles sicherlich gut hätten gebrauchen können, zogen sie das 23 Meter lange Boot an Land, durchschlugen seine Planken und versenkten es in einem heiligen See. Sie verbogen die Schwerter, zerschlugen die Schilde, zerstörten alle Waffen und opferten sie ebenso. Die Reste des Nydamschiffes konnten später aus dem dort entstandenen Moor geborgen werden und machten den Fundort berühmt. Im Laufe der Zeit waren an dieser Stelle allerdings mehrere Boote geopfert worden, außerdem Hunderte von Waffen wie Schwerter, Speere, Schilde und Äxte.

Auch in Thorsberg bei Schleswig befand sich in jener Zeit ein bedeutender Opferplatz. Dort führte in einem abgezäunten Areal sogar ein über 10 Meter langer Steg in die Seemitte, von wo Votivgaben ins Wasser geworfen wurden. Die wechselnden Opfergaben umfassten Keramik, Kleider, Waffen und Kriegerausrüstungen, außerdem Pferdegeschirre, Wagenteile und Schmuck – darunter zwei prächtige Zierscheiben aus Kupfer und vergoldetem Silber, die wahrscheinlich von germanischen Handwerkern nach römischem Vorbild geschmiedet wurden. Thorsberg diente wohl jenen Angeln als Hauptopferplatz, die nach England auswanderten.

Opfergaben dieser und ähnlicher Art pflegten die germanischen Stämme vielerorts bis zur allmählichen Übernahme des Christentums. Die nordgermanischen Wikinger besprengten gegen Ende des 1. Jahrtausends nach Chr. Altäre mit dem Blut eines Opfertieres und verzehrten gemeinsam dessen Fleisch. Besondere Fest- und Opferzeiten waren im Frühjahr die Bitte um Wachstum, im Spätsommer die um Fruchtbarkeit und gute Ernte, schließlich zu Mittwinter das Julfest. Bis ins 11. Jahrhundert werden Menschenopfer bezeugt, die aber die Ausnahme waren. Als solche sind auch viele der Hunderte von Moorleichen anzusehen, die in Mooren Dänemarks und Schleswig-Holsteins, aber auch der nördlichen Niederlande sowie Nordwestdeutschlands gefunden wurden. Die meisten der mehrheitlich eines unnatürlichen Todes gestorbenen Männer (selten Frauen und Kinder) stammen aus den Jahrhunderten um Christi Geburt. Berühmtheit hat insbesondere der Tollund-Mann erlangt, der in einem jütländischen Moor gleichen Namens gefunden wurde. Wie die meisten männlichen Toten aus dem Moor trug er keinen Bart, und insgesamt spiegelt die Leiche sein gepflegtes Äußeres. Der an seinem Hals erhaltene Strick lässt darauf schließen, dass der Mann erdrosselt wurde, bevor man seine Leiche dem Moor übergab. Männer und Frauen wurden erhängt oder erdrosselt, einige erstach man, andere wurden erschlagen, manchen schlug man den Kopf ab. Es dürfte kein Zufall sein, dass der Inhalt von Magen und Darm der Toten fast nie Fleischspuren enthält, sondern Gerste und Leinsamen, Knöterich und Unkrautsamen. Wurde den Todgeweihten eine Art von „Henkersmahlzeit" vorgesetzt? Vieles legt den rituellen Charakter der Versenkung von Moorleichen nahe. So machte man sich die Mühe, Pfähle in den Moorgrund zu rammen und die Leichen daran zu befestigen. Zusätzlich wurden sie mit Steinen beschwert und mit Sträuchern bedeckt. Manche Leiche trug außerdem eine Augenbinde.

Auf die Frage, was hinter diesen archäologischen Funden steckt, gibt Tacitus in seiner Schrift „Germania" um 100 nach Chr. eine Antwort. Er berichtet nämlich, die Germanen versenkten „Feiglinge, Kampfscheue und Unzüchtige" in Sumpf und Morast. Anschließend würde Flechtwerk darüber geworfen. Viele Hingerichtete dürften in der Tat wegen Verstößen gegen die Stammesgesetze getötet und ins Moor geworfen worden sein. Aber das aufwendige Ritual und die Tatsache, dass auch Kinder getötet wurden, weisen viele Moorleichen als Menschenopfer aus. Unter allen Umständen sollten die Toten aber im Moor bleiben und nicht etwa zu Wiedergängern werden, deshalb ihre Beschwerung mit Steinen, ihre Befestigung an Pfählen und die Bedeckung mit Strauchwerk.

Götter und Mythen aus römischer Hand

So aufschlussreich die unzähligen Opferfunde für die religiösen Bräuche der Germanen sind, sagen sie doch nichts über deren Gottheiten und Mythen aus. Erst die römischen Geschichtsschreiber wissen Näheres zu berichten. Allerdings unterliegt ihre Darstellung wie bei den keltischen Gottheiten der Interpretatio romana, die fremde Götter mit den römischen vergleicht und sie mit deren Namen benennt. Caesar erwähnt als Erster, aber nur sehr knapp die religiösen Bräuche der Germanen. Ihmzufolge hatten die Stämme östlich des Rheins überhaupt keine konkreten Vorstellungen göttlicher Mächte, sondern verehrten einfach die Kräfte der Natur wie die Gestirne. Dass ihr Glaube so simpel nicht war, bezeugt Tacitus. Nach seiner „Germania" genoss Merkur die größte Verehrung, bei den Römern der Gott des Handels, dem an bestimmten Tagen sogar Menschenopfer dargebracht würden. Mittlerweile gilt als sicher, dass sich dahinter der germanische Kriegs- und Totengott Wodan verbirgt, dessen einheimischer Name erst 600 Jahre später erstmals bezeugt ist. Ähnliche Attribute wie Mantelumhang, breiter Hut und Stab respektive Speer sowie die sich ähnelnden Aufgaben des Seelenführers und des Gottes der Redekunst mögen zu dem Vergleich geführt haben. Als den göttliche Verehrung genießenden Helden Herkules bezeichnet Tacitus Donar (der auch mit Jupiter gleichgesetzt wurde): Wie der antike Heros bekämpfte er Ungeheuer und schützte die Götter- und Menschenwelt. Und Herkules' Keule war vergleichbar mit dem Hammer Thors – wie die Nordgermanen den Gott bezeichneten. Der Kriegsgott Mars steht für den alten Himmelsgott Tiwaz bzw. Ziu. Die Anbetung dreier Gottheiten bezeugen Quellen bis zum Ende der Wikingerzeit im 11. Jahrhundert. Zwei der von Tacitus Genannten gehörten stets dazu, was für ihre weite

Verbreitung spricht: Wodan, der skandinavische Odin, und Donar-Thor. Germanische Götternamen fanden in den Bezeichnungen der Wochentage Verwendung. Denn die Germanen übernahmen von den Römern die Siebentagewoche und benannten die Tage nach ihren Göttern. Deshalb heißt der Dienstag nach Ziu oder Tyr, der Donnerstag nach Donar, der Freitag nach der Göttin Frîja. Engländer und Niederländer überliefern mit ihrer Bezeichnung des Mittwochs den Namen Wodans (Wednesday, Woensdag).

Weiblichen Gottheiten wurde offensichtlich mehr Verehrung zuteil als männlichen. Dies bezeugt wiederum Tacitus, der von einer Göttin Nerthus zu berichten weiß, die von den Stämmen an der Ostsee verehrt wurde: „Auf einer Insel des Weltmeeres gibt es einen heiligen Hain, in dem ein ihr geweihter, mit Tüchern bedeckter Wagen steht, den nur der Priester berühren darf. Er bemerkt ihre Anwesenheit im Allerheiligsten und geleitet sie ehrfürchtig, wenn sie auf ihrem mit Kühen bespannten Wagen umherfährt. An diesen frohen Tagen sind alle Orte festlich geschmückt, denen die Göttin die Gnade ihres Aufenthaltes gewährt. Währenddessen führt man keinen Krieg und greift nicht zu den Waffen – alles Eisen bleibt verschlossen. Dann herrschen nur Ruhe und Frieden, bis die Göttin der Menschen müde ist und vom Priester wieder in ihr Heiligtum geleitet wird. Wagen, Tücher und angeblich sogar die Gottheit selbst werden in einem entlegenen See gewaschen. Die dabei helfenden Sklaven verschlingt der See. Es herrscht ein geheimes Grauen und heiliges Dunkel, was das für ein Wesen sei, das nur Todgeweihte erblicken dürfen." Wahrscheinlich bezogen sich diese detaillierten Angaben auf den Kult einer Erdmutter auf den dänischen Inseln Fünen oder Alsen, die man als Fruchtbarkeitsgöttin verehrte. Die Fahrt mit ihrem Kultwagen dürfte mit einer heiligen Hochzeit zwischen ihr und einem Himmelsgott verbunden gewesen sein.

Die Friesen opferten einer Kriegsgöttin Baduhenna in einem heiligen Hain, wo ihr angeblich 28 nach Chr. mehrere Hundert römische Gefangene dargebracht wurden. Zwischen Lippe und Ruhr erwähnt Tacitus eine Tamfana, der zu Ehren die Marser große Feste feierten. Ebenso belegen Weihesteine im römischen Rheinland den inzwischen romanisierten Kult von Muttergottheiten, die man um Fruchtbarkeit und Schutz bat. Dazu zählen vor allem die Matronen, die auch von der keltischstämmigen Bevölkerung verehrt wurden (vgl. S. 83), und die Göttin Nehalennia, mit Fruchtkörben, einem Hund oder einem Schiffsbug dargestellt. Dementsprechend interpretiert man sie als Göttin der Fruchtbarkeit, des Todes (worauf der Hund als Attribut weisen könnte) oder der Schifffahrt. Wahrscheinlich sah sie die Interpretatio romana als Isis an. Vielen dieser weiblichen Gottheiten schrieb man sowohl mütterliche als auch kriegerische Aspekte zu. Letzteres wie die Vorstellung weiblicher Schicksalsmächte kannten später die Nordgermanen als Walküren und Nornen.

Die religiösen Sitten und Gebräuche forderten auch Respekt gegenüber Frauen aus Fleisch und Blut. Denn während die Germanen einen mächtigen Priesterstand wie den der keltischen Druiden nicht kannten, genossen Seherinnen beachtliche Verehrung. Als Wahrsagerinnen und Ratgeber kam ihnen sogar in Fragen der Stammespolitik große Bedeutung zu. Als alte Frauen beschreibt sie Strabon, die mit den Kriegern zogen und aus dem Blut der Gefangenen die Zukunft zu deuten verstanden. Außerdem zeichneten sie sich durch ihre Jungfräulichkeit aus und trugen einen Stab als Attribut. Am berühmtesten wurde Veleda, die bei den Brukterern zwischen Lippe und Ems fast göttliche Verehrung genoss. Das erwähnt zumindest Tacitus in den „Historien“: „Sie wohnte in einem hohen Turm, und ein von ihr dafür bestimmter Verwandter überbrachte Fragen und Antworten wie der Mittelsmann einer Gottheit.“

Die Germanen sollen sich dagegen verwehrt haben, Götter in Tempeln zwischen Wänden einzuschließen. Sie weihten ihnen Lichtungen und Haine, wo sie ihnen wie an Mooren Opfer darbrachten. Der „Germania“ verdanken wir die Schilderung eines rätselhaften Rituals: Danach wurde bei den Semnonen im heutigen Brandenburg ein heiliger Hain hochverehrt, in den viele Stämme ihre Abgesandten schickten. Zur Ehrung des Gottes brachte man ein öffentliches Menschenopfer dar. Man durfte den Ort nur in Fesseln betreten, um auf diese Weise die göttliche Macht zu verdeutlichen. Stürzte ein derart Gefesselter zu Boden, durfte er nicht aufstehen, sondern musste sich auf der Erde liegend fortwälzen. Wahrscheinlich verehrten die Semnonen auf diese Weise Wodan, der auch als Fesselgott galt. Germanische Krieger brachten sich dort womöglich selbst als Opfer dar, um später im Kampf ihre bedingungslose Todesverachtung zu demonstrieren.

Die Römer bezeugen insofern eine Fülle germanischer Vorstellungen von Gottheiten, Opferbräuchen und Ritualen. Zweifelsohne erzählte man sich dazu zahlreiche Mythen vom Werden und Vergehen der Welt, Göttergeschichten, die während der großen Feste nachgestellt wurden. Davon wissen jedoch die antiken Autoren nur wenig zu berichten – die Mythen der Barbaren blieben ihnen unbekannt. Wieder einmal ist es Tacitus, der eine Ausnahme macht. Ihmzufolge feierten die Germanen nämlich in alten Liedern einen der Erde entsprossenen Gott Tuisto. Ihm schrieben sie einen Sohn Mannus zu, den sie als Urvater und Gründer ihres Volkes ansahen. Dieser habe drei Söhne gehabt, nach denen sich die Gruppen der Ingävonen, Herminonen und Istävonen benennen. In dieser knappen Schilderung schimmert immerhin ein germanischer Abstammungsmythos durch: Nach der mutmaßlichen Bedeutung des Namens Tuisto („Zwitter“) sah man das erste Lebewesen als zweigeschlechtlich an, dem dann der erste Mensch (was Mannus bedeutet) entspross. Die Rückführung auf einen Zwitter, der aus sich einen Mann zeugt, der wiederum drei Söhne hat, scheint ein übliches Schema gewesen zu sein, das sich jedenfalls noch ein Jahrtausend später in der nordgermanischen Überlieferung findet und wahrscheinlich indogermanischen Ursprungs war.

Die Goldhörner von Gallehus – für immer verloren

Der um 100 nach Chr. bezeugte Tuisto-Mythos ist die älteste bekannte Göttergeschichte der Germanen. Lange Zeit sollte dem nichts Vergleichbares folgen. Denn das römische Interesse an solchen barbarischen Geschichten blieb denkbar gering, und die Germanen selbst verwendeten keine Schrift für längere Aufzeichnungen. Sie pflegten ihre Lieder und Erzählungen mündlich vorzutragen und weiterzugeben – für eine lange Niederschrift hätten sie keine Mühe aufgebracht. Die fortschreitende Entwicklung des Kunsthandwerks in den ersten Jahrhunderten nach der Zeitenwende ließ sie immerhin bilderreiche Gegenstände schaffen, die wahrscheinlich Mythen wiedergeben. Dazu zählen die beiden einzigartigen Goldhörner von Gallehus (Tafel XI). Einzeln wurden sie 1639 und 1734 unter einem Acker bei Gallehus im Süden Jütlands in Dänemark gefunden. Ihre legendenumrankte Geschichte entwickelte sich selbst zu einem Mythos. Denn schnell erregten sie das Interesse altertumsinteressierter Kreise, bestanden sie doch zusammen aus sieben Kilogramm Gold und waren reich mit Ornamenten und menschlichen sowie tierischen Figuren verziert. Deshalb erweckten sie die Aufmerksamkeit des königlichen Hofes und kamen in dessen Schatzkammer in Kopenhagen. Dort wurden sie 1802 gestohlen und eingeschmolzen, was zu Recht als unwiderbringlicher Verlust betrauert wurde. Zumindest blieb ihre Bilddekoration in alten Zeichnungen erhalten (Abb. 9a–d). Sie allein stehen für Interpretationen zur Verfügung. Was also verbirgt sich hinter den zahlreichen Menschengestalten, die zum Teil Waffen in den Händen halten und hörnerartige Kopfbedeckungen tragen? Woher stammen die phantastischen Mischwesen aus Mensch und Tier, die Schlangen und Reiter, Kentauren sowie eine dreiköpfige Figur mit einer Axt? Dazu diverse Sterne sowie andere Ornamente. So mancher Interpret hat in den Darstellungen eine tief gehende Zahlensymbolik erkennen und ein kryptisches Schriftsystem entdecken wollen. Gleichwohl blieb bislang das Rätsel der Goldhörner ungelöst,

Abb. 9 a-d Germanische Goldhörner von Gallehus. Abrollung. Nur Zeichnungen des 17. und 18. Jahrhunderts überliefern die Motive der einzigartigen Funde.

zumal noch nicht einmal gewiss ist, ob sie eine fortlaufende Bildfolge bieten. Womöglich hatte ihr Schöpfer lediglich auf verschiedene Motive unterschiedlicher Herkunft zurückgegriffen und sich etwa des römisch-antiken und keltischen Fundus bedient. Insofern sagen die Funde aus Gallehus nur etwas über den Reichtum und die Kunstfertigkeit der Germanen um 400 aus. Außerdem dürften die kostbaren Stücke dem Kult gedient haben und womöglich sogar wie zuvor auch die Himmelsscheibe von Nebra der Erde als Opfergabe übergeben worden sein.

Immerhin ist der Name ihres Schöpfers bekannt, besagt doch die Runenritzung auf einem Horn „Ich Hlewagast, Holts Sohn, habe das Horn gemacht.“ (*Ek Hlewagastir Holtijar horna tawido*). Denn die Germanen hatten sich eine eigene Schrift geschaffen, deren Vorbild Alphabete des Mittelmeerraumes waren. In den ersten beiden Jahrhunderten nach Chr. kam das Wissen darum ins südliche Skandinavien. Seitdem fanden sich Runen (die Grundbedeutung des Wortes ist „Geheimnis“) auf Lanzenblättern und Schwertklingen geritzt, auf Schmuckstücken und anderem mehr. Die Schriftzeichen dienten wohl von Anfang an profanen wie sakralen Zwecken. Mit ihnen rief man die Götter an, wehrte aber auch böse Geister ab. Aus späterer Zeit ist überliefert, das sie als götterentstammt galten und Odin zugeschrieben wurden.

Die Goldhörner versinnbildlichen die Völkerwanderungszeit, das Heldenzeitalter der Germanen, in dem etliche Völker auf der Suche nach Beute und einer neuen Heimat durch weite Teile Europas zogen. Im Norden galt diese Zeit als Goldzeitalter, in dem Skandinavien sich durch bedeutende Häuptlingssitze und Heiligtümer auszeichnete und das Edelmetall keine Seltenheit war. Eine mächtige und wohlhabende Adelsschicht bildete sich bereits früher östlich des Rheins. Kriegsdienste, Raubzüge und Handel hatten der germanischen Aristokratie zu Wohlstand verholfen. Das verdeutlicht das Fürstengrab von Gommern in Thüringen, in dem einige Jahre nach 300 ein Stammesadliger in einer holzverkleideten Grabkammer aufgebahrt wurde, über die man einen Erdhügel aufgeschüttet hatte. Dem Toten wurden reiche Beigaben mit ins Grab gegeben: Ringe und Fibeln aus Gold, Sporen, ein silberverzierter Gürtel, weiterhin römische Gläser aus Köln und Silberbecher. Unter den beigegebenen Waffen ragt ein auffallender Prunkschild heraus.

Die Brakteaten – Mythen in Bildern

Üblicherweise verbrannten die germanischen Stämme ihre Toten, was bereits Tacitus erwähnt. Ihmzufolge wurden die Leichen berühmter Männer auf einem Scheiterhaufen den Flammen übergeben, versehen mit ihren Waffen und manchmal auch mit ihrem Pferd. Über der Asche schüttete man einen Rasenhügel auf. Zusehends breitete sich allerdings die Körperbestattung aus, die auf römische bzw. spätere christliche Einflüsse zurückzuführen war. Über viele Jahrhunderte pflegte man aber beide Beisetzungsformen. Für herausragende Menschen beiderlei Geschlechts wurde bei ihrer Bestattung meistens ein Grabhügel aufgeschüttet – eine Grabform, die seit der Bronzezeit die Landschaften nördlich der Alpen kennzeichnete. Auf diesen Brauch griffen auch die Germanen zurück, wobei insbesondere die Skandinavier und Angelsachsen die Verstorbenen in Booten beisetzten. Reiche Grabbeigaben waren ohnehin üblich, auch Tiere und Menschenopfer (Ehefrau, Dienerin, Gefolgsmann) begleiteten die edlen Toten.

Ein markantes Beispiel sind die drei mächtigen Grabhügel, die sich bei Uppsala nördlich Stockholms erheben. In ihnen wurden im 6. Jahrhundert drei Könige der Svear bestattet, nachdem man ihre Leichname mit reichen Beigaben verbrannt hatte. Dazu zählten Helme, Schilde, Trinkhörner und kostbare Schmuckstücke aus Rom und dem Fränkischen Reich. Die Verstorbenen gehörten dem einflussreichen Herrschergeschlecht der Ynglinge an, das später über ganz Schweden sowie Norwegen herrschte. Nahe der Hügelgräber erstreckte sich ihre Residenz mit imposanten Herrscherhallen und Opferplätzen. Derartige Häuptlingssitze entstanden an mehreren Orten Skandinaviens. Während weiter südlich das fränkische Reich der Merowinger seine Macht ausbaute und der Verbreitung des Christentums Vorschub leistete, blieb der Norden den alten Göttern und ihren Mythen treu. Residenzen wie Uppsala verdeutlichen dies; sie waren nämlich nicht nur Machtzentren, sondern auch bedeutende Opferplätze und heilige Orte. Überall fanden sie sich: im schwedischen Uppland ebenso wie in den Fjorden Norwegens bis hinauf zu den Lofoten, in Jütland und auf den dänischen Inseln.

Eines der bedeutendsten dieser sogenannten Reichtumszentren lag in Gudme (Tafel XII) auf der dänischen Insel Fünen, nur wenige Kilometer von der Küste des Großen Belt entfernt. Dort lebten mehrere Hundert Menschen in einer Siedlung, die mit etwa 50 Höfen für skandinavische Verhältnisse recht groß war. Inmitten der Häuser erhob sich ein fast 50 Meter langes Gebäude, in dem ein Häuptling mit seinen Gefolgsleuten und Kriegern residierte. Diese „Königshalle" stand über mehrere Generationen, während gewöhnliche Häuser immer wieder neu errichtet werden mussten. Der Herrscher verdankte seine Macht vor allem der Kontrolle über den Handel, der über eine kleine Siedlung an der nahen Küste abgewickelt wurde. Gudme, dessen Name ursprünglich „Götterheim" bedeutete, galt jedoch auch Pilgern als Ziel, die den Göttern opfern wollten. Bis heute verweisen Ortsnamen in der Umgebung auf seine Heiligkeit: Gudbjerg (evtl. „Berg des Heiligtums") und Galdbjerg („Opferberg"). Diese Pilger zogen auf einem Prozessionsweg zu den Heiligtümern und Opferplätzen, wo besonders Gold den Göttern dargebracht wurde – dafür sprechen archäologische Funde des Edelmetalls von einem Gesamtgewicht von zehn Kilogramm.

Derartige Weihegaben aus Gudme und anderen Teilen Skandinaviens gelten als wichtige Zeugnisse nordgermanischer Mythenvorstellungen. Denn die einheimischen Goldschmiede ließen sich von römischen Medaillons mit Kaiserporträts inspirieren und schufen dünne kreisrunde, einseitig geprägte Metallscheiben. Diese Brakteaten dienten offensichtlich nicht nur als Schmuck, sondern auch als Heil- und Glücksbringer, die man zum Teil den Göttern als Opfer darbrachte. Folgerichtig finden sich auf manchen Scheiben Runen mit magischer Bedeutung, die unheilvolle Mächte abwehren sollten. Im Mittelpunkt sind jedoch stets figürliche Darstellungen zu erkennen, deren Motive sich mehreren Gruppen zuordnen lassen: Da gibt es einen Männerkopf im Profil, bis zu drei Menschengestalten mit Tieren, einen Männerkopf über einem vierbeinigen Tier sowie Darstellungen nur von Tieren. Die eingehende Untersuchung der bislang nahezu 1000 gefundenen Exemplare kommt zu dem Ergebnis, dass die germanischen Schmiede ihre römischen Vorlagen bedeutsam variierten: Statt ein Porträt des Imperators sowie der Siegesgöttin Victoria wiederzugeben, wählten sie Motive ihrer einheimischen Mythen aus, die sie verkürzt darstellten. Dabei ersetzen sie insbesondere das Bild des Kaisers durch das ihres höchsten Gottes Odin. Dessen Name wird zwar erst in einer dänischen Runenritzung um 750 bezeugt, aber bereits die Brakteaten des 5. und 6. Jahrhunderts spielen deutlich auf ihn an. Ein Vergleich mit den später überlieferten Mythen macht deren auszugsweise Darstellung sehr wahrscheinlich. Wenige Grundmotive wurden umgestaltet, die Odin als höchsten Gott, aber auch als magischen Heiler darstellen. Er erscheint als Stifter der Brakteaten ebenso wie als Runengott und heilbringender Speerkämpfer gegen dämonische Mischwesen. Insbesondere tritt er als Heiler eines Pferdes auf, das sich offensichtlich ein Bein verrenkt hat – das Fohlen des Gottes Balder, worauf auch der im Folgenden erwähnte Zweite Merseburger Zauberspruch anspielt. Weniger gewiss ist die Darstellung der sogenannten Drei-Götter-Brakteaten: Stellen sie Odin, Balder und Loki dar und beziehen sie sich auf den Mythos von der Tötung des jugendlichen Balder? Fragen bleiben, aber Gewissheit herrscht doch darüber, dass die dünnen Metallscheiben um 500 nach Chr. erstmals einen Einblick in die germanische Mythenwelt erlauben.

Unsicherer ist hingegen die Interpretation der etwa zeitgleichen Goldblechfigürchen (dänisch Guldgubber „Goldmännchen") von bis zu 15 mm Höhe, die in großer Zahl geprägt und insbesondere in den Reichtumszentren niedergelegt wurden. Ihre Motive zeigen Männer- und Frauengestalten sowie Paare mit bestimmten Gesten und Attributen wie Trinkhörnern und Ringen. Ihre Deutung schwankt zwischen Götterbildern und den Darstellungen von Häuptlingen und deren Vorfahren. An die Bedeutung des Gottes Odin gemahnt im Übrigen der Name Odenses, der Hauptstadt Fünens, die Gudmes Nachfolge antrat: „Odins Heiligtum".

Götter- und Mythenspuren unter dem Christentum

Während in Skandinavien die altverwurzelte Religion noch in voller Blüte stand, wurde sie von der Mehrzahl der anderen Germanenvölker zusehends aufgegeben. Christliche Einflüsse sind am frühesten unter den Goten des ausgehenden 3. Jahrhunderts in Südosteuropa greifbar. Dem 341 bei den Westgoten an der unteren Donau zum Bischof geweihten Wulfila war zwar mit seinen Missionierungsversuchen noch kein großer Erfolg beschieden, aber immerhin übertrug er die Evangelien ins Gotische. Diese Wulfila-Bibel war die erste Bibelübersetzung in eine germanische Sprache und damit die erste Verschriftlichung des Germanischen. Bis ins 5. Jahrhundert nahmen dann andere ostgermanische Völker das Christentum an, so die Ostgoten, die Vandalen, Burgunden und Gepiden. Allerdings setzte sich bei ihnen die von der katholischen Kirche als Häresie bezeichnete Lehre des Arianismus durch. Erst im Laufe der beiden folgenden Jahrhunderte folgte der Wechsel zur katholischen Lehre. Diese nahmen zuerst die Franken an, die mit der Eroberung und Besiedlung des Rheinlands sowie Nordfrankreichs engeren Kontakt mit gallo-römischen Christen hatten.

Trotzdem wurde dem 481/482 verstorbenen fränkischen Merowingerkönig Childerich I. im heutigen Tournai in Belgien ein monumentales heidnisches Begräbnis zuteil: Den Toten setzte man in einer Grabkammer mit reichen Beigaben bei. Darunter befanden sich seine Waffen, nämlich Lanze, Kurz- und Langschwert sowie die Wurfaxt Francisca, Pferdezaumzeug und 300 Silber- und Goldmünzen. Ein goldener Siegelring trug sein Abbild mit dem lateinisch geschriebenen Namen des Herrschers. Eine Frau und ein Pferd begleiteten ihn wahrscheinlich in den Tod. Über dem Grab wurde wie üblich ein gewaltiger Hügel aufgeschüttet, dessen Umfang 20 bis 40 Meter betrug. Im Umkreis dieser imposanten Erderhöhung befanden sich drei Gruben mit insgesamt 21 geopferten Pferden. Das Childerichgrab dürfte der letzte Grabhügel dieser Art bei den Franken gewesen sein; denn etwa zwei Jahrzehnte später (498 oder 508) ließ sich sein Sohn Chlodwig in Reims katholisch taufen. Obwohl die letzten heidnischen Grabbeigaben sich noch 200 Jahre später in fränkischen Gräbern finden, spielten die germanischen Götter und Mythen in der Öffentlichkeit keine Rolle mehr und sanken allenfalls in die Welt des Aberglaubens ab. Chlodwigs Taufe markiert jedenfalls einen entscheidenden Schritt. Im Frankenreich und ausgehend von diesem erfolgte die weitere Missionierung durch irische und angelsächsische Missionare.

Nachdem die keltischen Iren ohne Gewalt den neuen Glauben angenommen hatten, setzte er sich auch in den englischen Königreichen der Angelsachsen seit dem Ende des 6. Jahrhunderts rasch durch. Zeugnisse einer gewissen Glaubensmischung finden sich allerdings noch im 7. Jahrhundert, so vor allem das prächtige Schiffsgrab von Sutton Hoo. Unter fränkischem Druck nahmen bis ins 8. Jahrhundert die südgermanischen Alamannen und Baiern das Christentum an. Der Angelsachse Bonifatius missionierte mehrere Jahrzehnte in Hessen sowie bei den Thüringern, bis er 754 in Friesland den Märtyrertod erlitt. Überhaupt leisteten Friesen und Sachsen den heftigsten Widerstand. Letztere wurden schließlich über drei Jahrzehnte mit Kriegszügen bis 804 niedergerungen. Ihre mit der fränkischen Eroberung einhergehende zum Teil brutale Bekehrung bietet das offensichtlichste Beispiel einer Schwertmission. Gleichwohl konnten Sachsen wie Friesen im 9. Jahrhundert als christianisiert gelten.

Außerhalb Skandinaviens finden sich demzufolge nur sporadische Spuren der vorchristlichen Götter und Mythen. Fast immer unterliegen sie dem Einfluss des Christentums, dessen Missionare mit wachsendem Erfolg den neuen Glauben verkündeten. Aber einige Reste erlauben zumindest einen Blick auf die verdrängte Religion der südgermanischen Stämme. Dazu gehört die Nordendorfer Runenfibel, die um 700 bei den Alamannen entstand. Ihre Schriftzeichen bezeugen Götternamen, nämlich Logaþore, Wodan und Wigiþonar; abseitig davon steht *awaleubwini*. Unbestritten nennt sie also die weithin bekannten Gottheiten Wodan und Donar („Kampf-Donar"). Aber wer verbirgt sich hinter dem Dritten? Loki oder der später in Skandinavien bekannte Lodurr? Oder bezeichnet die Ritzung den „Zauberer" bzw. „Lügner"? Die Inschrift der bei Augsburg gefundenen Fibel offenbart das Problem, Runeninschriften eindeutig zu entziffern: Die bislang vorherrschende Deutung versteht unter der Frau Awa und dem Mann Leubwini diejenigen, die die drei Götter um Glück anrufen. Eine andere Interpretation vermutet die Runen von einem Christen geritzt, der die heidnischen Hauptgötter schmäht: „Lügner sind Wodan und Donar." Für eine dritte Deutung weist die Inschrift sogar auf den Mythos von Balders Tod hin. Bezeichnenderweise nennt mit dem Sächsischen Taufgelöbnis, das im frühen 9. Jahrhundert in einem Pergament niedergeschrieben wurde, auch ein eindeutig christlicher Text die beiden wichtigsten germanischen Götter (neben einem sonst unbekannten Saxnot). Vor dem eigentlichen Glaubenbekenntnis hatten danach nämlich die bekehrten Heiden den alten Göttern abzuschwören: „... ich schwöre ab allen Werken und Worten des Teufels, Donar und Wodan und Saxnot und allen Unholden, die ihre Gefährten sind."

Dem stellen sich die 100 Jahre später im Kloster Fulda auf Althochdeutsch niedergeschriebenen Merseburger Zaubersprüche zur Seite, die trotz ihrer Kürze das bedeutendste südgermanische Schriftzeugnis der alten Mythen sind. Denn sie enthalten nicht nur zwei magische Texte, sondern nennen auch mehrere göttliche respektive übernatürliche Wesen. Der erste Spruch beinhaltet einen Lösezauber, mit dessen Hilfe sich Gefangene von ihren Fesseln befreien sollen. Dem magischen Befehl geht die knappe Schilderung eines mythischen Vorbilds voraus. Danach hemmten einstmals die – vielleicht walkürenartigen – Idisen die Feinde und lösten die Gefangenen los. Der zweite Spruch ist ein sogenannter Pferdesegen, der die Beinverrenkung eines Pferdes mittels Heilzauber behebt. Dafür zitiert er eine knappe Mythenerzählung: „Phol und Wodan ritten in den Wald. Da wurde Balders Fohlen sein Fuß verrenkt. Da besprach ihn Sinthgunt, und Sunna, ihre Schwester; da besprach ihn Frîja, und Volla, ihre Schwester; da besprach ihn Wodan, so gut er es konnte: so Beinverrenkung, so Blutverrenkung, so Gliedverrenkung: Bein zu Bein, Blut zu Blut, Glied zu Glied, als ob sie geleimt wären." Zweifellos werden demnach der Gott Wodan und seine Gemahlin Frîja genannt, die ansonsten fast nur in Skandinavien als Frigg Erwähnung findet. Ebenso wird Odins Sohn Balder sonst nur im Norden überliefert. Die anderen Namen finden sich ausschließlich hier; Phol und Volla stellen womöglich ein Geschwisterpaar dar ähnlich wie die nordgermanischen Gottheiten Freyr und Freyja. Die Heilung eines verrenkten Pferdefußes durch Wodan gemahnt an die erwähnten Abbildungen auf den 400 Jahre älteren Brakteaten. Dahinter verbirgt sich demnach ein altes und verbreitetes Mythenmotiv um die heilenden Zauberkräfte des höchsten germanischen Gottes.

9

Das Erbe der Wikinger – Die Mythen Skandinaviens

Die letzten nordgermanischen Heiden

Die Nordgermanen Skandinaviens hielten am längsten am alten Glauben fest. Obwohl im 8. und 9. Jahrhundert von einzelnen Missionierungsversuchen zu hören ist, konnte sich das Christentum dort auf Dauer nicht festsetzen. Das machen die Reisen des Franken Ansgar (um 801–865) deutlich, der erstmals um 830 im schwedischen Birka (nahe des heutigen Stockholm im Mälarsee) und unter den Dänen die Heiden zu bekehren versuchte. Gleichwohl bestanden durchaus Kontakte zur Welt des Christentums. Denn die Wikinger – wie man die frühmittelalterlichen Nordgermanen gemeinhin bezeichnet – plünderten nicht nur Klöster auf den Britischen Inseln oder im Rheinland, sie lebten als Siedler in Ostengland auch mit der dortigen christlichen Bevölkerung zusammen. Erst seit der Mitte des 10. Jahrhunderts setzte sich das Christentum im Norden allmählich durch: Um 965 ließ sich der Dänenkönig Harald Blauzahn taufen, danach wurde die neue Religion nicht mehr grundsätzlich infrage gestellt. In Norwegen dagegen scheiterte der erste Missionierungsversuch König Hakons des Guten. Als Reaktion darauf kam es sogar unter dem Ladejarl Hakon von Trondheim zu einer Blüte des Spätheidentums. Erst Olaf Tryggvason und Olaf der Heilige setzten bis 1030 das Christentum mit Gewalt durch. Ungewöhnlich verlief die Annahme des neuen Glaubens auf Island: Wahrscheinlich kamen dort mit den ersten skandinavischen Siedlern gegen Ende des 9. Jahrhunderts auch irische Christen ins Land. Im Jahr 1000 stand die Bekehrung auf Drängen des norwegischen Königs auf der Tagesordnung des Allthings, der alljährlichen Versammlung der freien Bauern. Auf Empfehlung des Gesetzessprechers entschied man sich mehrheitlich für die Annahme des Christentums, wobei den Heiden für eine Übergangszeit noch Sonderrechte gewährt wurden: die Kindesaussetzung, der Verzehr von Pferdefleisch sowie Opfer an die Götter, wenn diese privat vorgenommen wurden.

Aus der Spätzeit des nordgermanischen Heidentums liegen über die Schweden Berichte vor, die an ein Jahrtausend alte Bräuche erinnern. Nach dem Chronisten Adam von Bremen, der um 1070 eine Beschreibung der skandinavischen Länder verfasste, war das Land mitnichten ernsthaft christianisiert. Die herkömmliche Religion erwies sich sogar in vielen Gegenden als äußerst zählebig; ihre Anhänger tolerierten die Christen, insofern diese ihre Götter nicht beleidigten. Ansonsten drohte christlichen Missionaren der Märtyrertod: „Damals soll ein Angelsachse namens Wulfrad aus Liebe zu Gott nach Schweden gekommen sein und den Heiden mit großer Kühnheit das Wort Gottes verkündigt haben. Als er durch seine Predigt viele zum Christenglauben bekehrt hatte, wagte er es, ein Götzenbild dieses Volkes namens Thor zu verfluchen, das am Versammlungsplatz der Heiden stand; zugleich nahm er eine Axt und schlug das Bild in Stücke. Dafür aber durchbohrten sie ihn sogleich mit tausend Wunden, und so ging seine des Märtyrerlorbeers würdige Seele in den Himmel ein. Seine verstümmelte Leiche versenkten die Barbaren auf sehr schimpfliche Weise im Moor." Adam schildert zudem Uppsala als kultischen Mittelpunkt, wo ein besonders angesehener Tempelbau sich erhebe. Nahebei stehe ein sehr großer Baum unbekannter Art, der seine Äste weit ausbreite und übers ganze Jahr grüne. Zudem befinde sich dort eine Quelle, an der die Heiden opferten und lebende Menschen versenkten. Komme solch ein Menschenopfer nicht wieder zum Vorschein, gelte die Bitte des Volkes als angenommen. Im Tempel verehre man die Bildnisse dreier Götter: Als Mächtigster sitze in der Mitte Thor, rechts und links von ihm Wodan (Odin) und Frikko (Freyr). Wenn Seuchen und Hunger drohen, werde dem Thor geopfert, stehe Krieg bevor, Wodan, vor einer Hochzeit Frikko. Alle neun Jahre werde in Upsala ein gemeinsames Opferfest aller schwedischen Stämme wie folgt begangen: Von jeder Art männlicher Lebewesen würden neun dargebracht; mit ihrem Blute wolle man die Götter versöhnen. Ihre Körper würden in einem den Tempel umgebenden Hain aufgehängt. Dieser Hain sei ihnen so heilig, dass man glaube, jeder einzelne seiner Bäume habe durch Tod und Verwesung der Schlachtopfer göttliche Kraft gewonnen. Dort hingen Hunde, Pferde und Menschen; ein Christ habe erzählt, er hätte 72 solche Leichen ungeordnet nebeneinander hängen sehen. Die drastischen Schilderungen Adams von Bremen hält man im Kern für glaubwürdig; ihnen zufolge verehrten die Schweden in Uppland immer noch die alten Götter.

Trotzdem durften alle Nordgermanen 100 Jahre später als christianisiert angesehen werden. Das Heidentum wurde nicht mehr in öffentlichen Opfern und Kultfeiern begangen. Seine Vorstellungen fielen nun dem Aberglauben zu;

die alten Götter wurden dämonisiert zu Teufelswerk oder ähnlich wie bei Iren und Walisern als menschliche Vorfahren aufgefasst. Nur die Isländer gingen beim gelehrten Umgang mit dem heidnischen Erbe einen Sonderweg, indem sie dieses gleichsam als nationales Vermächtnis ansahen. Ihnen ist das Wissen um die Mythen der Germanen zu verdanken.

Die mächtige Frau im Oseberggrab

Aus der Wikingerzeit liegt ein Fülle von Zeugnissen des Heidentums vor, das die Skandinavier als Erben älterer germanischer Traditionen pflegten. Dazu gehören insbesondere Runensteine (Abb. 10) sowie die Bildsteine von der Insel Gotland (Tafel XIII), die Motive der Götter- und Heldensagen wiedergeben. Des Weiteren bieten viele Grabfunde reiche Beigaben, die Schlüsse auf die Glaubensvorstellungen zulassen. Ein prägnantes Beispiel bieten die im 10. Jahrhundert populären kleinen Thorshämmer, die man als Amulette trug und dem christlichen Kreuzsymbol entgegensetzte. Die für ihre Schiffe berühmten Wikinger zeichneten sich konsequenterweise durch ihre aufwendigen Bootsbestattungen aus, die insbesondere für Schweden und Norwegen seit dem 6. Jahr-

Abb. 10 Der Runenstein von Rök (Östergötland, Schweden, nach 800 nach Chr.) erwähnt den Ostgotenkönig Theoderich.

hundert belegt sind. Dabei pflegten sie unterschiedliche Bräuche: Man überließ ein brennendes Schiff mit dem Toten den Wellen des Meeres, wovon der byzantinische Geschichtsschreiber Prokop bereits im 6. Jahrhundert berichtet. Eine andere Art sah vor, das Schiff samt Toten und Beigaben sowie manchmal einem menschlichen Opfer zu verbrennen und die Asche in einem Hügel beizusetzen. Ferner kannte man die Körperbestattung in einem Schiff, worüber ein Grabhügel aufgeschüttet wurde. Die diesen Bestattungsformen zugrunde liegenden Vorstellungen dürften unterschiedlicher Herkunft sein: Dazu gehörte die Jenseitsreise des Toten auf dem Schiff, aber auch der Grabhügel als Wohnstätte, die dem Verstorbenen mitsamt seinem Schiff eine Heimstatt bot.

Das reichste Schiffsgrab Nordeuropas wurde um 850 in Oseberg am norwegischen Oslofjord wahrscheinlich für die Königin Asa aus dem Ynglinge-Geschlecht errichtet. Dafür wurde eine Vertiefung gegraben, in die man das mit prächtigen Holzschnitzereien verzierte Schiff zog. Dieses berühmteste Wikingerschiff – knapp 22 Meter lang und fünf Meter breit – wurde einige Jahrzehnte vorher gebaut und fand wohl als königliche Yacht in den küstennahen Gewässern Verwendung. Am Mast erbaute man eine hölzerne Grabkammer, in die zwei Frauenleichen gebettet wurden – neben der Fürstin wohl eine Dienerin, die getötet wurde, um ihre Herrin ins Jenseits zu begleiten. Außerdem gab man der Toten an die 15 getötete Pferde mit ins Grab, dazu Hunde und Ochsen. Die zahlreichen Grabbeigaben, zumeist aus Holz, zeichneten sich durch exquisite Qualität aus, darunter wahre Meisterwerke der Holzschnitzkunst. Dazu gehörten ein vierrädriger Wagen und vier Schlitten, Möbelstücke wie Betten, ein Stuhl, Truhen und Kisten, aufwendige Textilien wie ein Wandteppich, mehrere Webstühle, Küchengerät, Essgeschirr sowie Handwerkszeug. Das Ensemble wurde mit einer Lehmpackung versehen und mit Steinen von 70 Tonnen Gewicht beschwert. Dann schüttete man mit Erde den Grabhügel auf, bis er einen Durchmesser von 44 und eine Höhe von sechs Metern erreichte.

Der Mythenschatz der Edda

Die mächtigen Gräber der Wikingerzeit bezeugen zwar die Bedeutung der traditionellen Glaubensvorstellungen, aber Mythen überliefern sie trotz einiger geschnitzter Szenen kaum oder nur schwer deutbar. In der Tat wären die Göttersagen der Germanen respektive Nordgermanen vollends verloren gegangen, hätten sie nicht deren christliche Nachfahren Jahrhunderte später gesammelt und niedergeschrieben. Die als teuflische Götzen verschrienen Gottheiten der heidnischen Religion waren verpönt und üblicherweise brachte man von ihnen nichts zu Pergament. Im 12. Jahrhundert vollzog sich ausgehend von den Gelehrten französischer Schulen ein Wechsel im Umgang mit der antiken Mythologie der Griechen und Römer, deren Überlieferungen zumindest vorurteilsfreier gepflegt wurden. Die Nachkommen der Kelten und Germanen hatten allerdings schon früher dem Erbe der Mythen des Nordens interessierter gegenübergestanden – was übrigens nicht gegen die Festigkeit ihres christlichen Glaubens spricht. Die überwiegend mündliche Überlieferung ist im Einzelnen kaum nachvollziehbar – jedenfalls fanden die seltsamen Geschichten der Vorzeit den Geschmack irischer wie isländischer Gelehrter und Sammler. Dabei gingen die Isländer noch einen Schritt weiter – vielleicht, weil ihr Heidentum noch nicht so weit zurücklag: Während Iren und Waliser in den Darstellungen alter Mythenreste dem euhemeristischen Prinzip folgten und ehemalige Gottheiten als menschliche Vorfahren beschreiben, außerdem als überirdische Elfen und Dämonen, bezeichnen sie die Nordgermanen aus dem Nordatlantik schlichtweg als Götter. Zahlreiche Erklärungen hat man für diesen moderaten Umgang mit der heidnischen Vergangenheit gesucht. Festzuhalten bleibt, dass auf Island brave Christen lebten, die allenfalls abergläubisch waren – aber das waren so gut wie alle Europäer des Mittelalters. Die Isländer verstanden offensichtlich die Mythen ihrer Vorfahren als Teil ihrer Geschichte und damit ihrer Identität, die es zu pflegen galt.

Wohl bereits im 12. Jahrhundert begannen die Gelehrten der Insel, solche alten Mythen in Form sogenannter Götterlieder mündlich wie schriftlich zu sammeln oder sogar im vermeintlich alten Stil nachzudichten. Eine danach zusammengestellte Pergamenthandschrift von etwa 1270 ist erhalten geblieben. Dieser *Codex Regius* („Königliche Handschrift“ nach der Königlichen Bibliothek in Kopenhagen) ist ein Schatz der germanischen Mythologie, dessen Inhalt gemeinhin als die „Götter- und Heldenlieder der Älteren Edda“ bzw. „Lieder-Edda“ berühmt geworden ist. Und in der Tat werden darin Texte mit mehr oder weniger alten Mythen wiedergegeben (auf die Heldenlieder sei hier nicht eingegangen), die sich nirgendwo außerhalb Islands finden. Dabei folgt die Sammlung einer wohl überlegten Ordnung: Anfangs steht mit der „Weissagung der Seherin“ (altnordisch *Völuspá*) ein großes Visionsgedicht, das einen Überblick der altnordischen Mythologie präsentiert. Darauf folgen mit den „Sprüchen des Hohen“ (*Hávamál*), dem „Wafthrudnir-“ (*Vafþrúđnismál*) und dem „Grimnirlied“ (*Grímnismál*) drei Gedichte um den Gott Odin. Sie bieten hauptsächlich Spruchweisheiten und mythologisches Wissen. Auf das als einziges Gedicht dem Wanengott Freyr gewidmete „Skirnirlied“ (*Skírnismál*) folgen fünf

Texte, die auf unterschiedliche Weise mit Thor zu tun haben: Im „Harbardlied" (*Hárbarðsljóð*) führt er ein Streitgespräch mit seinem ihm unerkannt bleibenden Vater Odin; das „Hymirlied" (*Hymiskviða*) stellt mehrere Auseinandersetzungen des Gottes mit Riesen zusammen; in „Lokis Spottrede" (*Lokasenna*) steht zwar der zänkische Loki im Mittelpunkt des Geschehens, aber erst Thor gelingt es, den Frieden unter den Göttern wieder herzustellen; das „Thrymlied" (*Þrymskviða*) erzählt auf schwankhafte Weise ein weiteres Abenteuer mit Riesen, während das abschließende „Alwisslied" (*Alvíssmál*) wie die Odinslieder durch ein Streitgespräch zwischen Thor und einem Zwerg Wissen vermittelt.

Etwa 50 Jahre bevor die „Lieder-Edda" niedergeschrieben wurde, entstand mit der „Prosa-Edda" die zweite bedeutende Quelle der nordgermanischen Mythologie. Während die Herkunft der Götterlieder im Dunkeln bleibt, kennt man den Verfasser der zweiten Edda: Der einflussreiche isländische Politiker und Gelehrte Snorri Sturluson (1179–1241) schrieb um 1220 ein Lehrbuch für Skalden, die traditionellen Dichter der Norweger und Isländer. Er gab ihm den Namen „Edda", was in der altnordischen Sprache unter anderem „Urgroßmutter" bedeutet und hier wohl im Sinne von „Poetik" verstanden wurde. In jüngerer Zeit hat man sich angewöhnt, dieses Buch als „Edda des Snorri Sturluson" (altnordisch *Snorra Edda Sturlusonar*), „Prosa"- oder „Jüngere Edda" zu bezeichnen (die ältesten Handschriften sind um 1300 zu datieren). Snorri war für sein Werk vielfältig tätig: Er sammelte mündlich überlieferte Strophen der Skalden, griff auf die erwähnten Sammlungen von Götterliedern zurück, gestaltete wahrscheinlich einige Mythen zu unterhaltsamen Erzählungen aus und verfasste schließlich selbst ein Gedicht von 102 Strophen.

Das dementsprechend umfangreiche Werk setzt sich aus drei Hauptteilen zusammen: „Gylfis Täuschung" (*Gylfaginning*) ist eine systematische Schilderung der heidnischen Götter, deren Mythen, Namen und Motive für die Skalden von großer Bedeutung waren – unter anderem für Anspielungen auf Episoden und Erzählungen, aber auch als Material für die sogenannten Kenninge, ihre komplizierten poetischen Umschreibungen. Snorri lässt darin den mythischen Schwedenkönig Gylfi die eingewanderten menschlichen Asen aufsuchen, um mehr über sie in Erfahrung zu bringen. Diese spiegeln ihm jedoch eine Scheinwelt vor, in der er mehr von den heidnischen Mythen erfährt.

Die „Sprache der Dichtkunst" (*Skáldskaparmál*) schließt sich dieser Mythensammlung an als eine Zusammenstellung von skaldischen Zitaten, die bis zurück ins 9. Jahrhundert reichen und heidnische wie christliche Texte umfassen. Diese Stillehre bietet zahlreiche Beispiele für Heiti (Synonyme) und Kenninge (mehrgliedrige Umschreibungen). In diesem Zusammenhang werden etliche Episoden aus Mythen und Heldensagen erzählt.

Das „Verzeichnis der Versarten" (*Háttatal*) ist ein Preisgedicht, das Snorri auf den norwegischen König Hákon Hákonarson (1217–1263) und den einflussreichen Jarl Skúli verfasste.

Die *Völuspá*: Vom Werden und Vergehen der Welt

Von den skandinavischen Dichtern des frühen Mittelalters ist nicht bekannt, dass sie ein ähnlich hierarchisches System wie die Filid und Barden der Iren gepflegt hätten. Ein ausgefeiltes Standesbewusstsein hatten die Skalden (altnordisch *skáld*) gleichwohl, die nur für Norwegen und Island bezeugt sind. Die hohe Kunst skaldischer Poesie wurde schließlich nur noch von den Isländern betrieben. Mit ihren Preisliedern genossen sie an den Königs- und Fürstenhöfen seit der Wikingerzeit hohes Ansehen. Dabei verwendete ihre mündlich überlieferte Dichtung komplizierte Versmaße sowie Stab- und Binnenreim, eine eigenwillige Satzstellung und zahlreiche Umschreibungen. Insbesondere bei den Kenningen fanden sich viele mythologische Anspielungen, die zu den wichtigsten literarischen Zeugnissen der nordgermanischen Mythen gehören. Dem ältesten namentlich bekannten Skalden Bragi Boddason wird im 9. Jahrhundert etwa ein Preisgedicht auf einen Wikingerführer zugeschrieben. Darin beschreibt der Norweger einen Schild, auf dem zwei Mythen von Thors Kampf gegen die dämonische Midgardschlange und von der Asengöttin Gefjun dargestellt waren. Und sein Landsmann Thjodolf von Hwin verfasste ein Gedicht auf das Herrschergeschlecht der Ynglinge, in dem er deren Vorfahren bis zu dem göttlichen Ahnherrn Yngvi, dem Gott Freyr, zurückführt.

Wahrscheinlich dichtete auch ein Skalde die „Weissagung der Seherin" (*Völuspá*), das berühmteste Götterlied der „Lieder-Edda", das bereits Snorri Sturluson für seine Edda verwendete. Der Verfasser bleibt allerdings ebenso unbekannt wie Entstehungsort und -zeit. Am ehesten möchte man die *Völuspá* um das Jahr 1000 entstanden sehen, irgendwo auf Island oder in einer der Wikingerkolonien Englands. Die einzigartige Dichtung scheint durchaus von den christlichen Nöten des Millenium-Endes und der damit verbundenen Sorge vor dem nahenden Jüngsten Gericht berührt worden zu sein. Ihrem Dichter unterstellt man, er habe als Anhänger des alten Glaubens unter derartigen Einflüssen eine gewaltige Schau der heidnischen Mythenwelt entworfen – ein Glücksfall, ob mit oder ohne christlichen Einfluss. Denn vor allem diesem Visionsgedicht und Snorris Erklärungen und Ergänzungen ist das eingehende Bild der nordgermanischen Mythologie zu verdanken.

Darin befragt der Gott Odin eine von Riesen abstammende Seherin, eine Völva, nach Entstehung und Ende der mythischen Welt: Demnach sind die Riesen die ältesten Lebewesen, die mit den natürlichen Kräften von Feuer und Eis verbunden werden. Ihr Stammvater ist Ymir, dessen Name etwa „Zwitterwesen" bedeutet und somit an den erdentsprossenen Gott Tuisto erinnert, den fast ein Jahrtausend früher Tacitus erwähnte. Ymir dachte man sich entstanden im Ginnungagap („Schlund der Urleere"), einem leeren Raum zwischen Niflheim im Norden und Muspellsheim im Süden, wo Kälte mit Eis, Reif und Regen respektive Hitze mit Feuer herrschten. Als die heiße Luft mit dem Reif Tau bildete, entstanden daraus der Urriese und die Kuh Audhumla. Ymir nährte sich von ihrer Milch, Leben zeugte er aus sich heraus. Als er nämlich während des Schlafs zu schwitzen begann, wuchsen unter seinem linken Arm ein Mann und eine Frau hervor. Und ein Fuß zeugte mit dem anderen einen Sohn, von dem die Reifriesen abstammen. Mit einer ihrer Frauen, Bestla, zeugt Borr die ersten Götter Odin, Wili und We. Diese erschlagen den Urriesen, in dessen Blut mit Ausnahme eines Paares alle Riesen umkommen. Die drei Götter schaffen aus Ymirs Körper die Welt: Aus seinem Blut werden das Meer und alle Gewässer, aus dem Fleisch die Erde, aus den Knochen die Berge. Zähne und Knochensplitter werden zu Steinen und Geröll. Das Wundenblut leiten sie rings um die Erde, welche sie vorher befestigt hatten. Den Schädel des Riesen nutzen sie als Himmel, den sie an vier Ecken auf die Erde setzen. In jeder steht ein Zwerg – sie heißen nach den Himmelsrichtungen Austri, Westri, Nordri und Sudri. Am Himmel befestigen sie die Funken aus Muspellsheim und machen sie zu den Sternen bzw. Gestirnen. Der Erde geben die Götter einen kreisförmigen Rand und darum herum erstreckt sich das tiefe Meer. Die Länder an seinen Ufern geben sie den Riesen als Heimstatt. In der Mitte der Welt errichten sie einen Wall aus Ymirs Wimpern, um vor den Angriffen der Riesen geschützt zu sein. Diese Befestigung nennen sie Midgard. Die Völva spricht von ursprünglich neun Welten, entscheidend sollte jedoch die Dreiteilung der Welt werden: in die Menschenwelt Midgard („Wohnort in der Mitte"), die vom Meer kreisförmig umgeben ist; in Utgard, die „Außenwelt", wo Riesen und andere dämonische Wesen hausen – mal dachte man sie sich rings um Midgard liegend, mal lokalisierte man sie im Osten oder Norden; schließlich Asgard, das Heim der Asengötter, das ursprünglich wahrscheinlich nahe der Menschenwelt lag und später in den Himmel versetzt wurde.

Ergänzend zu diesem Weltbild kennt die altnordische Mythologie die Vorstellung einer sich über alle Welten erstreckenden Esche namens Yggdrasill. Ihre Äste breiten sich über die ganze Welt und erstrecken sich über den Himmel. Von ihren Wurzeln reicht eine zu den Asen, die zweite zu den Reifriesen und die dritte nach Niflheim, wo sich die Quelle Hwergelmir befindet. Dort nagt der Drache Nidhögg nebst unzähligen Schlangen. An der Wurzel unter den Reifriesen liegt die Quelle Mimirs, wo sich Klugheit und Verstand finden. Unter der im Himmel ergießt sich die heilige Quelle des Urdbrunnens, wo die Götter zum Gericht zusammenkommen. In den Ästen Yggdrasills sitzt ein kluger Adler und zwischen seinen Augen der Habicht Wedrfölnir. Das Eichhörnchen Ratatosk springt hinauf und hinunter und tauscht zwischen dem Adler und dem Drachen Nidhögg Bösartigkeiten aus. Vier Hirsche beißen im Geäst die Blätter ab. Yggdrasill ist zweifelsohne alten Vorstellungen eines Baumes als Kosmosachse geschuldet, zu der die Verehrung heiliger Bäume hinzukommt. Adam von Bremen bezeugt bekanntlich im 11. Jahrhundert einen gewaltigen Baum am Tempel von Uppsala, der besondere Verehrung genoss.

Die mythische Welt des Nordens wird von einer Vielzahl an Lebewesen bevölkert. Darunter spielen die Menschen die geringste Rolle, das erste Paar wurde von den Göttern aus Baumstämmen erschaffen. Dementsprechend heißen sie Ask (Esche) und Embla (wahrscheinlich Ulme). Die uralten Riesengeschlechter kennt man unter den Bezeichnungen der Jöten, Thursen, Reifriesen sowie der Trolle. Obwohl die Götter ursprünglich sogar mit ihnen verwandt sind, stellen diese gleichsam das böse Prinzip dar, das Götter wie Menschen ständig bedroht und zum Untergang der alten Welt entscheidend beiträgt. Die Zwerge sind menschengestaltig, ihre kennzeichnende geringe Körpergröße erhielten sie erst später zugesprochen. Sie zählen zu den ältesten Wesen, denn die Götter schufen sie aus Blut und Knochen des Urriesen Ymir. Gemäß Snorri lebten sie anfangs als Maden in dessen Fleisch, bis ihnen die Götter Verstand und menschliche Gestalt verliehen. Der Erde unter den Bergen, den Steinen und Felsen bleiben sie jedoch stets verbunden. Folgerichtig zählt zu ihren charakteristischen Eigenarten neben der Vorliebe für das Unterirdische und Verborgene ihr Können in der Schmiedekunst. Diese bereits früh bezeugten Eigenschaften dürften im späteren Volksglauben ihren Niederschlag gefunden haben, wo man sie als Bergleute und Bewacher von Schätzen kennt. Anders verhält es sich mit den häufig genannten Alben (*álfar*), die im Deutschen auch als Alfen, Elben oder Elfen bezeichnet werden. Trotz ihrer Popularität weiß man von ihnen nur wenig: Zweifellos gelten sie als mythische Wesen, deren Bedeutung und Gestalt jedoch ungewiss sind. Mit den Asengöttern feiern sie häufig, einzelne Alben werden hingegen kaum genannt. Ihre anhaltende Beliebtheit verdanken sie den angelsächsischen Vorstellungen auf den Britischen Inseln, bei denen sich keltische Einflüsse bemerkbar machten. Dort unterschied man verschiedene Elfenarten, die einen mehrdeutigen Charakter hatten und sowohl als wunderschön wie auch als Unheil bringend galten. Diese diffuse Überlieferung weist die Alben ursprünglich am ehesten als Geister der Ahnen aus, als Schutzgeister, womöglich auch als Naturgeister göttlichen Wesens, die man um Fruchtbarkeit bat.

Die *Völuspá* weiß solche Rätsel nicht zu beantworten. Sie widmet sich den Geschehnissen der mythischen Welt, auf die im Folgenden noch ausführlicher eingegangen wird: vom ersten Krieg in der Welt und von den Walküren. Mit Balders Tod verdunkeln sich die Motive der Weissagung. Sie zeigen Jenseitsströme und Tote, einen Leichen verschlingenden Drachen und den Männer reißenden Wolf. Unheilwesen dieser Art weisen auf die Ragnarök, das Ende der alten Welt.

Die Göttergemeinschaft in Asgard

Die Gottheiten der Nordgermanen werden üblicherweise der Götterfamilie der Asen zugerechnet (altnordisch *Æsir*, Sg. *áss*), was wohl auf ein altes germanisches Grundwort ans-, „Pfahl, Balken" oder „Lebenskraft" zurückzuführen ist – und damit auf die Verehrung von Holzidolen, wie sie die erwähnten Figuren von Braak anderthalbtausend Jahre zuvor belegen. In den Götterliedern und bei Snorri Sturluson findet sich allerdings diese archaische Vorstellung nicht mehr; dort sind die übernatürlichen Wesen gleichsam aus Fleisch und Blut, mit überragenden Fähigkeiten, aber sogar sterblich (grundsätzlich können sie aus der Unterwelt zurückkehren). Die Unterscheidung zwischen den beiden Götterfamilien der Asen, die insbesondere für die Aspekte der Herrschaft und des Krieges stehen, und den Fruchtbarkeitsgöttern der Wanen wird nicht streng eingehalten. Demzufolge zählt Snorri alle Götter und Göttinnen zu den Asen: Odin, Thor, Balder, die Wanen Njörd und Freyr, Tyr, Bragi, Heimdall, Höd, Hönir, Widarr, Wali, Ull, Forseti sowie mit Loki das arglistige und wankelmütige Mitglied der Götterfamilie. Als Asinnen führt er Frigg und die Wanin Freyja an, außerdem Idun, Gefjun, Gerd, Sigyn, Fulla, Nanna, Saga, Eir, Sjöfn, Lofn, War, Wör, Syn, Hlin, Snotra, Gna, Sol und Bil. Auch wenn nicht alle Asen von dem Götterpaar Odin und Frigg abstammen, gelten diese doch als über alle residierende Eltern. Odin und sein Sohn Thor wurden besonders verehrt, während die „Göttermutter" Frigg darum mit der Liebesgöttin Freyja ringen musste.

Alle diese Gottheiten bewohnen in Asgard ihre einzelnen Höfe. Die Brücke Bifröst führt als Regenbogen dorthin, bis sie bei den Ragnarök bricht. Von seinem Hochsitz in Hlidskjalf kann Odin alles überblicken; die gefallenen Krieger versammelt er in Walhall um sich. An Götterwohnungen wären unter anderem Thors Hof Trudheim zu nennen, Odins Walaskjalf und Gladsheim sowie Freyrs Albenheim. Balder hält in Breidablik Hof, Frigg in Fensalir, Freyja in Folkwang und Njörd in Noatun. Asgard wurde von einem Riesenbaumeister errichtet, der den Asen eine Burg versprach, die allen Riesen trotzen würde. Mithilfe seines Hengstes Swadilfari gelingt ihm fast der ganze Bau während eines Winters – dann wären ihm die Göttin Freyja sowie Sonne und Mond als Lohn zugefallen. Allein durch einen Betrug Lokis gelingt es, den Erbauer zum Vertragsbruch zu bringen. Der zornige Riese wird schließlich von Thor erschlagen (Tafel XIV oben).

Die lediglich von Snorri erwähnte zweite Götterfamilie der Wanen (Vanir) besteht nur aus drei Mitgliedern, nämlich Njörd mit seinen beiden Kindern Freyr (Tafel XIV unten) und Freyja. Sie zeichnen sich mehr oder weniger als Fruchtbarkeitsgottheiten aus, die angeblich auch eine verwerfliche Form des Zaubers praktizierten und die Geschwisterehe kannten. Einstmals soll zwischen Asen und Wanen der erste Krieg in der Welt geführt worden sein. Snorri schildert ihn in seiner „Saga von den Ynglingen“, die die Götter jedoch euhemeristisch als Menschen auffasst. Danach griff der Asenherrscher Odin mit seinen Kriegern die Wanen an, die sich allerdings zu verteidigen wussten. Schließlich kam man zu einer großen Versammlung zusammen und schloss einen Frieden, der mit gegenseitigen Geiseln gesichert wurde. Die Asen stellten Hönir und Mimir, die Wanen Njörd, Freyr und Kwasir. Andernorts wird der Letztere aus dem Speichel geschaffen, mit dem Asen und Wanen ihren Friedensschluss in einem Behälter besiegelten. Obwohl diese Erzählung erst um 1220 bezeugt ist, könnte sie doch die Züge eines alten Mythos enthalten, bei dem sich zwei Gruppen feindlich gegenüberstanden. Ob sich dies auf eine historische Auseinandersetzung bezog, ist ungewiss. Reflektiert der Mythos vom Wanenkrieg gar Konflikte zwischen der einheimischen Megalithkultur (Wanen) und den einwandernden indogermanischen Streitaxtleuten (Asen) am Ende der Jungsteinzeit des 2. Jahrtausends vor Chr.? Oder erinnert er an jüngere gesellschaftliche Fehden zwischen einer Kriegerschicht (Asen) und den Bauern (Wanen)?

Zweifelsohne verbergen sich in den mythologischen Liedern und Göttererzählungen einige Mythenkerne. Von der Vielzahl der Asen- und Wanengottheiten sind die meisten offensichtlich recht jung. Einige führen jedoch zu den alten Gottheiten der Germanen zurück – kräftig ausgestaltet von den Wikingern oder den gelehrten Mythensammlern des hohen Mittelalters.

Odin – Göttervater mit vielen Gesichtern

Die beiden Edda-Sammlungen kennen Odin als höchsten Gott, dessen Vielgestaltigkeit ihm nicht selten eine unberechenbare, geheimnisvolle Aura verleiht. Denn ihm wurden nicht nur Krieger und Tote zugesprochen, auch die Skalden sahen ihn als ihren Schutzherrn an (Tafel XV). Außerdem brachte man ihn mit entfesselten Wutausbrüchen in Verbindung, verehrte ihn als Gottheit der Runenkenntnis und schrieb ihm magische Macht zu, wodurch er Heilkraft besaß. Die Vielzahl seiner Aspekte drückte sich in mehr als 170 Namen und Umschreibungen aus, mit denen man ihn benannte, darunter Allvater, Zauberer, Blinder, Weiser, Speergott, Maskierter, Gott der Gehängten und Gefesselten, Langbart, Sieggott und der Schreckliche.

Einem Göttervater entsprechend hat er mit Frigg den Sohn Balder, während er Thor mit Jörd („Erde") zeugte, wahrscheinlich eine alte Erdgöttin. Außerdem werden ihm Wali, Heimdall, Tyr, Bragi, Widar und Höd als Söhne zugeschrieben. Zahlreich sind seine Kennzeichen: Dazu zählt der Speer Gungnir, dessen Stoß niemals endet, außerdem der Goldring Draupnir, von dem in jeder neunten Nacht acht gleich schwere Ringe abtropfen. Sein achtbeiniges Pferd Sleipnir gilt als das beste Pferd bei Göttern wie Menschen (Tafel XIII). Wenn Odin auf seinem Hochsitz in Walhall Platz nimmt, sitzen die beiden Raben Huginn und Muninn (jeweils „Gedanke") auf seinen Schultern und erzählen ihm, was sie überall gesehen und gehört haben. Vor ihm sitzen die beiden Wölfe Freki und Geri (jeweils „Gieriger"), die er mit Fleisch füttert. Odin hat ein Auge verloren, das er, um Weisheit zu gewinnen, für einen Trunk aus Mimirs Quelle opferte. Die isländischen „Vorzeitsagas" (*Fornaldarsögur*) des späten Mittelalters beschreiben den Gott zudem als alten Mann mit Schlapphut und Mantel.

Trotz seiner umfassenden Kennzeichnung werden von ihm nur wenige Mythen überliefert. Außer der Beteiligung bei Entstehung und Ende der Welt brachte man ihn insbesondere mit der Vorstellung von Walhall in Verbindung, jener „Halle der Gefallenen", wo er die in der Schlacht zu Tode gekommenen Krieger empfängt und bis zu den Ragnarök bewirtet. Sein Hof wird als prächtige Halle beschrieben, mit 540 Toren, durch deren jedes 800 Männer ausziehen können. Das Haus ist mit Speerschäften und Schilden geschmückt, auf den Bänken liegen die Brünnen der Kämpfer. Wolf und Adler hängen am Tor. Die als Einherjer bezeichneten Krieger werden von den Walküren („Wählerinnen der Gefallenen", die auf Odins Geheiß die Getöteten bestimmen) bewirtet und mit Met versorgt. Für niemals zur Neige gehendes Essen sorgt das Fleisch des Ebers Sährimnir, das jeden Abend gekocht wird und sich immer wieder erneuert. Auf dem Dach steht die Ziege Heidrun, aus deren Euter unaufhörlich Met für die Einherjer fließt. Deren Kurzweil besteht darin, sich tagsüber miteinander im Kampfspiel zu messen und abends das Gelage in der Halle zu genießen. Die Wurzeln dieses detailreich beschriebenen Walhallbildes reichen wahrscheinlich zu den Walküren als Totendämoninnen zurück, die die Gefallenen in die Grabhügel begleiten.

Haftet hierbei Odin als Totengott Düsteres an, so tritt er auch als Gott des Wissens auf, der sich etwa mit dem Riesen Wafthrudnir auf einen Wettstreit einlässt. Unter dem Decknamen Grimnir („Maskierter") wird er gefoltert, um sein Wissen preiszugeben. Wie wissbegierig er selbst ist, zeigen seine Fragen an Seherinnen wie in der *Völuspá* oder in dem Götterlied „Balders Träume", wo er bei der Unterweltsgöttin Hel eine tote Seherin mit Magie zum Sprechen bringt. Um Runenwissen geht es bei Odins Selbstopfer, bei dem er neun Nächte an der Weltesche Yggdrasill hing. Dem weisen Mimir muss er ein Auge opfern, um aus dessen Klugheit verheißender Quelle einen Trunk zu nehmen. Als Gott magischen Wissens wurden ihm heilende Kräfte zugeschrieben. Darauf verweisen der Zweite Merseburger Zauberspruch und Brakteatenmotive, denen zufolge der Gott den verrenkten Fuß von Balders Fohlen heilte.

Der am ausführlichsten erhaltene Mythos um Odin ist die Geschichte, wie er den Skaldenmet gewann. Dieser machte ihn zum Gott der Dichtkunst und diente den Skalden als Inspiration – kein Wunder also, dass die Poeten sowie der Sammler Snorri das Thema bevorzugten. Demzufolge bestand der sagenhafte Met aus einer Mischung von Blut und Honig. Das Blut stammte von dem überklugen Kwasir, den Asen und Wanen zum Zeichen des Friedens aus ihrem gemeinsamen Speichel geschaffen hatten. Die beiden Zwerge Fjalarr und Galarr erschlugen den Weisen und stellten aus seinem Blut den Skaldenmet her; denn jeder, der davon trank, wurde zum Dichter. Als Sühne für die Ermordung seiner Eltern müssen sie den wertvollen Trank dem Riesen Suttung ausliefern, der ihn in einem Berg von seiner Tochter Gunnlöd bewachen lässt. Hier tritt nun Odin in Erscheinung: unter einem Decknamen, in anderer Gestalt und als Frauenheld. Ihm gelingt es nämlich, in Schlangengestalt durch ein Loch zu kriechen und drei Nächte bei der Riesentochter zu verbringen. Dafür verspricht sie ihm drei Schlucke vom Met. Der Asengott trinkt jedoch alles, nimmt Adlergestalt an und fliegt davon, verfolgt von Suttung, der sich auch in einen Adler verwandelt. Die Asen in Asgard erblicken Odin und stellen drei Gefäße hin, in die er den Met speit. Diese Erzählung vom inspirierenden Dichtertrank entstammt wohl indogermanischem Erbe, die Ursprünge aus Kwasirs Blut erinnern an alte Kultbräuche.

Der höchste nordgermanische Gott Odin entspricht zweifellos dem südgermanischen Wodan, dessen Name mit dem Wort „Wut“ verwandt ist und ihn als Gottheit der Besessenheit und Ekstase kennzeichnet. Seine Spuren führen letztlich zurück zu jenem germanischen Gott, den die Römer mit Merkur verglichen.

Thor – der Donnergott

Während Odin Elitäres anhaftet – Krieger wie Skalden verehrten ihn besonders –, genoss sein Sohn Thor unter den Bauern große Verehrung. Denn als Gewittergott bescherte er ihnen Regen und Fruchtbarkeit. Dies drückte sich insbesondere durch seinen Hammer als Fruchtbarkeitssymbol aus. Bei den Südgermanen des 1. Jahrtausends nach Chr. war er als Donar bekannt. In den Mythen Skandinaviens gilt er als stärkster Asengott, als Bekämpfer dämonischer Mächte wie der Riesen und der Midgardschlange und damit als Bewahrer vor Unheil. Seine Frau ist Sif, mit der er die Kinder Magni, Modi und Thrud hat. Typisch für ihn sind die Fahrten ins Riesenland, auf denen ihn der zwielichtige Loki begleitet. Diese Reisen unternimmt er mit einem Wagen, den die beiden Böcke Tanngnjost und Tanngrisnir ziehen. Außerdem besitzt er mehrere kennzeichnende Gegenstände: Mit dem Hammer Mjöllnir kämpft er gegen die Reif- und Bergriesen; ein Kraftgürtel verleiht ihm Stärke; mit seinen Eisenhandschuhen umfasst er den Schaft des Hammers. Thor wird als groß und kräftig beschrieben, mit rotem Bart und einem stechenden Furcht einflößenden Blick. Als großer Esser und Trinker beeindruckt er sogar die Riesen.

Odins starker Sohn gewährt durch seine Kräfte und den Hammer Mjöllnir Asgard Schutz vor den Riesen und anderen Mächten des Chaos. Dies galt insbesondere von der Midgardschlange, mit der er sich einen gewaltigen Kampf lieferte. Der Mythos von „Thors Fischzug“ erfreute sich weithin großer Beliebtheit: Als er nämlich eines Tages mit dem Riesen Hymir hinaus aufs Meer ruderte, köderte er die Midgardschlange mit einem Ochsenschädel. Der Riesenwurm wehrte sich ungestüm, aber dem Gott erwuchs aus Wut die Asenkraft und er hielt so sehr dagegen, dass seine Beine durch die Bootswand stießen und auf dem Meeresgrund standen. Schon zog er die Schlange hinauf zum Schiffsrand, da packte den Riesen die Angst und er kappte die Angelschnur. Thor konnte ihr bloß noch Mjöllnir nachschleudern, der aber offensichtlich fehlging; denn zum letzten Kampf zwischen beiden kommt es in der „Götterdämmerung“.

Zahlreiche Mythen und Abenteuererzählungen handeln von seinen Fahrten nach Riesenheim. Snorri erzählt ausführlich von einem Zusammentreffen mit dem Riesen Utgardloki: Demnach reiste er mit Loki und den beiden Dienern Thjalfi und Röskwa ostwärts nach Riesenheim. In einem großen Wald finden sie im Dunkeln ein riesiges Haus, worin sie übernachten. Als nachts die Erde bebt, ziehen sie sich in einen Nebenraum zurück. Am nächsten Morgen erblickt Thor in der Nähe einen schlafenden Riesen. Bevor er ihn erschlagen kann, springt dieser überraschend auf und nimmt seinen Handschuh. Denn in diesem hatten die Reisegefährten übernachtet. Der Riese schließt sich ihnen an und erregt zusehends Thors Wut. Aber dreimal versucht er den Schlafenden erfolglos mit Mjöllnir zu erschlagen. Schließlich trennen sich ihre Wege und der Riese weist ihnen den Weg ostwärts zur Burg Utgard. Dort gelangen die Gefährten in eine große Halle, in der auf zwei Bänken viele Riesen sitzen. Utgardloki, der Herr der Halle, lädt seine Gäste zu einem Wettbewerb ein. Loki bestreitet einen Wettkampf im Schnellessen gegen Logi. Man stellt einen Trog voll Fleisch zwischen sie und jeder isst von seinem Ende so schnell, bis sie in der Mitte zusammentreffen. Da hat Loki alles Fleisch von den Knochen gegessen, aber Logi hat außerdem noch die Knochen samt dem Trog verschlungen und darum gewonnen. Thjalfi will sich im Wettrennen messen und tritt gegen den Burschen Hugi an. Aber auch er hat keine Chance und verliert. Thor will seine Trinkfestigkeit beweisen, indem er ein Horn auf einen Zug leert. Das gelingt ihm jedoch selbst mit drei gewaltigen Schlucken nicht. Utgardloki bietet ihm einen weiteren Wettkampf an, nämlich seine Katze von der Erde hochzuheben. Aber trotz all seiner Mühen hebt sie nicht mehr als ein Bein. Auf sein Drängen stimmt Utgardloki einem dritten Versuch zu, einem Ringkampf mit seiner Amme Elli. Indes steht die alte Frau umso fester, je mehr sie der stärkste Ase niederzuringen versucht. Schließlich befreit sie sich und erreicht, dass er auf ein Knie niedersinkt. Da beendet Utgardloki den Wettstreit. Am nächsten Morgen brechen die Reisegefährten wieder auf und der Riese bringt sie ein Stück des Weges. Abschließend enthüllt er Thor die Wahrheit über die Wettkämpfe, bei denen er Sinnestäuschungen angewandt habe. Lokis Gegner sei ein wildes Feuer gewesen, dessen Flammen alles auffraßen. Thjalfi rannte mit Utgardlokis Gedanken um die Wette, dessen Schnelligkeit nicht zu übertreffen war. Thor schließlich trank aus einem Horn, dessen anderes Ende draußen im Meer lag. Er habe so viel getrunken, dass daraus die Ebbe entstand. Dass es Thor gelang, der alten Katze ein Bein von der Erde zu heben, sorgte für Schrecken. Denn in Wahrheit war sie die Midgardschlange. Auch beim Ringkampf wurde Thor getäuscht: Seine Gegnerin Elli war nämlich das Alter selbst, das alle zu

Fall bringt. Thor hingegen habe standgehalten und sei nur auf ein Knie gesunken. Als daraufhin der zornige Thor seinen Hammer schwingt, ist Utgardloki samt seiner Burg verschwunden.

Eine andere gefahrvolle Reise führte Thor zum Riesenhof Geirrödargard. Loki hatte zuvor einer Gefangenschaft beim Riesen Geirröd nur durch den Schwur entgehen können, Thor ohne dessen Hammer dorthin zu bringen. Zuerst weilte dieser bei der Riesin Grid, die ihn warnte und ihm ihren Stock überließ. Fast wären die beiden Götter im Fluss ertrunken, als eine Riesentochter hineinurinierte. Thor warf einen Stein nach ihr. Bei Geirröd angelangt, entkommt er zuerst einem Anschlag von dessen beiden Töchtern, indem er ihnen das Rückgrat bricht. Dann misst er sich mit dem Riesen in einem Wettkampf: Dieser schleudert ein glühendes Eisenstück, das Thor mit seinen Eisenhandschuhen ergreift und zurückwirft. Obwohl der Riese hinter einer Eisensäule Schutz gesucht hat, durchschlägt es diese und tötet ihn.

Ein anderer Riese namens Thrym stahl dem Asengott sogar den todbringenden Hammer Mjöllnir, worauf sich alle Götter bedroht fühlten – zumal der Dieb Freyja zur Frau begehrte. Da diese ablehnt, verkleidet sich Thor als Braut und macht sich mit Loki als Magd auf den Weg. Bei Thrym angekommen, verwundern diesen der Riesenhunger und -durst der vermeintlichen Braut. Als er sie unterm Brautschleier küssen will, schrecken ihn deren brennende Augen. Loki erklärt dieses Verhalten mit Hunger und Schlaflosigkeit aus Sehnsucht nach dem Bräutigam. Thrym lässt den Hammer in den Schoß seiner Braut legen, um sie zu weihen. Als Thor endlich wieder Mjöllnir in Händen hat, erschlägt er Thrym, dessen Schwester und die ganze Riesensippe.

Dergestalt sind etliche Abenteuer des Asengottes mit märchenhaften und balladesken Zügen durchsetzt, die zweifelsohne recht jungen Alters sind. Gleichwohl dürften sie im Kern Mythen von seiner Auseinandersetzung mit dämonischen Mächten enthalten, die er besiegt oder doch zumindest im Zaum hält. Die im Spätheidentum als Gegensymbol zum christlichen Kreuz aufgekommenen Thorshämmer wurden als Amulette getragen und unterstreichen die Popularität des Gottes.

Der lichte Balder

Laut Snorri ist Odins Sohn Balder mit Nanna verheiratet, beider Sohn ist Forseti. Auf seinem Hof Breidablik kann ihm zufolge nichts Unreines bestehen. Denn Balder der Gute gilt als bester Gott, von derart schöner und heller Gestalt, dass ein Leuchten von ihm ausgeht. Er gilt als einer der bedeutendsten germanischen Götter, von dem allerdings nur die altnordische Überlieferung Umfangreiches erzählt. Bei den Südgermanen nennt wahrscheinlich nur der „Zweite Merseburger Zauberspruch" seinen Namen.

Balder steht im Mittelpunkt zweier Mythen, nämlich dem über seinen Tod und dem von seiner Bestattung: Im ersten plagen ihn üble Träume, sodass sich die Asen von allen Lebewesen und Dingen Frieden gegenüber Balder garantieren lassen. Seine Mutter Frigg empfängt von allen entsprechende Eide. Als bekannt wird, dass dem hellen Gott nichts schaden kann, lässt sich dieser zum Vergnügen beschießen, schlagen und mit Steinen bewerfen. Aber Loki missfällt die Unverletzbarkeit Balders. In Frauengestalt verstrickt er Frigg in ein Gespräch und erfährt, diese habe nur von dem jungen Mistelzweig keinen Eid verlangt. Mit dem Zweig geht der listige Ase daraufhin zum blinden Höd und lädt ihn ein, damit auf Balder zu werfen, um ihm die Ehre zu erweisen. Er gibt ihm den Mistelzweig und weist ihm die Richtung. Prompt wird Balder zum Schrecken aller getötet. Darüber bricht tiefe Trauer unter Göttern wie Menschen aus. Alle wollen seinen Tod an Loki rächen, den aber das Friedensgebot der Thingversammlung schützt.

Die Asen bringen Balders Leichnam zum Meer, wo sie dessen Schiff Hringhorni zu Wasser lassen und ihm darauf einen Scheiterhaufen errichten. Als seine Frau Nanna aus Kummer stirbt, legt man ihren Leichnam dazu und setzt alles in Brand. Thor weiht es mit seinem Hammer Mjöllnir. Dieser Feuerbestattung wohnt viel Volk aus verschiedenen Geschlechtern bei: Mit Odin kommen Frigg, die Walküren und seine Raben. Der Wanengott Freyr kommt in seinem Wagen mit dem Eber Gullinborsti, Heimdall auf dem Pferd Gulltop, und Freyja reist mit ihrem Katzengespann an. Selbst die gefährlichen Reif- und Bergriesen kommen zu Balders Bestattung. Odin legt seinen Goldring Draupnir auf den Scheiterhaufen. Balders Pferd führt man mit sämtlichem Zaumzeug auf den Stapel, wo es mit seinem Herrn verbrannt wird.

Mit diesen beiden Baldermythen wird die Erzählung von Odins Sohn Hermod verbunden, der in die Unterwelt reitet, um deren Herrin Hel um Balders Rückkehr zu bitten. Auf dem unvergleichlichen Sleipnir macht er sich auf den gefährlichen Weg durch tiefe und dunkle Täler, über Unterweltflüsse und überspringt sogar das Helgitter. Schließlich gelangt er zur Halle, in der Balder auf einem Ehrenplatz sitzt. Hel will diesen jedoch nur heimreiten lassen, wenn alle lebenden und toten Dinge um ihn weinen. Als die Asen von Hels Bedingung erfahren, schicken sie Boten aus. Diese sollen alle bitten, wegen Balders Tod Tränen zu vergießen. Demzufolge trauern die Menschen und alle Lebewesen, die

Erde wie die Steine, Bäume und Metalle. In einer Höhle treffen die Boten auf eine Riesin, die sich als Einzige weigert, um Balder zu weinen. Darum muss dieser bis zu den Ragnarök bei Hel bleiben. Diese Riesin soll aber Loki gewesen sein.

Die Bedeutung und Herkunft Balders ist letztlich ungewiss. Sein die ganze Welt erschütternder Tod erinnert an den Kreuzestod Christi, den man in der spätheidnischen Zeit als Vorbild benutzt haben könnte. Vergleiche mit anderen religiösen Vorstellungen machen es andererseits wahrscheinlich, in Balder einen ursprünglichen Vegetationsgott zu sehen, mit dem Tod und Wiedererweckung verbunden werden.

Loki – der verstoßene Verräter

Lokis Wesen ist noch schwerer zu fassen als das Balders. Anscheinend kannten ihn nur die Nordgermanen, denn ob der Name Logaþore auf der Nordendorfer Runenfibel (ca. 700) wirklich ihn bezeichnet, ist unsicher. Nach Snorri ist er hübsch anzusehen, hat aber einen schlechten und unberechenbaren Charakter. Demzufolge nennt man ihn „Verleumder der Asen", „Urheber der Hinterlist" und „Schande aller Götter und Menschen". Denn er ist ein Ausbund an Verschlagenheit und betrügt jeden. Andererseits hilft er den Asen mit seiner Listigkeit. Sein zweifelhaftes Wesen kommt bereits in seiner Herkunft zum Ausdruck, stammt er doch von einem Riesen ab. Seine Frau ist Sigyn, mit der er den Sohn Narfi hat. Außerdem wird ein Sohn Wali genannt. Lokis schillerndem Charakter entspricht seine offensichtlich unbegrenzte Verwandlungsfähigkeit: Als Fliege stört er das Schmieden von Thors Hammer; als Riesin intrigiert er gegen Balder; als Seehund kämpft er mit dem Asengott Heimdall; als Stute lässt er sich beim Bau Asgards mit dem Hengst Swadilfari des Riesenbaumeisters ein und gebiert Odins Pferd Sleipnir; in Freyjas Falkengewand fliegt er zu den Riesen; als ihn die Götter wegen seiner Schuld an Balders Tod verfolgen, nimmt er die Gestalt eines Lachses an.

Oftmals hilft Loki den Asen, dann handelt er wieder hinterlistig und böswillig. Bei der Entstehung der Götterkleinode spielt er eine eher komische Rolle: Denn er wettet mit dem Zwerg Brokk um seinen Kopf, das dessen Bruder Sindri nichts schmieden könne, das Sifs künstliches Goldhaar, Odins Speer Gungnir und Freyrs Schiff Skidbladnir übertreffe. Während Brokk den Blasebalg bedient, schmiedet Sindri deshalb den Ring Draupnir für Odin, den goldborstigen Eber Gullinborsti für Freyr und den Eisenhammer Mjöllnir für Thor. Damit gewinnt der Zwerg die Wette und will Loki den Kopf abschlagen. Dieser entflieht mit seinen Schuhen, mit denen er durch Luft und Wasser laufen kann. Dann verweist er darauf, dass er nicht um seinen Hals gewettet habe, den Brokk durchschneiden müsste. Als der Zwerg ihm schließlich den Mund zunäht, zerreißt Loki die Löcher.

Beim Abenteuer mit dem Riesen Thjasi bringt er die Götter in eine missliche Situation, aus der er ihnen allerdings auch wieder hilft. Loki gerät in die Gewalt des Riesen und verspricht, diesem die Göttin Idun mit ihren Äpfeln zu bringen, die den Göttern die Jugend erhalten. Nachdem er Idun ausgeliefert hat, altern demzufolge die Götter und bedrohen den Übeltäter mit dem Tod. Loki fliegt in Freyjas Falkengewand zu Thjasis Hof, wo er Idun in eine Nuss verwandelt, diese in die Klauen nimmt und davonfliegt. Der ihn in Adlergestalt verfolgende Riese wird von den Asen zu Fall gebracht und erschlagen. Als sich seine Tochter Skadi rächen will, bringt Loki sie zum Lachen: Das eine Ende eines Strickes bindet er um den Bart einer Ziege, das andere um seine Hoden. Beide ziehen abwechselnd und schreien dabei laut.

Lokis zwiespältigen Verdiensten solcher Art steht sein bösartiges Verhalten gegen Asen und Wanen gegenüber. So erschlägt er auf einem Gastmahl des den Göttern wohlgesonnenen Meerriesen Ägir dessen Diener und verstößt gegen das Friedensgebot. Deshalb wird er vertrieben. Bei der Rückkehr beschimpft er die Götter und Göttinnen aufs unflätigste, bis ihn Thor mit Mjöllnir bedroht und vertreibt. Der Göttin Freyja soll er den Halsschmuck Brisingamen geraubt haben, ohne dass viel darüber bekannt ist. Idun schneidet er bösen Scherz treibend die Haare ab, wofür er als Ersatz Goldhaar zu beschaffen hat.

Berüchtigt ist seine üble Rolle beim Tode Balders, wofür er allerdings furchtbar bestraft wird: Vor den zornigen Göttern versteckt sich Loki auf einem Berg, wobei er den Tag oftmals in Lachsgestalt in einem Wasserfall verbringt. Dort kann ihn schließlich nach langer Jagd Thor packen. Man bringt den Gefangenen in eine Höhle. Dann ergreifen die Asen Lokis Söhne Wali und Narfi. Wali verwandeln sie in einen Wolf, der seinen Bruder in Stücke reißt. Mit den Därmen des Getöteten wird der Übeltäter auf drei scharfe Steine gefesselt. Skadi befestigt eine Giftschlange darüber, sodass ihm deren Gift ins Gesicht tropft. Allerdings fängt seine Frau Sigyn die Gifttropfen in einem Gefäß auf. Wenn es voll ist, muss sie es ausschütten gehen. In der Zwischenzeit tropft das Gift auf Lokis Gesicht, weswegen er zusammenzuckt. Dadurch entsteht das Erdbeben. Lokis Bestrafung währt bis zu den Ragnarök, wenn er aus seinen Fesseln freikommt.

Wie sehr Loki mit bedrohlichen dämonischen Wesen verbunden ist, zeigt sich an den mit der Riesin Angrboda gezeugten Kindern: dem Fenriswolf, der Midgardschlange und Hel. Sie wachsen in Riesenheim auf, werden aber auf Odins Geheiß gefangen genommen. Die Riesenschlange wirft Odin ins tiefe Meer, das das ganze Land umgibt. Hel schickt er nach Niflheim, wo sie als Unterweltsgöttin über neun Welten herrscht. Den Fenriswolf behalten die Asen bei sich und legen ihn in Fesseln.

Bei Lokis Charakterzügen verwundert es nicht, dass man ihn anscheinend nirgendwo kultisch verehrte. Wofür hätte er auch angerufen werden sollen? Am ehesten entspricht er dem „Trickster“ (engl. „Gauner“), einer mythischen Gestalt archaischer Religionen, die sich gemeinhin durch große Wandlungsfähigkeit auszeichnet. Und Loki verwandelt sich nicht nur beliebig, sondern wechselt sogar das Geschlecht. Hinter all dem verbirgt sich wohl ein ursprünglicher Kulturheros, der kulturelle Techniken und Gegenstände erfand – in der Tat wird ihm die Erfindung des Fischernetzes zugeschrieben.

Die Götter der Fruchtbarkeit

Die Götterfamilie der Wanen repräsentierten die drei Fruchtbarkeitsgottheiten Njörd und dessen Kinder Freyr und Freyja. Alle drei wurden in Skandinavien seit Langem hochverehrt. Dafür spricht zumindest Njörd, dessen Name zu der Erdgöttin Nerthus zurückführt, deren Kult Tacitus um 100 nach Chr. eindringlich beschrieben hat. Nach der altnordischen Mythologie liegt sein Hof Noatun am Meer, wo er über Winde und Wellen herrscht. Deswegen wendet man sich bei Seefahrten und Fischfang an ihn. Er gilt als dermaßen erfolgreich, dass sich die Menschen mit der Bitte um Reichtum an ihn wenden. Mit der Riesentochter Skadi führt er eine sonderliche Ehe: Sie möchte nämlich auf dem Hof Thrymheim in den Bergen wohnen, aber Njörd lebt lieber am Meer. Darum verbringen sie abwechselnd jeweils neun Tage in Thrymheim und Noatun.

Sein Sohn Freyr gilt in der nordgermanischen Mythologie als der bedeutendste Gott nach Odin und Thor. Große Verehrung genoss er als Fruchtbarkeitsgott, den man mit einem „gewaltigen Phallus“ darstellte (so zumindest Adam von Bremen bei der Beschreibung des Tempels von Uppsala). Snorri und die Götterlieder verwehren sich diesen Hinweis, charakterisieren ihn jedoch anhand seiner Schönheit und Macht. Ihm gehört der von Zwergen geschmiedete goldene Eber Gullinborsti, der seinen Wagen durch Luft und Wasser zieht. Außerdem besitzt er das Schiff Skidbladnir, ein ebenfalls von Zwergen geschaffenes Wunderwerk, das man wie ein Tuch zusammenfalten und in seine Tasche stecken kann. Bezeichnenderweise handelt der einzige ihm zugeschriebene Mythos davon, wie er in Liebe entbrennt. Als er sich nämlich eines Tages auf Odins Hochsitz Hlidskjalf setzt, erblickt er im Norden auf einem Hof die schöne Riesentochter Gerd, in die er sich sofort verliebt. Da er in Schweigen verfällt und weder schläft noch trinkt, soll sein Diener Skirnir im Auftrag Njörds den Grund dafür erfragen. Schließlich wird der Diener ins Riesenland geschickt, um Gerd für ihn zu gewinnen und sie zu ihm zu bringen – ob ihr Vater wolle oder nicht. Skirnir erbittet für die gefahrvolle Werbungsfahrt Freyrs Schwert und gewinnt mit Mühe und vielen Drohungen das Heiratsversprechen der schönen Riesin. Neun Tage später sollte sie zu dem Ort Barrey kommen und mit Freyr Hochzeit halten. Voll Liebeskummer harrt der Wanengott auf das Treffen, bis Gerd seine Frau wird. In der euhemeristischen Darstellung der „Saga von den Ynglingen" ist Freyr der Ahnherr des schwedischen Geschlechts der Ynglinge. In Uppsala habe er geherrscht, mit seiner Frau Gerd und dem Sohn Fjölnir. Drei Jahre habe man seinen Tod verschwiegen und ihm weiter geopfert, damit seine Zeit der Fruchtbarkeit und des Friedens erhalten blieb.

Die Liebesgöttin Freyja war unter den Nordgermanen sehr populär. Mit ihrem selten erwähnten Mann Od hat sie die für ihre Schönheit gerühmte Tochter Hnoss. In Asgard bewohnt sie den Hof Folkwang mit der prachtvollen Halle Sessrumnir. Sie reist in einem Wagen umher, der von einem Katzengespann gezogen wird. Nur wenige Mythenerzählungen sind von ihr bekannt. So weiß man von einer Episode, derzufolge die Wanin Tränen aus rotem Gold vergoss, als Od lange auf Reisen ging. Auf der Suche nach ihrem Mann reiste sie zu fremden Völkern und gab sich verschiedene Namen. Aber vor allem wird die schöne Göttin immer wieder von Riesen begehrt.

Ragnarök – die „Götterdämmerung"

Sämtlichen Germanen seit Caesars Zeit schreibt man bevorzugt die Vorstellung der berüchtigten „Götterdämmerung" zu, bei der die Welt in einem katastrophalen Brand untergeht. Bezeugt ist Ragnarök (altnordisch „Schicksal der Götter") jedoch nur im Norden, nämlich in der „Weissagung der Seherin" und bei Snorri, dessen Darstellung auf dem berühmten Visionsgedicht fußt. Dort kündigt sich das eindrucksvolle Untergangsszenario durch mehrere vorausgehende Katastrophen an: Zuerst bringt der Fimbulwinter Schneefälle ohne Ende. Dann herrschen Frost und Sturm, während das Sonnenlicht nicht mehr durchdringt und sich alles verdunkelt. Drei solcher Winter brechen über die Welt herein, ohne von einem Sommer unterbrochen zu werden. Davor toben in drei anderen Wintern überall Schlachten, in denen sogar Brüder miteinander kämpfen und sich erschlagen. Dann herrscht „Axtzeit, Schwertzeit, gespaltene Schilde, Windzeit, Wolfszeit, bis die Welt zugrunde geht". Riesige Wölfe brechen hervor und verschlingen Sonne und Mond. Die Sterne verschwinden, die Erde bebt und die Bäume werden entwurzelt. Die Gebirge brechen zusammen, alle Fesseln und Bande reißen. Dadurch kommt der bis dahin bei den Asen gefangen gehaltene Fenriswolf frei. Überall herrschen verheerende Überschwemmungen, weil sich die Midgardschlange zornig im Ozean wälzt und an Land kriecht. Dann löst sich das Schiff Naglfar, ein Totenschiff, das dem Riesen Muspell gehört und angefüllt ist mit den furchtbaren Riesen der Muspellssöhne. Der Fenriswolf stürmt mit so weit aufgerissenem Maul heran, dass Ober- und Unterkiefer Himmel sowie Erde berühren. Aus seinen Augen und Nüstern schießen Flammen. Die Midgardschlange steht ihrem Bruder zur Seite und verpestet Luft und Gewässer mit ihrem Gift. Schließlich birst der Himmel, und der Feuerriese Surt führt die Riesenscharen heran. Wenn sie über die Brücke Bifröst nach Asgard reiten, stürzt diese ein.

Auf dem Feld Wigrid kommt es zur Entscheidungsschlacht, wo sich alle Angreifer versammeln: Surt und die Muspellssöhne, der Fenriswolf und die Midgardschlange, außerdem sämtliche Reifriesen sowie weitere Riesengruppen. Zu diesen stößt schließlich auch Loki, der sich von seinen Fesseln befreien konnte und nun gegen die Götter zu Felde zieht. Mittlerweile bläst der Wächter Heimdall das Gjallarhorn, worauf alle Götter zusammenkommen und Rat halten. Odin reitet zum Mimirsbrunnen und lässt sich von Mimir beraten. Die Esche Yggdrasill schwankt, und alles ist von Furcht erfüllt. Schließlich rüsten sich Asen, Wanen und Einherjer zum Kampf und ziehen ebenfalls zum Feld Wigrid: Odin zuerst, in Goldhelm und Brünne, mit dem Speer Gungnir bewaffnet. Während er auf den Fenriswolf eindringt, kämpft Thor erbittert mit der Midgardschlange und Freyr streitet heftig gegen Surt. Aber er fällt, weil er das Skirnir gegebene Schwert nicht bei sich hat. Der vor Gnipahellir angekettete Höllenhund Garm macht sich frei und kämpft mit dem einarmigen Gott Tyr, wobei beide fallen. Thor erschlägt die Midgardschlange, kommt dann aber selbst wegen ihres Giftatems zu Tode. Schließlich verschlingt der Fenriswolf Odin (Abb. 11, S. 166). Da stürmt dessen Sohn Widarr heran und tritt mit einem Fuß in den Unterkiefer des Wolfs, während er mit einer Hand den Oberkiefer packt und ihm das Maul entzweireißt. Loki und Heimdall töten sich derweil gegenseitig. Schließlich schleudert Surt Feuer über die Erde, wodurch die

Abb. 11 Das Steinkreuz von Kirk Andreas (Isle of Man, 10. Jahrhundert) zeigt, wie Odin vom Fenriswolf verschlungen wird.

ganze Welt in Flammen steht: „Die Sonne verdunkelt sich, das Land versinkt im Meer." Vom Himmel stürzen die Sterne, und es wüten Feuer, Rauch und Hitze.

Die Quellen bezeugen allerdings, dass dies nicht das Ende aller Zeiten ist. Denn der alten untergegangenen Welt folgt eine neue: Eine grüne und herrliche Erde steigt aus dem Meer empor, auf der Getreide von selbst wächst. Widarr und Wali haben überlebt und wohnen auf Idawöll, dort, wo vorher Asgard war. Thors Söhne Modi und Magni kommen mit Mjöllnir ebenfalls dorthin. Aus der Hel ziehen Balder und Höd herauf. Alle setzen sich zusammen, erinnern sich ihres Wissens und reden von den Ereignissen. Dann finden sie im Gras die Goldtafeln der Asen. Die Sonne hat eine Tochter, die nun ihre Bahn zieht. Und der Saal Gimle (vielleicht „der vor Feuer sichere Ort") bietet mit seinem goldenen Dach den Menschen eine sichere Zuflucht. Gemäß Snorri liegt er am südlichen Himmelsende und strahlt schöner als die Sonne. Er steht dort immerdar und wird von guten und rechtschaffenen Menschen nach ihrem Tod bewohnt. So endet der viel beschworene dramatische Untergang der nordgermanischen Mythenwelt versöhnlich mit einer neuen, besseren Welt.

Wie weit die Ragnarök-Vorstellung in die vorchristliche Zeit zurückreicht, ist ungewiss. Anscheinend kannten die Germanen gemeinhin ein „Weltende durch Feuer", das sie als Muspell (altnordisch), Muspille (althochdeutsch)

u. Ä. bezeichneten. Die umfassende Schilderung der *Völuspá* nebst Snorris Ausführungen scheinen jedoch zumindest teilweise auf christliche Darstellungen des Jüngsten Gerichts zurückzugreifen. Ob nun aber germanischer Weltenbrand, christliches Paradies oder zyklisches Weltbild: Die Mythen des nördlichen Europa finden einen furiosen Ausklang in der nordgermanischen Darstellung. Sie lässt die neue Religion des Christentums mit ihrer biblischen Mythenwelt zumindest erahnen.

10

Germanische Heldensagen – Drachentöter und Ränkeschmiede

Die Völkerwanderungszeit: Die Geburt des germanischen Helden

Zu den zahlreichen nur in Skandinavien überlieferten Göttergeschichten der Germanen gesellen sich etliche Heldensagen, die nicht weniger Berühmtheit erlangt haben. In ihrem Mittelpunkt stehen männliche wie weibliche Ausnahmegestalten, die Stolz, Ehre, Tapferkeit und Treue verpflichtet sind, aber auch Verrat begehen. Ein heroisches Bewusstsein erfüllt sie, das sich in bedingungsloser Rache ebenso ausdrückt wie in der Hinnahme eines unvermeidlichen tragischen Schicksals. In zweierlei Hinsicht unterscheiden sich die germanischen Heldensagen von den keltischen der Iren: Sie grenzen sich mehr oder weniger scharf von den Mythen ab; Götter treten insofern nur ausnahmsweise auf. Zudem lassen sich ihre Ursprünge im Großen und Ganzen auf bekannte historische Ereignisse zurückführen, während von den Geschehnissen der irischen Stammesgeschichte so gut wie nichts bekannt ist.

Eine Vielzahl germanischer Heldengestalten wurzelt in Geschehnissen und Personen der Völkerwanderungszeit (375–568), die als das Heldenzeitalter (*heroic age*) der Germanen gilt. Sie begann mit dem Vordringen des zentralasiatischen Steppenvolkes der Hunnen, das zum Untergang des Ostgotenreiches in der Ukraine führte. Ihr Ansturm trieb die ostgermanischen Ost- und Westgoten, die Vandalen und Burgunden westwärts. Diese Völker mit ihren kleinen, aber schlagkräftigen Heeren durchzogen das schwache weströmische Reich, auf dessen Gebiet sie eigene Reiche begründeten: die Vandalen in Nordafrika (429), die Westgoten in Südwestfrankreich und Spanien (418), die Burgunden am Oberrhein und am Genfer See (413 bzw. 443), die Ostgoten in Oberitalien (493). Kriegszüge und gewaltige Schlachten prägten diese Epoche, in der Römer und Germanen gegen die anstürmenden Hunnen kämpften, in der aber auch wechselnde Bündnisse geschlossen wurden. Auf den Katalaunischen Feldern nahe Troyes kam es 451 zu einer geschichtsträchtigen Schlacht, in der Römer gemeinsam mit Westgoten, Franken, Burgunden und anderen germanischen Verbündeten gegen das Heer des Hunnenherrschers Attila kämpften, zu dem ebenfalls Germanen zählten. Das grausame Gemetzel kannte keinen Sieger, aber immerhin wurden die Hunnen aufgehalten. Nach Attilas Tod zwei Jahre später wurden die Steppenkrieger aus dem Osten endgültig von Germanen besiegt. Diese behielten die Epoche als heroisches Zeitalter in Erinnerung, dem man in Heldensagen ein eigenes Gepräge gab. Denn vielschichtige Ereignisse erzählte man um und vereinfachte sie zu Familienkonflikten, in denen berühmte Gestalten der ganzen Epoche zu Zeitgenossen und Verwandten wurden, die schicksalhaft und tragisch miteinander verknüpft waren. Einige Heldensagen nahmen bei den Ostgoten und Burgunden ihren Ausgang. Im Laufe der Zeit erzählte man sie sich bis hinauf nach Skandinavien, das wiederum wie Franken und Angelsachsen eigene Heldengeschichten beisteuerte.

Sie lassen sich mehreren Sagenkreisen zuordnen, die vielfach miteinander verbunden wurden: Insbesondere gilt dies für die Nibelungensagen um den Helden Siegfried, seine Ermordung und den Untergang der Burgunden. Weiterhin für die Abenteuer Dietrichs von Bern, der mit dem Gotenkönig Ermenrich verbunden wird, um den sich wiederum ein eigener Sagenkreis bildete. Außerdem kannte man Sagen um Hilde bzw. Kudrun, von Wolfdietrich und Ortnit, vom Schmied Wieland sowie dem tapferen Streiter Walther. Die Nordgermanen griffen auf diese Stoffe der südlichen Stämme zurück, kannten aber auch eigene Helden wie Hrolf kraki oder Helgi.

Lange Zeit erzählte man sich dergleichen Sagen bloß mündlich. Das älteste niedergeschriebene Heldenlied ist das althochdeutsche „Hildebrandlied" (um 830), dem sich die altnordischen Gedichte des „Atli-", „Wölund-" und „Hunnenschlachtliedes" zur Seite stellen (sie wurden allerdings erst gegen Ende des 13. Jahrhunderts niedergeschrieben). Aus den Liedern entwickelten sich umfangreiche Heldenepen, wozu als ältestes erhaltenes der altenglische *Beowulf* gehört (um 1000 niedergeschrieben) sowie der „Waltharius", der in einer zeitgleichen lateinischen Fassung erhalten ist. Seit ca. 1200 entstanden mittelhochdeutsche Heldenepen, beginnend mit dem „Nibelungenlied" und „Kudrun", denen die zahlreiche Epen um Dietrich von Bern folgten. In dieser Zeit schrieb man in Skandinavien Heldenromane wie die „Wölsungensaga" und die „Saga Thidreks von Bern".

An der Figur des bösen Königs Ermenrich lässt sich die Entwicklung aus einer historisch verbürgten Person bestens verfolgen. Sein Vorbild war der Ostgotenkönig Ermanarich, der sich laut dem römischen Historiker Ammianus Marcellinus hochbetagt 375 beim Angriff der Hunnen das Leben nahm. Der gotische Geschichtsschreiber Jordanes erzählt sein Geschick ausführlicher: Demnach ließ er nämlich Sunilda, die Frau eines Verräters, von Pferden zerreißen. Ihre Brüder Sarus und Ammius wollten sie rächen und verwundeten den greisen Herrscher so schwer, dass er dem Angriff der Hunnen nicht gewachsen war und starb. In Skandinavien kannte man diese Geschichte spätestens seit dem 9. Jahrhundert und dichtete darüber das Heldenlied von Hamdir: Darin rächen dieser (sein altnordischer Name entspricht Ammius) und Sörli (Sarus) ihre Halbschwester Svanhild (Sunilda), die ihr Ehemann Jörmunrek (Ermanarich) wegen vermeintlichen Ehebruchs hinrichten ließ. Zwar gelingt es ihnen, Jörmunreks Gliedmaßen abzuschlagen, aber seine Krieger steinigen sie zu Tode. Tragik prägt dieses Geschehen; denn Hamdir folgte nur widerwillig dem Rachegebot. Außerdem erschlugen die beiden Rächer ihren hilfsbereiten Bruder Erp, dessen Beistand ihnen später fehlte. Ermanarich galt jedenfalls von nun an als der böse Verwandte der Heldensage, der in den Geschichten um Dietrich von Bern zu dessen hinterhältigem Onkel wird.

Weit zurück reicht auch das nur auf Island erhalten gebliebene „Hunnenschlachtlied", in dessen Mittelpunkt der Kampf zwischen Goten und Hunnen steht – historische Vorbilder ließen sich allerdings nicht finden: Der Gotenkönig Heidrek hinterlässt als Erben seinen legitimen Nachfolger Angantyr und Hlöd, den er mit einer hunnischen Prinzessin gezeugt hatte und der darum beim Hunnenherrscher Humli aufwuchs. Als er vom Tod Heidreks hört, fordert er die Hälfte des Erbes – was ihm Angantyr verweigert. Schließlich kommt es zu einer gewaltigen Schlacht zwischen Goten und Hunnen, in der die Letzteren unterliegen; auch Hlöd und Humli finden den Tod. Am Leichnam Hlöds klagt Angantyr, dass er zum Totschläger seines Bruder habe werden müssen.

Dietrich von Bern: im immerwährenden Exil

Der berühmteste germanische Held war Dietrich von Bern, der sich insbesondere in Süddeutschland sowie im Alpenraum großer Beliebtheit erfreute, aber auch bei Norddeutschen, Engländern und Nordgermanen wohlbekannt war. Sein historisches Vorbild ist der ostgotische König Theoderich der Große (452–526), der in Italien ein eigenes Reich gründete. Seine Jugend hatte der Königssohn als Geisel am Kaiserhof von Konstantinopel verbracht. Nach der Rückkehr trat er die Nachfolge seines Vaters an und zog mit seinem heimatlosen Volk auf dem Balkan umher. Seit 489 bekriegte er sich als Verbündeter Ostroms mit dem über Italien herrschenden germanischen Söldnerführer Odoaker, den er vier Jahre später eigenhändig erschlug. Danach begründete er ein mächtiges Ostgotenreich mit der Residenz Ravenna, das Italien Frieden und kulturelle Blüte brachte. Nach seinem Tod schwächten innenpolitische Kämpfe die Goten, deren Reich bis 555 von Ostrom zurückerobert wurde. Gleichwohl genoss Theoderich unter den Germanenvölkern des frühen Mittelalters große Verehrung. Davon zeugt aus der Zeit um 800 die Nachricht, der Frankenherrscher Karl der Große habe in seiner Aachener Pfalz eine mutmaßliche Reiterstatue des Ostgotenkönigs aufstellen lassen. In Schweden errichtete ein Mann zum Gedenken an seinen Sohn den Runenstein von Rök, dessen Inschrift Theoderich den Großen verherrlicht (siehe auch Abb. 10, S. 146).

Diesem sagte man allerdings auch Übles nach: Den besiegten Odoaker habe er heimtückisch hintergangen, den römischen Aristokraten und Philosophen Boethius ließ er hinrichten, Papst Johannes gefangen nehmen. Überhaupt war er der katholischen Kirche als Anhänger des häretischen Arianismus zutiefst suspekt. Konsequenterweise ließ sie ihn vom Teufel holen. Die gotischen Hofhistoriker in Ravenna begannen hingegen bereits zu Theoderichs Lebzeiten mit einer Umdeutung. Danach hatte Theoderich an Odoaker eine Verwandtenrache vollziehen müssen, bzw. dieser hatte ein Mordkomplott gegen ihn geschmiedet. Daraus ergab sich eine moralische Rechtfertigung, die Theoderich schließlich zu einem Vertriebenen machte, der nur sein Reich um Ravenna und Verona habe zurückgewinnen wollen. Diese Erklärung übernahm die Heldensage, die aus dem skrupellosen Machtpolitiker Theoderich den Flüchtling Dietrich von Bern machte, dessen Sagengestalt ganz und gar von Vertreibung und Exil geprägt wird.

Davon erzählt insbesondere das mittelhochdeutsche Doppelepos „Dietrichs Flucht“ und „Rabenschlacht“ (Raben ist die mittelhochdeutsche Bezeichnung Ravennas), das in der zweiten Hälfte des 13. Jahrhunderts entstand. Demzufolge herrscht Dietrich als Nachfolger seines Vaters über Norditalien mit der Lombardei und Verona (mittelhochdeutsch Bern). Aber sein machthungriger Onkel Ermenrich beseitigt seine Verwandten und greift auch den Neffen an. Obwohl dieser ihn abwehren kann, muss er ihm Verona überlassen. Denn Ermenrich hat seine Gefolgsleute gefangen genommen, darunter den Waffenmeister Hildebrand, mit denen als Geiseln er den Neffen zur Flucht zwingt. Damit beginnt Dietrichs wechselhaftes und langjähriges Exil. Mit 50 Getreuen zieht er ins Hunnenland nach Ungarn, wo ihm König Etzel in Gran Exil gewährt. Der Hunnenherrscher stellt ihm zudem ein großes Heer zur Verfügung, mit dessen Hilfe Dietrich Ermenrich angreift. Er besiegt diesen vor Mailand und vertreibt ihn aus Ravenna. Der Sieger nimmt den Verräter Witege wieder in Gnaden auf und schenkt ihm sogar das Pferd Schemming. Dann führt er das Heer zurück ins Hunnenland. Dort erfährt er, Witege habe erneut Verrat begangen und Ravenna Ermenrich ausgeliefert. Dem verzweifelten Dietrich stellt Etzel wiederum ein großes Heer zur Verfügung. Mit den hunnischen Kriegern bereitet er dem Onkel vor Bologna eine Niederlage, worauf sich dieser in die Stadt zurückzieht. Aber Dietrichs Sieg ist teuer erkauft, denn viele seiner Männer sind gefallen, darunter der Held Alphart. Deswegen endet das Epos mit Dietrichs Rückkehr an König Etzels Hof. Die „Rabenschlacht" knüpft daran an, indem Dietrich den Tod Alpharts beklagt. Nachdem er am Hunnenhof auf einer prächtigen Hochzeit Herrat zur Frau genommen hat, zieht er ein weiteres Mal gegen Ermenrich nach Italien. Mit ihm ziehen Etzels jugendliche Söhne Orte und Scharpfe, die er in seine Obhut zu nehmen verspricht. Während Dietrich gegen Ravenna zieht, lässt er Etzels Söhne mit seinem jüngeren Bruder Diether beim alten Elsan in Verona zurück. Die Jungen zieht es vor die Stadt, wo sie sich im Nebel des nahen Meeres verlaufen. Dabei stoßen sie auf Witege, den sie angreifen und dabei selbst getötet werden. Derweil tobt vor Ravenna zwölf Tage lang eine gewaltige Schlacht, in der unter anderem Dietrich den Helden Siegfried besiegt und schließlich Ermenrich ein weiteres Mal in die Flucht schlägt. Dessen böser Ratgeber Sibeche wird gefangen genommen und nackt auf einem Pferd durchs Heer geführt. Da erfährt Dietrich vom Tod seines Bruders und der Etzelsöhne. Am Strand findet er ihre Leichen und erkennt, dass nur Witeges Schwert Mimmung ihre Todeswunden geschlagen haben kann. Er verfolgt ihn ans Meer, wo das Meerweib Wachilt Witege nebst Pferd in die Flut zieht. Sie nimmt ihn mit auf den Meeresgrund und rettet ihn damit vor Dietrichs Zorn. Anschließend erobert Dietrich Ravenna, aus dem Ermenrich die Flucht gelingt. Dann kehrt er zum Hunnenhof zurück, wo ihn Etzel und Helche trotz ihres großen Schmerzes in Gnaden aufnehmen. Letztendlich gelingt dem Flüchtling erst nach 30 Jahren die Rückkehr in sein Reich.

Außerdem steht Dietrich im Mittelpunkt mehrerer märchenhafter Heldensagen, in denen er gegen fabelhafte Wesen wie Riesen, Zwerge und Drachen kämpft. Im „Laurin" zieht er mit Witege in den Wald von Tirol, um den Rosengarten des gleichnamigen Zwergenkönigs kennenzulernen. Als sie die Rosen zertreten, erscheint dieser und besiegt Witege im Kampf. Mithilfe hinzukommender Gefolgsleute gelingt es Dietrich jedoch, den Zwergenkönig niederzuringen. Als der Berner ihn töten will, fleht er den Krieger Dietleib um Hilfe an, halte er doch dessen Schwester Künhild auf seiner Burg gefangen. Daraufhin befreit Dietleib den Zwerg. Laurin lädt die Berner in seinen Berg ein, wo sie von Künhild empfangen werden. Der Zwerg sinnt derweil auf Rache, verabreicht den Helden einen Betäubungstrank und kerkert sie ein. Aber Künhild befreit ihren Bruder und die anderen. Im folgenden Kampf zwischen den Männern Dietrichs und Laurins Zwergen nebst fünf Riesen bleiben die Helden erfolgreich. Dietrich kehrt mit seinen Männern heim; der gefangen genommene Laurin muss fortan in Bern als Gaukler sein Dasein fristen.

Im „Eckenlied" ist es ein junger Riese namens Ecke, der sich mit Dietrich im Kampf messen will. Er folgt ihm nach Tirol, alle Warnungen schlägt er in den Wind. Widerstrebend lässt sich Dietrich zum Zweikampf drängen, in dem er schließlich Ecke niedersticht und ihm auf dessen Bitte den Kopf abschlägt. In Eckes Rüstung reitet er mit diesem davon. Die Herrscherin Frau Babehild gibt ihm eine Salbe, die seine Wunden heilen lässt. Er trifft ein Mädchen, das von Eckes Bruder Fasolt verfolgt wird. Daraufhin besiegt er diesen im Kampf, lässt ihn jedoch am Leben und zieht mit ihm weiter. Dietrich wird wegen seiner Rüstung immer wieder für Ecke gehalten und muss erneut kämpfen, nachdem dessen Totschlag bekannt wird. Nach einer anderen Fassung verrät Fasolt Dietrich und wird deshalb von ihm getötet. Er gelangt schließlich zu Königin Seburg auf Jochgrim und macht ihr Vorwürfe, sie habe Ecke in den Tod geschickt. Er wirft ihr dessen Kopf vor die Füße und reitet nach Bern zurück.

Insbesondere diese phantasievollen Dietrichsagen waren im Mittelalter sehr beliebt. Inwiefern sie dabei aus alten Sagen oder gar Mythenresten schöpften, ist völlig unklar. Jedenfalls griffen sie Motive der Volksüberlieferung auf und gestalteten daraus die vielschichtigen Abenteuer des Heldenkönigs.

Ein ganz anderer Ton prägt die Heldensage um Dietrichs Waffenmeister Hildebrand, von dem mit dem althochdeutschen „Hildebrandlied" von etwa 830 das älteste Zeugnis eines germanischen Heldenliedes erhalten blieb. Ob seine Gestalt auf ein historisches Vorbild zurückgeht, ist nicht bekannt; jedenfalls wurde er zum Idealtyp des treuen Gefolgsmannes, der seinem Herrn ins Exil folgt und ihm stets zur Seite steht. Im Lied kehrt der alte Recke nach 30-jährigem Exil an der Spitze eines Heeres in die Heimat zurück, aus der er und Dietrich von Odoaker vertrieben wurden (Ermenrich trat erst später an dessen Stelle). Dort stößt er im feindlichen Heer auf seinen Sohn Hadubrand, den er bei der Flucht zurücklassen musste. Beide treten zwischen ihren Heeren zum Zweikampf gegeneinander an, den Hildebrand verhindern möchte. Aber der Sohn glaubt ihm nicht: Sein Vater sei vermutlich längst tot und er werde keinem lügnerischen alten Hunnen vertrauen. Darum muss sich Hildebrand dem Kampf mit dem eigenen Sohn stellen, was er mit einer Anrufung Gottes und dem Ausruf „Wewurt skihit“ (Übles Geschick geschieht) kommentiert. Die Handschrift bricht vor dem Ende des Liedes ab; nach der isländischen „Saga von Asmund dem Kämpentöter“ tötet der Vater jedoch seinen Sohn. Dabei gerät Hildebrand in einen tragischen Konflikt: Verweigert er Hadubrand den Kampf, steht er als ehrloser Feigling da, der König Dietrich verrät. Greift er zu den Waffen, muss er den eigenen Sohn töten. Sippentreue und Vaterliebe stehen gegen Gefolgschaftstreue und persönliche Ehre, wofür sich Hildebrand letztlich entscheidet.

Wieland der Schmied

Weite Verbreitung fand unter den germanischen Völkern die Heldensage von Wieland, einem insofern untypischen Protagonisten, als er weder Krieger ist noch Schlachten schlägt. Als Schmied gehörte er jenem uralten Stand an, der seit der Bronzezeit die Phantasie der Menschen beschäftigte. Aber trotz ihres unheimlichen Charakters galten diese Handwerker doch als Schöpfer der herrlichsten Gegenstände. Davon zeugt in der germanischen Mythologie die Kunstfertigkeit der Zwerge. Wieland (Wölund in Skandinavien) galt als der Meisterschmied schlechthin. Seinem Sohn Witege schuf er Rüstung, Helm und Schwert. Außerdem galt er als Schöpfer der Rüstungen Walthers von Aquitanien und des schwedischen Gautenhelden Beowulf, ebenso des Helmes des Riesen Ecke, den Dietrich von Bern an sich nahm. Bereits um 700 respektive 800 werden seine Abenteuer in den Szenen eines englischen Elfenbeinkästchens sowie eines Bildsteins der Ostseeinsel Gotland bezeugt. Überhaupt sind es wiederum die Nordgermanen, die seine Sage überliefern – so im 9. Jahrhundert im „Wölundlied“, einem Heldenlied der Edda. Die ausführlichste Geschichte gibt die norwegische „Saga Thidreks von Bern“ wieder, die um 1250 auf niederdeutsche Quellen zurückgriff. Ihnen zufolge ist Wieland der Sohn eines Riesen, der ihn mit neun Jahren zu dem Schmied Mimir nach Westfalen bringt. Nach drei Jahren gibt er ihn zu zwei Zwergen in die Lehre, die im Berg Ballova hausten und berühmte Schmiede waren. Später töten die heimtückischen Zwerge Wielands Vater, worauf dieser Rache übt und sich ihre Schätze aneignet. Auf seinem Weg nach Norden schafft er sich an der Weser einen Einbaum mit Glasluken, womit er zu König Nidung nach Jütland verschlagen wird. Dort bestreitet er mit des Königs Schmied Amilias ein Wettschmieden: Dieser schmiedet eine Rüstung, Wieland hingegen das Meisterschwert Mimung, mit dem er den Widersacher durchbohrt und die Wette gewinnt. Als er sich als Opfer von Hofintrigen sieht, versucht er den König zu vergiften, wird aber gefangen genommen und auf Befehl Nidungs werden ihm die Beinsehnen durchschnitten. Als hilfloser Krüppel muss er von nun an für den König Kleinode schmieden. Er rächt sich schließlich, indem er die beiden jüngsten Königssöhne tötet und Nidungs Tochter schwängert. Mithilfe seines Bruders Egill, eines Meisterschützen mit Pfeil und Bogen, gelingt ihm schließlich die Flucht in einem Federhemd, mit dem er davonfliegt.

Der Kern dieser Heldensage ist wahrscheinlich deutscher Herkunft. Als historisches Vorbild könnte eine Episode aus der Völkerwanderungszeit gedient haben: Danach ließ die Rugierkönigin Giso zwei germanische Goldschmiede gefangen halten, um ihre Dienste zu beanspruchen. Sie erpressten sich jedoch ihre Freiheit, indem sie den Königssohn mit dem Leben bedrohten. Die Vorstellung des hinkenden Schmieds erinnert an die antike Sage des Hephaistos (römisch Vulcanus), Wielands Flucht fand sein Vorbild womöglich in der Sage von Dädalus, der auf diese Weise König Minos entflieht. All dies mag gemeinsam mit Märchenmotiven zur Herausbildung der beliebten Sage beigetragen haben.

Siegfried und der Nibelungen Not

In Deutschland sowie unter den Nordgermanen schätzte man insbesondere die Sagen um die Nibelungen. Ihr ältester historischer Kern führt zu den ostgermanischen Burgunden zurück, die am Mittelrhein um Worms ein Reich begründet hatten. Im Jahr 436 erlitten sie unter den Königen Gundahar, Gislahar, Godomar und Gibica eine verheerende Niederlage gegen mit Rom verbündete hunnische Truppen. Die Überlebenden wurden in das Gebiet des Genfer Sees umgesiedelt. Das Ende des Wormser Reiches verband man irgendwann mit dem Hunnenherrscher Attila, der allerdings persönlich nicht am Kampf gegen die Burgunden beteiligt war. Von seinem Tod 453 berichtet 100 Jahre später Jordanes, er sei in der Hochzeitsnacht mit einer Germanin namens Ildico an einem Blutsturz gestorben. Daraus entwickelte sich die Geschichte von einer germanischen Nebenfrau, die in jener Nacht den Hunnenherrscher aus Verwandtenrache getötet habe.

Auf diese Weise entstand eine Heldensage, deren ältestes Zeugnis das altnordische „Atlilied“ (*Atlakviða*) aus dem 9. Jahrhundert ist. Darin vermählt sich Atli (Attila) mit der Königstochter Gudrun, deren mittelhochdeutscher Name Kriemhild an die historische Ildico erinnert. Um den Schatz seiner

Schwäger Gunnar und Högni zu gewinnen, lädt er diese zu sich ein. Trotz Gudruns Warnung folgen sie der Einladung. Der goldgierige Atli lässt die beiden gefangen nehmen und Högni das Herz herausschneiden. Als Gunnar das Versteck des Hortes nicht verrät, wird er in einen Schlangenhof geworfen, wo er zu Tode kommt. Dabei spielt er auf einer Harfe, die ihm Gudrun zukommen ließ. Sie rächt ihre Brüder, indem sie die eigenen Söhne tötet, aus ihren Schädeln Trinkbecher fertigen lässt und diese auf einem Festmahl Atli vorsetzt. Er trinkt daraus den mit dem Blut seiner Söhne vermischten Met. Außerdem isst er unwissentlich deren Herzen, die ihm Gudrun als Speise reichen lässt. Dann offenbart sie ihm ihre Rache. Als in der Nacht alle betrunken sind, erschlägt sie den Schlafenden und legt Feuer an die Halle, in dem alle Gefolgsleute Atlis umkommen. Das Verhalten der Gjukungen (die Burgunden im Norden) galt als zutiefst heroisch: Denn Gunnar folgt trotz aller Warnungen der Einladung des Schwagers, um seine Ehre zu wahren und nicht als Feigling zu gelten. Dem Tod stehen er und Högni gelassen und furchtlos gegenüber, Gudrun schließlich rächt ihre Blutsverwandten rücksichtslos.

Diese Rachesage wurde mit der Heldengestalt Siegfried verbunden, dem neben Dietrich von Bern bekanntesten germanischen Helden. Wie jener als heimatloser Flüchtling Berühmtheit erlangte, zeichneten Siegfried seine Jugendabenteuer, seine übermenschliche Stärke sowie die Ermordung durch nächste Verwandte aus. Ein historisches Vorbild dafür lässt sich am ehesten unter den fränkischen Merowingern des 6. Jahrhunderts finden, ohne dass man über einzelne Personen Gewissheit erlangen könnte. Jedenfalls gelangten die fränkischen Sagen nach Süddeutschland, wo aus ihnen das „Nibelungenlied“ entstand, und nach Skandinavien bis nach Island, wo Sigurds Geschicke – so sein nordgermanischer Name – am ausführlichsten geschildert wurden. Mehrere Heldenlieder der um 1270 niedergeschriebenen „Älteren Edda“ haben sie ebenso zum Thema wie die wahrscheinlich zur gleichen Zeit entstandene „Wölsungensaga“. Dort verband man den südlichen Sagenstoff mit eigenen Motiven und erzählte des Helden Geschick wie folgt: Sigurd ist der nachgeborene Sohn des Wölsungen Sigmund mit der Königstochter Hjördis. Seine Jugend verbringt er bei Mutter und Stiefvater, bis er zum Schmied Reginn gegeben wird. Er gewinnt nicht nur das edle Pferd Grani, sondern rächt auch den Tod seines Vaters. Sein Ziehvater Reginn stachelt ihn zur Tötung seines zum Drachen gewordenen Bruders Fafnir an, um sich dessen Schatz anzueignen. Vorher schmiedet er ihm die zerbrochenen Klingenteile Sigmunds zum Schwert Gram zusammen. Auf der Gnitaheide gräbt Sigurd auf Fafnirs täglichem Weg zum Wasser eine Grube, in der er sich versteckt (Abb. 12). Als der

Abb. 12 Szene des Portals der Stabkirche von Hylestad (Norwegen, 12. Jahrhundert): Der Held Sigurd tötet Fafnir.

Drache giftschnaubend darüberkriecht, stößt er ihm das Schwert ins Herz. Das sterbende Untier warnt ihn vor seinem Unheil verheißenden Gold. Dann kommt Reginn herbei, trinkt dessen Blut und befiehlt dem jungen Helden, das Drachenherz zu braten. Als dieser sich dabei den Finger verbrennt, steckt er ihn in den Mund und versteht plötzlich die Sprache der Vögel. Diese bezichtigen Reginn, Verrat gegen den Pflegesohn zu planen. Daraufhin schlägt er dem Schlafenden den Kopf ab, isst Fafnirs Herz und trinkt beider Blut. Nach einer anderen Überlieferung badet er im Blut des Drachen und erhält dadurch eine unverletzliche Hornhaut – bis auf eine Stelle, auf die ein Lindenblatt fällt. Mit Fafnirs Schatz reitet Sigurd anschließend zum Berg Hindarfjall, wo er die feurige Waberlohe durchquert. Der in einen Zauberschlaf versetzten Brynhild nimmt er die Brünne ab und erweckt sie. Beide verloben sich und versprechen einander. Schließlich gelangt er an den Hof König Gjukis, wo er freundlich aufgenommen wird. Königin Grimhild möchte ihn mit ihrer Tochter Gudrun verheiraten. Darum gibt sie ihm einen Zaubertrank, damit er Brynhild vergisst. Demzufolge heiratet Sigurd Gudrun und gelobt sich mit ihren Brüdern Gunnar und Högni Schwurbrüderschaft. Er reitet mit ihnen zu Brynhild, um die Gunnar freien will. Weil aber dessen Pferd den Ritt durch die Waberlohe verweigert, nimmt Sigurd Gunnars Gestalt an und reitet auf Grani hindurch. Er teilt mit Brynhild das Brautlager, legt aber sein Schwert zwischen sie und sich. Als Gunnar und Brynhild Hochzeit halten, erinnert sich Sigurd der mit ihr geschworenen Eide, schweigt aber. Beim Haarebleichen im Fluss streiten Gudrun und Brynhild, welche den edleren Ehemann habe. Gudrun weist den Goldring vor, den Sigurd in der Brautnacht von Brynhilds Finger genommen und ihr geschenkt hatte. Dadurch erfährt Brynhild von der Täuschung. Sie hetzt deshalb Gunnar und Högni auf, den Schwager zu töten. Da sich aber beide mit ihm Eide geschworen haben, übernimmt ihr Bruder Gotthorm diese Aufgabe. Im Todeskampf wirft Sigurd noch Gram nach seinem Mörder, das diesen durchschneidet. Gudrun erwacht im Blut ihres Mannes und vernimmt seine letzten Worte. Brynhild jedoch tötet sich aus Kummer selbst mit dem Schwert und wird mit Sigurd verbrannt. Gudrun verheiratet man zur Versöhnung mit Brynhilds Bruder Atli. Hier nun schließt sich die oben geschilderte Heldensage an, in der Gudrun ihre Brüder an Atli rächt. Ganz anders hingegen im „Nibelungenlied“: Dort heiratet Kriemhild den Hunnenkönig Etzel (der mittelhochdeutsche Name Attilas), um den ermordeten Siegfried an ihren Brüdern und insbesondere dessen Mörder Hagen von Tronje zu rächen, was zum blutigen Burgundenuntergang führt. Ihr Gemahl spielt dabei nur eine unbedeutende Rolle.

Woher im Übrigen der Name der Nibelungen (altnordisch *Niflungar*) stammt, ist ungewiss. In der deutschen Heldensage werden damit ursprünglich die Besitzer des Schatzes bezeichnet, den die skandinavischen Erzählungen sogar auf die Götter um Odin zurückführen. Die wahrscheinlich fränkische Heimat kannte einen solchen mythologischen Bezug nicht. Demnach wären die Nibelungen kein mystisches „Nebelvolk“, sondern kamen womöglich aus dem belgischen Ort Nivelles oder bedienten sich einer sagenhaften unsichtbar machenden Tarnkappe, die sie schlicht „vernebelte“. Die Heldensage setzte jedenfalls die Nibelungen mit den Burgunden gleich, die insbesondere im „Nibelungenlied“ unter diesem Namen Berühmtheit erlangten. Ihr sagenhafter Hort wurde im Süden wie im Norden zum Symbol der Macht, um das mit allen Mitteln gekämpft wird. Das bis heute populärste Motiv entstammt dem „Nibelungenlied“, in dem sich Siegfrieds Mörder Hagen den Schatz aneignet und für immer im Rhein versenkt. Das sprichwörtlich gewordene Rheingold besangen damals sogar die Isländer.

Beowulf – Monstertöter und Drachenkämpfer

Während die Überlieferungsstränge der Nibelungensagen über viele Jahrhunderte zahlreich und verworren sind, ist das einzige altenglische Heldenepos um Beowulf („Bienen-Wolf“ als eine Umschreibung des Bären) lediglich in einer Handschrift erhalten geblieben, in die man es um 1000 niederschrieb. In seinem Mittelpunkt steht ein Held der südschwedischen Gauten, der gegen ein Moorungeheuer und einen Drachen kämpft. Mit 14 Kriegern sticht er in See, um die Dänen von dem bösartigen Monster Grendel zu befreien, das seit Jahren die prächtige Halle Heorot König Hrothgars heimsucht. Dieser heißt ihn willkommen und gibt ihm freie Hand. Nachdem die in der Halle schlafenden Gautenkrieger überfallen wurden und einer dem Unhold zum Opfer fiel, tritt Beowulf mit bloßen Händen Grendel entgegen. Beide ringen miteinander, bis er dem Monster einen Arm ausreißt. Während dieses ins Moor flieht, wird sein Riesenarm über dem Eingangstor als Siegestrophäe ausgestellt. Auf der Feier wird Beowulf von König Hrothgar gepriesen und erhält ein goldenes Banner, Helm, Brünne und Schwert, dazu edle Pferde und Kleinodien. Als Grendels Mutter wutentbrannt die Dänen überfällt und dabei des Königs Gefolgsmann Aeschere tötet, verspricht Beowulf dem Dänenherrscher erneut Hilfe. Gemeinsam mit Hrothgar und den Kriegern verfolgt er die Spuren der Unholdin bis zum unheimlichen Grendelsee. Bevor der Held in Harnisch und Helm hinuntertaucht, bittet er den König, im Falle seines Todes sich seiner Krieger anzunehmen und seinen Schatz an den Gautenherrscher Hygelac zu schicken. Auf dem Seegrund ergreift ihn Grendels Mutter mit ihren Krallen, vor denen ihn allein sein Harnisch schützt. Er wird in die Behausung der Unholde geschleppt, kann aber der Riesin mit seinem Schwert nichts anhaben. Da ergreift er ein Riesenschwert und durchschlägt seiner Feindin den Hals. Als er sich in der unterirdischen Halle umschaut, erblickt er Grendels Körper, dem er den Kopf abschlägt. Die Schwertschneide schmilzt vom Kampfblut dahin. Dann schwimmt Beowulf wieder hinauf, Schwertgriff und Grendels Kopf als Beute bei sich. Vier Männer braucht es, um des Unholds Schädel auf einem Lanzenschaft zur Halle Heorot zu schleppen. Dort wird der Held gebührend gefeiert und kehrt mit seinen Kriegern zurück ins Gautenland. König Hygelac empfängt sie in seiner Halle, erhält reiche Geschenke und revanchiert sich mit Gegengaben und indem er Beowulf Land gibt und zum Fürsten macht. Nach des Königs Tod wird Beowulf Herrscher der Gauten, die er 50 Jahre lang regiert. Da verheert ein Drache das Reich, weil ihm ein kostbarer Kelch seines Schatzes geraubt wurde. Des Nachts fliegt er umher, speit Feuer und zerstört die Höfe der Gauten, darunter auch Beowulfs Halle. Dieser rüstet sich hochbetagt zum Kampf. Zu zwölft ziehen er und seine Krieger los, der Dieb des Kelches weist ihnen als 13. Begleiter den Weg. Der König tritt allein vor die Drachenhöhle und fordert das Untier heraus. Aber weder ein Eisenschild noch Beowulfs Erbschwert Nägeling halten dem Drachenatem stand. Der alte Held gerät in große Bedrängnis, bis ihm als Einziger der junge Wiglaf zu Hilfe kommt. Da beißt der Drache in Beowulfs Hals und bringt ihm eine tödliche Wunde bei. Wiglaf versetzt ihm von unten den Todesstich. Mit letzter Kraft zückt Beowulf seinen Dolch und schneidet das Untier mittendurch. Todmatt vom Drachengift sinkt er in dessen Höhle nieder, von Wiglaf versorgt. Dort erzählt er von seinen Ruhmestaten und lässt sich den Schatz des Drachen zeigen. Dann heißt er seine Männer, einen Scheiterhaufen aufzutürmen und einen Grabhügel zu seiner Erinnerung zu errichten. Die Gautenkrieger ziehen zu dem auf dem Totenbett liegenden König, wo Wiglaf spricht: Den Schatz solle man sich anschauen, Holz solle man für den Scheiterhaufen zusammentragen. Sieben tapfere Kämpfer räumen den Schatz hinaus und werfen den Drachen über die Klippe ins Meer. Der Scheiterhaufen wird mit Helmen, Brünnen und Schilden behängt, in die Mitte legen sie Beowulf. Während des Feuers singt ein altes Klageweib ein Klagelied. Dann errichten sie in zehn Tagen den Grabhügel, die Brandreste umgeben sie mit einem Wall. In den Hügel kommen Ringgold, Kleinodien und Schmuck. Zwölf Krieger reiten um den Grabhügel, ein Klagelied anstimmend und den Toten preisend.

Wahrscheinlich schrieb ein gelehrter Geistlicher dieses ausdrucksstarke Epos nieder, um zu belegen, dass selbst ein heidnischer Vorfahre ein guter und selbstloser Held sein konnte. Beowulf selbst bleibt dabei ohne historisches Vorbild, seine Geschichte prägen sagen- und märchenhafte Motive. Die Sage selbst wird allerdings in Südskandinavien angesiedelt und verweist auf das 6. Jahrhundert, als Gauten und Dänen Nachbarn in Krieg und Frieden waren.

11

Mythen im Mittelalter – Keltisches und germanisches Erbe zwischen Christentum und Aberglaube

Camelot und die Ritter der Tafelrunde

Kaum etwas wäre von den Mythen und Heldensagen der Kelten und Germanen erhalten geblieben ohne die wissbegierigen und schreibkundigen Gelehrten und Dichter des Mittelalters, die zumeist Geistliche in Klöstern und Domschulen waren. Darauf wurde bereits in der Darstellung irischer, walisischer sowie nordgermanischer Überlieferungen verwiesen. Anhand der nun folgenden Beispiele lässt sich erkennen, wie man in jenen von Christentum und höfischer Ritterkultur geprägten Jahrhunderten die Reste der alten Mythen des Nordens aufgriff. Dabei erhielten sie oftmals die Gestalt, in der sie bis in die Gegenwart bekannt und populär sind.

Dafür steht beispielhaft der britische Sagenherrscher Arthur, dessen historisches Vorbild bekanntlich ein keltischer Stammesführer des 5. oder 6. Jahrhunderts gewesen sein dürfte. Auf diese bereits in seiner Zeit nebelhafte Gestalt stieß der walisische Gelehrte und spätere Bischof Geoffrey von Monmouth, als er um 1140 die lateinische „Geschichte der Könige Britanniens“ (*Historia Regum Britanniae*) schrieb. Deren fast zwei Jahrtausende umfassende Historie lässt er mit dem endgültigen Sieg der aus Germanien eingedrungenen Angelsachsen enden. Zuvor leistet ihnen jedoch König Arthur erfolgreich Widerstand; er besiegt sie in vielen Schlachten und vertreibt sie vorübergehend aus Britannien. Danach unternimmt er etliche Feldzüge und erobert Irland, Norwegen und Gallien. Laut Geoffreys phantasievollen Ausführungen übertraf Britannien letztendlich alle übrigen Reiche und galt als Vorbild an Reichtum, ritterlicher Tapferkeit und höfischen Sitten. Arthurs Macht war so groß, dass er mit seinem Heer sogar gegen Rom marschierte. Von dessen Einnahme hielt ihn der Verrat seines Neffen Mordred ab. Mit ihm lieferte sich der König eine große Schlacht, die dem Verräter den Tod brachte. Arthur aber wurde auf die Insel Avalon entrückt. Der walisische Geistliche verlieh auch der Figur des Zauberers

Merlin jene Züge, die ihn bis heute zum vermeintlichen Idealtyp des keltischen Druiden machen. Mit diesem verband er als Erster den neolithischen Steinkreis von Stonehenge, den der Magier angeblich von Irland nach Somerset beförderte.

Geoffrey wurde zum mittelalterlichen Mythenschöpfer, der fabelhafte Erzählungen mit volkstümlichen Überlieferungen und Motiven seiner eigenen Phantasie verknüpfte. Mit seiner „Historia" wollte er die normannischen Herrscher verherrlichen, die auf Englands Thron saßen, seitdem ihn Wilhelm der Eroberer 1066 gewonnen hatte. Dieser hatte die Nachkommen jener angelsächsischen Könige vertrieben, die seit Arthurs Zeiten England regierten. Deshalb hegten viele der keltischstämmigen Waliser und Bretonen Sympathien für die Normannen. Von ihnen gelangten die Geschichten um Arthur und seine Ritter an die französischen Höfe, wo sie sich rasch großer Beliebtheit erfreuten. Denn der König und sein Hof galten als Vorbilder, denen man nacheifern wollte. Darum schrieb man zwischen Sizilien und Island unzählige Romane, Versepen, Chroniken und Balladen über den Sagenherrscher und seine Helden, die nicht nur der moralischen Belehrung, sondern auch der spannenden Unterhaltung dienten. Einige Jahrzehnte nach Geoffrey von Monmouth war es insbesondere der aus der Champagne stammende Dichter Chrétien de Troyes, der mit seinen Werken über die Arthurritter Lancelot, Yvain und Perceval den Stoff weiterspann. Ihm folgend nahmen sich seiner auch mittelhochdeutsche Poeten an, so Hartmann von Aue und Wolfram von Eschenbach.

Im 15. Jahrhundert waren es wiederum zwei Männer der Britischen Inseln, die der Verbreitung der Arthursagen einen entscheidenden Impuls gaben. Der 1471 verstorbene Sir Thomas Malory hatte alles dazu gesammelt und ein umfangreiches Werk hinterlassen. Dieses Nachlasses nahm sich der Buchdrucker William Caxton aus Westminster an: Er ordnete das opulente Werk in 21 Bücher und gab es schließlich 1485 unter dem Titel *Le Morte Darthur* („Der Tod Arthurs") heraus. Damit erhielt er der Nachwelt ein Buch, das am Ende des Mittelalters fast den gesamten Stoff der Dichtungen um König Arthur vereinte. Wer immer sich später mit jener Sagenwelt beschäftigte, der griff auf *Le Morte Darthur* zurück. Allerdings erzählt das dickleibige Werk von erheblich mehr als dem Tod des Königs; denn sein Verfasser entwirft ein prächtiges Bild der Helden an Arthurs Hof Camelot, die eine Vielzahl von Abenteuern bestehen. Darunter finden sich der glorreiche Ritter Lanzelot, der sich unsterblich in Königin Ginevra verliebt, der mannhafte Gawein, der den Gral suchende Parzival, der dieses Heiligtum findende Galahad, die feenhafte Morgana, Arthurs Halbschwester, und neben vielen weiteren Gestalten schließlich auch Merlin, der geheimnisumwitterte Zauberer und Ratgeber des Königs und seines Vaters.

Malory erzählt die unverwechselbaren Geschichten der Arthursagen: Wie König Uther Pendragon mithilfe Merlins in der Gestalt des Herzogs von Cornwall zur meerumtobten Burg Tintagil reitet und dort mit dessen Frau Igraine den Helden zeugt. Wie der unerkannt bei einem Edelmann aufgewachsene Jüngling Arthur nach dem Tod des Vaters als Einziger ein Schwert aus Amboss und Stein herauszieht und sich damit als rechtmäßiger König Englands zu erkennen gibt. Wie er gemeinsam mit seiner Gemahlin Ginevra in Camelot herrscht und die Ritter der vielgerühmten Tafelrunde um sich schart, deren hehrstes Ziel es war, den heiligen Gral zu finden. Wie Arthurs Leben trotz allen Ruhms tragisch verlief, weil er ahnungslos mit seiner Halbschwester oder Schwester Morgana einen Sohn zeugte: Mordred, der ihn mit Hass verfolgte und sein ärgster Feind wurde – bis sich beide in der letzten Schlacht gegenseitig den Tod geben. Zu den unvergesslichen Szenen gehört, wie der einzig überlebende Ritter Bedivere im Auftrag des todwunden Königs dessen Schwert Excalibur ins Meer wirft, wo sich eine Hand aus dem Wasser reckt, die wunderbare Waffe ergreift und damit in den Fluten untertaucht. Schließlich entschwindet Arthur auf einer Barke mit schwarzgekleideten Frauen in das rätselhafte Avalon. Damit war ein mittelalterlicher Sagenherrscher geschaffen, in dessen Geschichten sich ferne keltische Elemente mit christlichen und anderen Motiven verbanden.

Dies zeigt sich insbesondere in der Suche nach dem Gral, der erstmals gegen Ende des 12. Jahrhunderts von Chrétiens de Troyes genannt wird. Dort erblickt ihn der Ritter Perceval (Parzival) in der Burg des Fischerkönigs, ohne dass er damit etwas anfangen könnte. In der Tat wurde der Gral, den man sich meistens als Schale, Kelch oder Edelstein vorstellte, zum Symbol des Geheimnisvollen und Mystischen. In der Zeit der Kreuzzüge und der ausgeprägten Reliquienverehrung sah man in ihm den Abendmahlskelch Christi und damit ein christliches Sinnbild. Darüber hinaus gilt er bis heute als Symbol des Heils, der Erlösung und des dies- wie jenseitigen Glücks. Deshalb suchte man ihn in verborgenen Gewölben, verwitterten Burgruinen oder einsamen Kapellen. Zahlreich sind die Gegenstände, in denen man den Gral vermutete: darunter ein Kelch im spanischen Valencia, ein Holzgefäß in Nordwales und eine Bronzeschale in Glastonbury, wohin er nach der Überlieferung aus dem Heiligen Land gebracht wurde. Gerade dort unweit von Stonehenge scheinen die christlich-biblischen Vorstellungen auf die Welt der alten Mythen des Nordens zu treffen. Denn obwohl die Geschehnisse der Gralsburg zweifelsohne an die Leidensgeschichte Christi erinnern, ähneln sie doch auch keltischen Motiven und Erzählungen. Dementsprechend wirkt Percevals Suche wie eine Reise in die Anderwelt. Und der wundersame Gral selbst gemahnt an jene Kessel, die in der Welt der Kelten allenthalben zu finden sind. Nach archäologischen Funden wie dem Gundestrupkessel und literarischen Überlieferungen aus Irland und Wales genossen solche Gefäße einst große Bedeutung. Denn sie galten als Spender von Nahrungsfülle und Reichtum sowie von Weisheit und poetischer Inspiration. Außerdem verband man mit ihnen mutmaßlich den Glauben an eine Wiedergeburt. Insofern dürfte sich hinter dem hochmittelalterlichen Gralsmythos durchaus ein Rest alter vorchristlicher Mythen verbergen.

Die alten Mären der Stauferzeit: Nibelungen und Dietrichhelden

Auch die germanischen Heldensagen gewannen ihre bekannte Gestalt in der Zeit des hohen Mittelalters. Das berühmteste Beispiel dafür bietet das mittelhochdeutsche „Nibelungenlied“, auf dessen Sagentraditionen bereits eingegangen worden ist. Denn es war vermutlich erst der unbekannte Dichter vom Hof des Passauer Bischofs, der um 1200 die beiden Sagenstränge der Ermordung Siegfrieds und des Nibelungenuntergangs zu einer stimmigen Rachegeschichte verknüpfte. Er griff dafür zweifellos auf „alte Mären“ zurück, gab ihnen aber – wie oben dargelegt – in seinem Epos eine neue Zielrichtung: Kriemhild übt an ihren engsten Blutsverwandten grimmige Rache für ihren geliebten Siegfried – eine Rache, die sie über Jahrzehnte plante. Am Hunnenhof ihres zweiten Ehemannes Etzel hetzt sie die Wormser Burgunden und die Hunnen so lange gegeneinander auf, bis es zu jenem gewaltigen Gemetzel kommt, für das das „Nibelungenlied“ berühmt ist: Die Burgunden-Nibelungen sterben allesamt, ihren Bruder Gunther lässt die wutentbrannte Kriemhild töten, seinen Gefolgsmann Hagen von Tronje, Siegfrieds Mörder, erschlägt sie gar eigenhändig – worauf sie selbst wiederum von Dietrichs Waffenmeister Hildebrand getötet wird. Selbst für das sicherlich einiges gewöhnte Publikum an den süddeutschen Höfen des 13. Jahrhunderts war dies augenscheinlich zu viel. Darum verfasste wiederum ein Unbekannter ein zweites Epos, das als „Die Klage“ bekannt ist. Darin wird das ganze Geschehen noch einmal zusammengefasst, die gefallenen Helden werden gelobt und schließlich bietet man dem Publikum Erklärungshilfen, was das Ganze zu bedeuten habe. Dies besprechen die überlebenden Helden Etzel, Dietrich sowie Hildebrand und die Frauen. Anschließend schildert das Epos, wie die Gefallenen aufgebahrt und bestattet wurden und wie den Hinterbliebenen in Worms Nachricht vom traurigen Geschehen überbracht wurde. Kriemhild wird von jeder Schuld freigesprochen, da sie aus Treue gegenüber ihrem ersten Ehemann Siegfried handelte. Hagen wird hingegen die Hauptschuld zugesprochen, da er sich von der Ursünde des Hochmuts leiten ließ. Ihm ist die Verdammnis gewiss, während Kriemhild die ewige Seligkeit winkt.

Warum das Ganze? Im Gegensatz zu den Geschichten um König Arthur und seine Tafelrunde geht es im berühmtesten deutschen Epos des Mittelalters kaum um höfische Vorbilder. Wie das damalige Publikum das „Nibelungenlied" verstand, ist ungewiss. Womöglich sollte der Dichter im Auftrag des Passauer Bischofs Wolfger von Erla eine Heldengeschichte um dessen verehrten Vorgänger Pilgrim verfassen, denn die fiktiven Burgunden kehren an dessen Hof ein. Oder bargen die neu gestalteten alten Mären Anspielungen auf die eigene Gegenwart, die trotz christlichen Glaubens und höfischer Ideale beklagenswerte Kriege nebst Verrat und Hinterlist bot? Gerade in jenen Jahren eskalierten die Kämpfe zwischen den mächtigen Adelsgeschlechtern der Staufer und Welfen, die miteinander verwandt waren. Die Auseinandersetzungen zwischen Kaiser Friedrich Barbarossa und Herzog Heinrich dem Löwen setzten sich in einem erbitterten Thronstreit fort. 1198 beanspruchten ihre Söhne Philipp von Schwaben und Otto die Krone des Heiligen Römischen Reiches. War der sagenhafte Nibelungenschatz eine Metapher für den zeitgenössischen Schatz der sizilianischen Normannen? Als der Staufer Heinrich VI. die Erbin des fernen Mittelmeerreiches heiratete und dessen Widerstand niederkämpfte, ließ er diesen Schatz angeblich auf die pfälzische Reichsburg Trifels bringen.

Fragen, auf die sich niemals sichere Antworten finden lassen werden. Was bleibt, ist die Tatsache, dass den mehrere Hundert Jahre alten Heldensagen des frühen Mittelalters eine zeitgemäße Form gegeben wurde – so am ritterlichen Hof zu Worms oder im oben geschilderten Frauenstreit zwischen Kriemhild und Brünhild, den das „Nibelungenlied" vor dem Wormser Dom ansiedelt. Aber dann und wann scheinen archaische Motive auf eine fremde Mythenwelt zu verweisen: Dies zeigt sich insbesondere an Siegfried, dem Drachenkämpfer mit der Hornhaut, den höfische Regeln wenig kümmern, und an Brünhild, die sinnigerweise im fernen Island zuhause ist. Nur durch eine List von den Männern zu überwinden, erinnert sie an jene nordgermanischen Walküren, als die man sie in Skandinavien auch kannte.

Die germanischen Heldensagen entstanden in einer Zeit, die bereits deutlich vom Christentum durchdrungen war. Heidnische Gottheiten finden sich darum in ihnen mitnichten – der alte Hildebrand ruft im ältesten Heldenlied sogar den Christengott an. Bereits recht früh fanden die spannenden Geschichten die Aufmerksamkeit schreibkundiger Klosterbrüder. Alkuin, dem gelehrten Leiter der Aachener Pfalzschule Karls des Großen, ging ihre Begeisterung zu weit. Er fragt um 800 an, was denn solche heidnischen Helden mit Christus zu tun hätten, und verweist damit auf das Ungebührliche einer derartigen Begeisterung. Dieser Kritik war allerdings kein durchgehender Erfolg beschieden. Viele Heldensagen erzählte man weiter, schrieb sie nieder und rettete sie somit vor dem Vergessen. Später begeisterten sich Adlige wie reiche Bürger an den alten Mären um die Nibelungen und Dietrich von Bern.

Die Isländer und ihre alten Götter und Helden

Weitab von Europa pflegten die Isländer im Nordatlantik bekanntlich ein außergewöhnliches Interesse an ihrer Vergangenheit. Dies äußerte sich in langen Genealogien der Vorfahren mit Angaben, wann und wo sie das Eiland besiedelt hatten. Ebenso war deren vorchristlicher Glaube nicht tabu, wie die erwähnten Werke des Snorri Sturluson und die Edda-Sammlung mehr oder weniger alter Götter- und Heldenlieder bezeugen. Aber antiquarische Wissbegierde trieb die Gelehrten des 13. Jahrhunderts an, kein Rückfall ins Heidentum. Manchmal dienten die alten Gottheiten sogar als Figuren und Requisiten in phantasievollen Erzählungen, die besonders geschätzt wurden. Diese sogenannten „Vorzeitsagas“ (*Fornaldarsögur*) wirken wie Vorläufer moderner Fantasyliteratur (die in der Tat vieles aus ihnen schöpfte), in denen es von Riesen, Zwergen, Drachen, Zauberern und magischen Schwertern nur so wimmelt. Gern ließ man im späten Mittelalter den Asengott Odin als geheimnisvollen alten Mann mit Schlapphut und Mantel auftreten und die Geschicke der Helden bestimmen – so insbesondere in der „Wölsungensaga“, die die Nibelungensagen zu einem Roman zusammenfasst. Dort erscheint er in ebendieser Gestalt unerkannt in der Halle des Stammvaters Wölsung, dem Großvater des Helden Sigurd, stößt sein Schwert in einen Eichenstamm und verheißt es dem als Geschenk, der es herausziehe. Immer wieder taucht Odin auf und bestimmt das Schicksal der Wölsungen: Als Fährmann nimmt er Sigmunds toten Sohn Sinfjötli mit sich. Als alter Mann mit einem Speer in der Hand erscheint er in der Schlacht.

Auch andere Geschichten über die phantastische Vorzeit greifen auf alte Überlieferungen zurück. Besonders eifrig tut dies die „Saga von Herwör und König Heidrek“, die einige Strophen des oben erwähnten „Hunnenschlachtliedes“ zitiert: Die Handlung spielt irgendwo in einem fabulösen Osten und kreist um das fluchbeladene Schwert Tyrfing, das der Held Agantyr von seinem Vater erbt. Als er im Kampf fällt, wird es ihm mit ins Grab gegeben. Seine Tochter erweckt den Toten, erhält das Schwert und schenkt es ihrem Sohn Heidrek. Dieser tötet damit seinen Bruder und zieht in die Fremde. Mit einer Königstochter hat er einen wiederum Agantyr genannten Sohn. Nachdem er seinen Schwiegervater tötet und seine Frau Selbstmord begeht, unterliegt Heidrek dem unerkannten Odin in einem Wissenswettstreit. Nach seinem Tod kämpfen die Stiefbrüder Agantyr und Hlöd um das Erbe. Insofern übt das Schwert seinen Fluch über mehrere Generationen aus. Die Geschichte von Asmund dem Kämpentöter kennt die Geschicke des alten Dietrichhelden Hildebrand und erzählt sie weiter. In ihrem Mittelpunkt stehen nämlich die Abenteuer der Halbbrüder Asmund und Hildibrand, die nichts voneinander wissen und sich schließlich einen Zweikampf liefern. Dabei tötet Asmund Hildibrand mit einem verfluchten Schwert. Der Sterbende spricht einige Strophen, in denen er den Tod seines Sohnes beklagt, den er einst eigenhändig habe töten müssen – was sich zweifelsohne auf den Inhalt des althochdeutschen Heldenliedes um Hildebrand bezieht.

Die Phantasie der Isländer griff aber auch auf einheimische Heldengestalten zurück und stellte sie in den Mittelpunkt ihrer Geschichten. Dazu gehört Ragnar Lodenhose, dem ein historisch bezeugter dänischer Wikinger des 9. Jahrhunderts als Vorbild diente. Seine Saga gestaltet diese Figur mit zahlreichen märchenhaften Motiven aus. Demnach wird er zum Drachenkämpfer, der eine Jungfrau aus der Gewalt des Untiers befreit. Mit ihr und einer anderen Frau zeugt er zahlreiche Söhne, die ihrerseits große Abenteuer bestehen. Als sich Ragnar mit den Ruhmestaten seiner kriegerischen Nachkommen messen will, unternimmt er einen Heerzug nach England. Dort gerät er in die Gefangenschaft König Ellas, der ihn in eine Schlangengrube werfen lässt. Den sicheren Tod vor Augen spricht der Held ein Gedicht und bezeugt damit eine ebenso heroische Gesinnung wie Gunnar im „Atlilied".

Ganz anders ging der dänische Gelehrte Saxo Grammaticus mit den alten Mythengeschichten um, als er um 1200 eine lateinische Geschichte der Dänen von den Anfängen bis in seine Gegenwart schrieb (*Gesta Danorum*, „Taten der Dänen"). Dabei schöpft er insbesondere aus den Erzählungen isländischer Gewährsmänner, durch die er eine Fülle an Mythen und Heldensagen Skandinaviens erfuhr. Aber seine pompöse lateinische Sprache, ein ziemlich freier Umgang mit den Überlieferungen und die Umgestaltung der Götterfiguren zu historischen Menschen führt zu erheblichen Veränderungen. So erzählt Saxo beispielsweise die Geschichte des Zauberers Mithotyn (vielleicht „falscher

Odin“), der während der Abwesenheit des Herrschers Odin die Macht über das Volk der Asen ergreift. Als dieser zurückkehrt, flieht der Thronräuber auf die Insel Fünen, wo er getötet wird. Aber noch im Grab ruft sein Leichnam Seuchen hervor. Darum gräbt man ihn aus, enthauptet ihn und schlägt ihm einen Pfahl durch die Brust. Während die Gestalt Mithotyns in den isländischen Götterliedern unbekannt ist, wird der allbekannte Mythos von Balders Tod zu einer Sippenfehde: Denn hier streiten sich Balderus (Balder) und Hötherus (Höd) um die schöne Nanna, die schließlich Hötherus für sich gewinnt. Als Balderus in Schlachten siegt und dänischer König wird, tötet ihn Hötherus mit einem einzigartigen Schwert. Odin zeugt daraufhin mit Rinda den Sohn Bous, der Balderus an Hötherus rächt.

Wilde Jagd und Geisterstunde – Mythenreste im Aberglauben

Während der Däne Saxo für die gelehrte Auseinandersetzung mit den alten Mythen steht, gibt es auch Zeugnisse dafür, dass die vorchristlichen Götter in die Welt des Aberglaubens glitten. Dort waren sie als Dämonen verschrien oder wurden als hilfreiche Geister um Glück und Fruchtbarkeit angegangen. Immerhin berichtet noch im 12. Jahrhundert ein englischer Priester erbost über den lockeren christlichen Glauben der Schweden: „Die Svear und Götar scheinen indes den christlichen Glauben nur zu achten, wenn die Dinge nach ihren Wünschen laufen und das Glück auf ihrer Seite ist; aber wenn die Sturmwinde gegen sie sind, wenn der Boden während der Dürre unfruchtbar wird oder wenn er von schweren Regenfällen überflutet wird, wenn ein Feind mit Plündern und Brennen einzufallen droht, dann verfolgen sie den Glauben, den zu achten sie behaupten, und mit Drohungen und Unrecht gegen die Gläubigen suchen sie diese aus dem Land zu jagen.“ Sowohl unter den Nachfahren der Kelten wie der Germanen war man dem Wunderglauben zutiefst verbunden. Dabei vermischten sich nicht selten christliche und abergläubische Vorstellungen: Wo man früher in Zaubersprüchen den germanischen Wodan angerufen hatte, wandte man sich nun an Christus. Und in den Weihnachtstagen gedachte man nicht allein der Geburt des Heiland, sondern man pflegte auch noch die Vorstellungen von der Wilden Jagd, auf der ein Geisterheer die Nächte um das alte Mittwinterfest unsicher machte. Dieses „Wütende Heer“ ist seit dem 12. Jahrhundert bezeugt und fand sich bis in die Gegenwart im Volksglauben. Als Anführer dieses gespenstischen Zuges dachte man sich Wodan bzw. Odin, aber auch landschaftlich abhängige Varianten mit Dietrich von Bern, dem Rodensteiner, Frau Holle und anderen. Die Wilde Jagd tobte üblicherweise in den sogenannten Zwölften (auch Raunächte) um Weihnachten und Neujahr. Die Skandinavier bezeichnen das Weihnachtsfest bis heute als Jul, das auf das alte Julfest der Mittwinterzeit zurückgeführt wird. Ursprünglich vollzog man dabei Fruchtbarkeitsopfer, gedachte aber auch des Toten- und Zaubergottes Odin.

Dieser Aberglaube respektierte Gott, Dreifaltigkeit sowie Heilige und fürchtete sich vor Teufel und Dämonen. Aber zumeist glaubte man eben auch an kleinere Wesen und Geister, denen man Opfer darbrachte: Feen, Nixen, Wassermänner, Bilwise und dergleichen mehr. Aus Wales bezeugt der erwähnte Giraldus Cambrensis um 1200 Geschichten von der Anderwelt. Ob in den keltischen, germanischen oder anderen Ländern Europas – die Welt war voll davon; darum suchte sich nicht nur der Landmann durch christliche Gebete und Segenswünsche, abergläubische Flüche und magische Worte rundum abzusichern. Er, seine Familie und die Menschen aus anderen Ständen trugen Kreuze und halbheidnische Amulette, suchten die Nähe von Reliquien und pflegten vielerlei Bräuche, um die Mächte des Bösen abzuwehren: Das Haus und sich selbst galt es vor Geistern zu schützen. In der Stabkirche des norwegischen Hegge setzte man bemerkenswerterweise an die Stelle der teuflischen Dämonen, die als Kathedralzier dienten und das Böse abwehren sollten, eine Fratze Odins, der als Gehängter und Einäugiger zu erkennen ist.

Wie ferne Vorstellungen erhalten blieben und in modernem Gewand bis nach Nordamerika gelangten, belegt eindrücklich Halloween, dessen Bezeichnung aus dem englischen „All hallow's Eve" respektive „Evening" entstand, womit man den Abend vor Allerheiligen am 1. November bezeichnete. Diesem Fest der christlichen Märtyrer und Heiligen sollte nach dem Volksglauben eine Nacht vorausgehen, in der die Seelen der Verstorbenen und diverse Spukgestalten wie Geister und Dämonen das Jenseits verlassen und in der Menschenwelt umgehen. In den USA entwickelten sich daraus die allseits populären Partys und Umzüge, bei denen auch ein Schabernack nicht fehlen durfte. Aber ursprünglich pflegte man dazugehörige Bräuche in Irland, Schottland und Wales. Dort kannte das Volk schon lange Sagen und Geschichten um jene Nacht, in der die Pforten der Anderwelt oder Hölle sich öffneten. Daran schloss sich vielerlei an: In Schottland verkleideten sich junge Männer als schaurige Gestalten, um für Angst und Schrecken zu sorgen. Die Waliser glaubten von Halloween, dass in dieser Nacht auf jedem Zaun ein Gespenst sitze. In Irland hielt man für die vorübergehend heimkehrenden Seelen der Verstorbenen die Türen geöffnet und deckte für sie den Tisch. Dort fiel seit dem frühen Mittelalter das Allerheiligenfest des 1. November mit dem Samain-Fest des altirischen Kalenders zusammen. An diesem Tag begannen traditionellerweise nicht nur der Winter und ein neues Jahr, sondern er wurde auch als Erntefest gefeiert. Darüber hinaus hatte Samain noch die Bedeutung der Wintersonnenwende und damit einer Zeit, in der die Wesen der Anderwelt aus ihren Elfenhügeln strömten.

12

Von Druiden, Elfen und Ringen der Macht – Die Entdeckung der Mythen des Nordens

Alte Handschriften und die Wiederkehr der Druiden

Im Laufe des Mittelalters ging vieles an Wissen über die vorchristliche Vergangenheit verloren; an dessen Stelle trat die Gelehrsamkeit um Bibel, Kirchenväter und Autoren der griechisch-römischen Antike. Erst die gelehrten Humanisten der Renaissance versuchten zu den fernen Quellen zurückzukehren und beschäftigten sich intensiv mit alten Handschriften und archäologischen Überresten. Man begann damit in Italien, später folgten Frankreich, Deutschland und die nordeuropäischen Länder. Dort stieß man demzufolge auf die Kelten und Germanen, deren Mythenreste man sich allmählich erschloss.

Gelehrte Wissbegierde und die technische Neuerung des Buchdrucks gingen dabei Hand in Hand. Den Anfang machte um 1450 eine sensationelle Entdeckung im hessischen Kloster Hersfeld, wo man auf eine Abschrift der kurz vor 100 nach Chr. verfassten „Germania" des römischen Historikers Publius Cornelius Tacitus stieß. Bereits 1470 lag eine gedruckte Ausgabe des Werkes vor, das auf einzigartige Weise die Sitten und Bräuche der Germanen beschreibt. Ihm ist wie erwähnt die älteste Überlieferung eines germanischen Abstammungsmythos zu verdanken. Unter den deutschen Humanisten genoss das schmale Büchlein jedoch nicht deswegen Ruhm und Anerkennung, sondern aus historisch-politischen Gründen. Sie sahen nämlich in den Germanen die „ersten Deutschen" und somit die direkten Vorfahren des deutschen Volkes. Derartige problematische und anachronistische Zuordnungen sollten nicht nur mit den Germanen, sondern auch mit den Kelten vorgenommen werden – mit der Konsequenz, dass man sich überall nördlich der Alpen zunehmend mit Altertümern jeglicher Art beschäftigte und sie für die eigene Geschichte beanspruchte.

Skandinavische Gelehrte ließen 1514 die Dänengeschichte des Saxo Grammaticus in Paris drucken. Als man das Werk schließlich noch aus dem schwer verständlichen Latein ins Dänische übersetzt hatte, begann sein Siegeszug. Nun erst nahm man zur Kenntnis, auf welche große Geschichte die Dänen zurückblicken konnten. Allenthalben machten sich seitdem auch die nordeuropäischen Humanisten auf die Suche nach der glorreichen Vergangenheit. Auf den größten Schatz stießen sie im 16. und 17. Jahrhundert auf Island, das damals eine abgelegene und arme Provinz Dänemarks war. Dort fanden sich auf kärglichen Bauernhöfen alte Pergamenthandschriften – häufig schwer beschädigt, schmutzig und sogar als Schnittmuster verwendet. Aber darauf hatte man im Laufe des Mittelalters altisländische Meisterwerke niedergeschrieben: Sagas von den Isländern, über Wikinger, Bischöfe und Ritter, gelehrte Abhandlungen und die Edda-Lieder sowie die Prosa-Edda, die wichtigsten Quellen der nordgermanischen Mythologie. Auf diese Weise füllte sich insbesondere die königliche Bibliothek in Kopenhagen mit mehreren Tausend isländischen Handschriften. Die skandinavischen Könige und Gelehrten begeisterten sich derart an den Funden der Vergangenheit, dass man von einer nordischen Renaissance sprach – von einer Wiedergeburt der altnordischen Kultur.

Ähnliches geschah mit dem keltischen Erbe, dessen Aneignung sich allerdings allmählicher vollzog. Zuerst entdeckten die Franzosen die Gallier als ihre Vorfahren, dann die Engländer die Briten. Die gemäß modernen sprachhistorischen Vorstellungen als Inselkelten geltenden Iren, Schotten, Waliser und Bretonen bekannten sich erst später zu ihrer keltischen Vergangenheit. Dabei faszinierten von alters her die Druiden am meisten, glaubte man doch in ihnen weise Priester und Philosophen entdeckt zu haben. Sie schienen den Denkern der Griechen oder den weisen Brahmanen der Inder ebenbürtig, wenn nicht überlegen gewesen zu sein. Deshalb vermischten sich seit dem 17. Jahrhundert in den britischen Ländern und anderen Teilen Europas verschiedene Vorstellungen zum Druidenklischee, das bis heute vorherrscht. Dazu gehörten die weiße Druidentracht und die Vorstellung Merlins als dem berühmtesten Priester und Magier. Damals schrieb man ihnen die markanten Steinsetzungen der Jungsteinzeit zu, was insbesondere für Stonehenge galt. Der englische Altertumsforscher William Stukeley (1687–1765) griff die Idee auf und machte sie populär. Eine wahre Druidenbegeisterung fand Unterstützung in der romantischen Vorliebe für das Nordeuropäische, sei es Keltisch oder Germanisch. Die Grenzen zwischen beiden Völkergruppen verliefen beliebig, sodass ein keltischer Druide durchaus ein Priester des germanischen Gottes Wodan sein konnte. Für die Verbreitung dieses Druidenbildes sorgte unter anderem die romantisch-tragische Oper „Norma“ des Italieners Vincenzo Bellini, die 1831 an der Mailänder Scala uraufgeführt wurde. Ihre Heldin wird im römisch besetzten Gallien in die Auseinandersetzungen zwischen den Legionären und den rebellierenden Galliern verstrickt. Denn Norma ist die Tochter des Oberhauptes der Druiden und Druidenpriesterin sowie Seherin, die sich auf einem Scheiterhaufen selbst den Tod gibt. Opern, Dichtungen und bildliche Darstellungen vermittelten ein im Großen und Ganzen romantisches Druidenbild dieser Art.

Doch die Wiederentdeckung der keltischen Priesterkaste nahm darüber hinaus noch ganz andere Formen an. Denn im Umfeld altertumsinteressierter Briten setzte sich im Laufe des 18. Jahrhunderts der Gedanke durch, man müsse das Druidentum wiederbeleben. Mancher glaubte, er sei ein wiedergeborener Druide und stehe in einer Jahrtausende alten Tradition. Andere griffen im Zeitalter der Aufklärung ganz bewusst auf vermeintliche druidische Traditionen zurück und stellten sie in den Dienst der herrschenden Vernunft. In diesem Sinn gründete sich 1781 in London ein erster Druiden-Orden, der letztlich eine Freimaurerloge war. Solche druidischen Logen fühlten sich der Aufklärung und liberalem Denken verpflichtet und fanden Nachfolger in Deutschland, anderen europäischen Ländern und in den USA und Australien, wo sie überall bis heute aktiv sind. Andere Neu-Druiden folgten Erweckungserlebnissen und schufen eine heidnische Religion, was in ihren Augen einer „Wiederbelebung" des alten keltischen Kults entsprach. Als Bruderschaften in dessen Diensten sahen sie sich als die Erben und Fortführer der Druidentradition. Unter dem Anspruch ungebrochener Authentizität versammelte man sich in Stonehenge zu Sonnwendfeiern und kleidete sich in eine Tracht, die der druidischen entsprechen sollte. Seit dem 18. Jahrhundert entstand eine Vielzahl von neuheidnischen, esoterischen und okkultistischen Vereinigungen, die sich in einer Tradition nordwesteuropäischer Spiritualität sahen und dies bis in die Gegenwart fortsetzen.

Von Ossian zum Ring des Nibelungen – Mythen des Nordens im Umfeld der Romantik

In der zweiten Hälfte des 18. Jahrhunderts erfreuten sich inselkeltische Stoffe so großer Beliebtheit, dass man von einer regelrechten Modeerscheinung sprechen kann. Englische Dichter und ihr Publikum zeigten zunehmend Interesse am Mittelalter und seinen Burgen. Gleichzeitig wollte man mehr von den Überlieferungen des einfachen Volkes wissen, dessen Liedern und Märchen. Dem kam zugute, dass in Frankreich Jean-Jacques Rousseau das Bild des edlen Wilden schuf, das im Barbaren das Vorbild eines einfachen und glücklichen Lebens sah. Den empfindsamen Nerv der Zeit traf der Schotte James Macpherson (1736–1796), der aus dem Hochland stammte und seinen Lebensunterhalt als Dorf- und Hauslehrer bestritt. Er hatte zu Beginn der 1760er-Jahre einige längere Gedichte veröffentlicht, die er nach eigenem Bekunden unter der Bevölkerung der Highlands gesammelt und schließlich aus dem Gälischen ins Englische übersetzt hatte. Ursprünglich sollten sie das Werk eines keltischen Barden aus der Zeit um 300 nach Chr. sein. 1765 erschienen sämtliche dieser *Works of Ossian*, der Gedichte des alten gälischen Barden Ossian. Dieser zieht als blinder Greis über das Hochland, ein Sohn des schottischen Königs Fingal und der letzte Überlebende aus dessen heldenhafter Kriegerschar. Sogar den Tod des eigenen Sohnes Oscar musste Ossian erleben, er, den nun seine Schwiegertochter Malvina umherführt – der ihm einzig verbliebene Trost. Er besingt auf der Harfe die Kämpfe und Heldentaten der Vergangenheit, als sein Vater dem irischen König Cormac und dessen Heerführer Cuthullin gegen einfallende Nordmänner beistand. An Kämpfen, Schicksalsschlägen und dramatischen Verstrickungen gibt es in Ossians Gesängen viele. Aber mehr als die – für den modernen Geschmack – schwülstig und trivial geschilderte Handlung beeindruckte die Leser des 18. Jahrhunderts jene melancholische Stimmung, die die raue und nebelverhangene Landschaft des Nordens ausdrückte. Deshalb las man den Ossian überall in Europa und nahm ihn als Stimme einer längst vergangenen Zeit, in der die Dichter den Ton der Natur trafen und damit authentisch waren.

Es tat dem allen keinen Abbruch, als sich herausstellte, dass die *Works of Ossian* mitnichten originale Lieder aus dem 3. Jahrhundert waren. James Macpherson hatte sie sehr frei nachgedichtet und dafür auf irische Heldengestalten zurückgegriffen: Aus der populären Sagenfigur des Kriegers Finn mac Cumaill und seines Sohnes Oisín machte er Fingal und Ossian, der jugendliche Kämpfer Cú Chulainn diente dem literarischen Heerführer Cuthullin als Vorbild. Um diese Figuren hatte der schottische Lehrer mit viel Phantasie eine Geschichte erdichtet – im Übrigen auf Englisch, denn gälische Originale existierten nicht.

Auch der deutsche Schriftsteller Johann Gottfried Herder (1744–1803) griff die Vorstellung des edlen Wilden auf, der in seiner Ursprünglichkeit, im Archaischen und Barbarischen der verbildeten Zivilisation vorzuziehen war. Auf den Spuren dieses Ursprünglichen, das dem Naturzustand des Menschen am nächsten kam, fand Herder die „Volksseele“ in dem, was sich das einfache Volk erzählte: in Liedern, Sagen und Märchen. Dazu zählte er auch die erhalten gebliebenen Dichtungen des Mittelalters, insbesondere die skandinavischen Lieder der Edda. Denn im Norden war mittlerweile der aus Genf stammende und in Kopenhagen lehrende Professor Paul-Henri Mallet (1730–1807) auf jene Texte aufmerksam geworden, die die Isländer jahrhundertelang überliefert hatten: Zeigten die Götter- und Heldenlieder nicht jene „in die Lüfte schwingende Phantasie", die „vielleicht eher einem primitiven und unkultivierten als einem zivilisierten Volk eigentümlich" war? Damit wurde das Interesse für die altnordische Literatur geweckt, deren Texte man schon bald in die modernen skandinavischen Sprachen, ins Englische und Deutsche übersetzte. Demzufolge nahm auch Herder etliche dieser Lieder in seine Sammlung auf, die die Poesie der Völker ausdrückte: „Das Zaubergespräch Angantyrs und Hervors", die *Voluspa*, „Das Grab der Prophetin" und anderes mehr.

Gegen 1800 ergriff deutsche Romantiker die Begeisterung für das Mittelalter und die damit verbundenen Mythen des Nordens. Ihre Ideen regten wiederum skandinavische Poeten insbesondere in Dänemark und Schweden an. Den Anfang machte der junge Däne Adam Oehlenschläger, dessen Gedicht von den Goldhörnern (*Guldhornene*) 1802 die ferne Vergangenheit des Nordens verherrlichte. Den Anlass dazu boten die erwähnten Gallehus-Hörner (Tafel XI), die in Kopenhagen gestohlen und eingeschmolzen worden waren. Der Dichter interpretierte sie als Geschenk der nordischen Götter, das nun für immer dahingeschwunden sei. Ohnehin habe man ihr mystisches Geheimnis nicht mit dem Verstand begreifen, sondern nur mit dem Gefühl erahnen können. Aber Oehlenschläger hatte mit der Geschichte und Kultur des alten Nordens sein Thema gefunden, dem er fast ein halbes Jahrhundert treu blieb. Seine Tragödien und Romane, die seinerzeit auch in Deutschland bekannt waren, handelten unter anderem von Göttermythen und Heldengestalten.

Allenthalben sah man nun die Wikingerzeit als die große Zeit des Nordens an, deren heidnische Gottheiten man mit der christlichen Religion zu versöhnen suchte. Die berühmteste romantische Wikingergeschichte verfasste der schwedische Professor und Bischof Esaias Tegnér (1782–1846). Er gestaltete eine isländische Vorzeitsaga zur *Frithiofs Saga* um, die 1825 erschien. Mit der heidnischen Vorzeit hatte diese sentimentale Romanze wenig gemein, aber sie machte den Wikinger für den bildungsbeflissenen Bürger salonfähig. Und um das Liebespaar Frithiof und Ingeborg spann sich eine rührende Geschichte, in der unter anderem ein frei erfundener Tempel des Gottes Balder in Brand gerät.

In Deutschland hatte man derweil die germanischen Heldensagen wiederentdeckt. Den entscheidenden Anlass bot bereits im Jahr 1755 der Fund einer Handschrift des „Nibelungenliedes" in einer Vorarlberger Schlossbibliothek. Jahrzehnte sollten vergehen, bis in der Romantik und anlässlich der Befreiungskriege gegen Napoleon die blutdürstige Geschichte um Kriemhild und ihre Brüder als deutsches Nationalepos interpretiert wurde. Gelehrte wie die Brüder Jacob und Wilhelm Grimm veröffentlichten und übersetzten zusehends die Überlieferung des Mittelalters mit ihren mehr oder weniger deutlichen Spuren der alten Mythen. Dabei stieß man auch auf die nordgermanischen Zeugnisse der „Götter- und Heldenlieder der Älteren Edda", der „Wölsungensaga" und anderem mehr. Und man kam zu einem folgenschweren Schluss: Was die Isländer des 13. Jahrhunderts niedergeschrieben hatten, musste auch das germanische Erbe der Deutschen sein, das hier verloren gegangen war. Demzufolge erfreuten sich die alten Mythen zunehmender Beliebtheit. Unter der Fülle von Nach- und Neudichtungen blieb es letztlich Richard Wagner (1813–1883) vorbehalten, mit seinen Musikdramen aus alten Motiven und Versatzstücken etwas Neues zu schaffen. Dabei nahm er sich mit „Tristan und Isolde" und „Parzival" auch keltischer Stoffe respektive Themen des Arthurkreises an. Aber mit dem vierteiligen Bühnenfestspiel „Der Ring des Nibelungen", das 1876 in Bayreuth uraufgeführt wurde, gelang ihm sein einflussreichstes Werk. Dafür griff er auf germanische Stoffe und Motive zurück, wobei ihm als Quellen weniger das „Nibelungenlied" denn die altnordischen Überlieferungen der Eddalieder sowie der „Wölsungensaga" dienten. Ihnen folgend schuf er aus den alten Göttern und Helden nichts weniger als einen eigenen modernen Mythos. Der „Ring" ist das Symbol der Macht, um das sein Besitzer Alberich und Wotan als Herrscher der Welt erbittert ringen. Dessen Enkel Siegfried sieht sich als freien Menschen, der gegen die etablierte Ordnung rebelliert. Mit der Götterdämmerung, mit der die alte Welt untergeht, knüpft Wagner an die Ragnarök der „Weissagung der Seherin" an. Die alten Überlieferungen frei gestaltend, machte das opulente Musikdrama die nordgermanischen Mythen ungeheuer populär. Die beabsichtigte Kritik an der kapitalistischen Gesellschaft nahm man in Deutschland weniger wahr als die mutmaßlich germanischen Requisiten und Kostüme. Alles, was angeblich mit Germanen zusammenhing, erfreute sich seitdem zunehmender Beliebtheit: Hörner- und Flügelhelme, fell- oder rüstungsbewehrte Krieger mit langen Bärten, speertragende Walküren, Runen, Drachenstilmotive und dergleichen mehr. Durch die solcherart ausgestatteten regelmäßigen Aufführungen im Festspielhaus zu Bayreuth wurde „Der Ring des Nibelungen" gleichsam ein nationales Ritual. Die – zumeist historisch falschen – erwähnten Attribute galten als selbstverständliche Bestandteile deutscher Geschichte und Identität. Germanisch, Deutsch und Nordisch wurden gleichsam als identische Begriffe angesehen. Aber auch andernorts hegte man Interesse an den Mythen des Nordens (Tafel XVI oben). Das belegt unter anderem der vielseitige englische Dichter William Morris (1834–1896), der sich des isländischen Wölsungenromans annahm.

Märchenhaftes aus dem Nebelland

Im Gefolge der Romantik breiteten sich auch viele keltische Stoffe und Motive aus – von den Geschichten um Arthur und die Tafelrunde bis zu den irischen Heldenerzählungen, von den walisischen Sagen des Mabinogion bis zu schottischen Märchen und von den Feengeschichten der Bretagne bis zu den Geheimnissen um den Zauberer Merlin (Abb. 13). Dass die Brüder Grimm Irlands Elfenmärchen entdeckten und übersetzten, ist beispielhaft dafür, wie sich Figuren und Vorstellungen der inselkeltischen Mythen- und Sagenwelt überall auf den Britischen Inseln und auf dem europäischen Festland ausbreiteten. Die phantastischen Geschichten von der Anderwelt und ihren Bewohnern, von den Feen, Elfen, Kobolden und Zauberern beflügelte zusehends die Phantasie der Dichter und Dichterinnen.

Abb. 13 Gustave Doré. Merlin und Viviane (1868, auch Morgana oder Nimue) als romantisch-tragisches Liebespaar.

Ebenso fand das als typisch keltisch angesehene Skurrile und Absurde einen Niederschlag in der Literatur – so in dem beliebten Kinderbuch „Alice im Wunderland“, das Lewis Carroll (1832–1898) im Jahre 1865 veröffentlichte. Darin gerät die kleine Heldin Alice in eine Anderwelt voller Wunderwesen wie sprechende Tiere und Spielkarten, wo sämtliche Naturgesetze auf den Kopf gestellt scheinen. Phantasievolle Erzählungen dieser Art wurden seit der zweiten Hälfte des 19. Jahrhunderts zum Markenzeichen britischer Schriftsteller. Zu ihnen gehörte der Schotte George MacDonald (1824–1905), der mit Lewis Carroll befreundet war. Er verfasste etliche Kinderbücher, Märchen und phantastische Romane, deren Helden ebenfalls in rätselhafte Wunderwelten vordringen. Doch wo Carroll sich augenzwinkernd über die zeitgenössische viktorianische Gesellschaft Englands lustig macht, führt MacDonald die Leser in völlig fremdartige, mythisch anmutende Anderwelten, zum Beispiel in „Die Prinzessin und der Kobold“. Beide Autoren legten den Grund für jenes phantastische Erzählen, das offensichtlich keltisches Erbe aufnahm, verarbeitete und weitergab. Die inselkeltischen literarischen Zeugnisse und in ihrem Gefolge die Geschichten um König Arthur boten eine Fülle von Motiven, die literarisch verwendet und neu gestaltet wurden. Sie prägten in besonderem Maße die Fantasyliteratur, die ihren Ausgang auf den Britischen Inseln nahm.

Dabei bedient man sich in Literatur und Film besonders häufig der Erzählungen von König Arthur, Merlin und dem heiligen Gral, wie sie Thomas Malory in „Der Tod Arthurs“ zusammengefasst hat. Moderne Fantasy-Autoren berufen sich in ihren Neubearbeitungen weniger auf die mittelalterliche Atmosphäre als auf eine stärkere Betonung der älteren keltischen Elemente. So schuf der Engländer T. H. White (1906–1964) mit seiner Arthur-Version „Der König auf Camelot“ zwar ein Werk, das sich mit den aktuellen Themen von Gerechtigkeit und Frieden auseinandersetzt, das aber anscheinend auch auf Motive der Inselkelten zurückgreift. Deren Stimme wird vernehmbar, wenn Merlin, hier Arthurs Hauslehrer, seinen Zögling in einen Fisch verwandelt, damit dieser die Welt besser begreifen lerne – was an die Gestaltwechsel irischer Erzählungen erinnert.

1982 sorgte die Amerikanerin Marion Zimmer Bradley (1930–1999) mit dem Roman „Die Nebel von Avalon“ für eine dickleibige Neubearbeitung des Arthur-Stoffes, die seitdem zu einem Weltbestseller geworden ist. Die Autorin traf offensichtlich genau den Zeitgeist und die Lesewünsche und Träume zahlreicher Leser und insbesondere der Leserinnen, indem sie die Arthur-Geschichte einer gleichsam feministischen Neuinterpretation unterzog. Sie erzählt die sagenhaften Ereignisse aus weiblicher Perspektive und macht

Morgaine zur eigentlichen Heldin des Geschehens, die Halbschwester Arthurs, der unwissentlich mit ihr einen Sohn zeugt. Bradley macht sie zu einer großen und guten Zauberin, zu einer weisen Frau, die einem ganzen Priesterinnenstand angehört und einer Welt, deren Ende nahe ist. Denn Britannien ist geteilt in die Welt der Christen und die Welt der Großen Mutter. In deren Anderwelt lebt das Alte Volk, dem es wie einstmals den Feen ergeht, die sich auch aus der Welt zurückzogen. Sie entschwanden für immer in den Nebeln, und ab und zu trifft sie ein Wanderer in den Bergen. Über das Alte Volk herrscht die große Muttergöttin mit ihrem Gefährten, dem Gehörnten, dessen Figur an den Keltengott Cernunnos erinnert. Aber ihre Welt schwindet zusehends und mit ihr die legendenhafte Insel Avalon. Morgaine beschreibt eine Welt, in der zwischen den mythischen Landschaften von Glastonbury und Avalon die Tore in den Nebeln noch offen standen, jene Pforten, die Menschen- und Anderwelt miteinander verbanden. Dabei verschmelzen die sagenhaften Nebel keltischer Märchen mit den Vorstellungen des Feenvolkes und der Anderwelt zu einem farbenprächtigen Panorama.

Tolkiens Mittelerde – eine keltisch-germanische Mythenwelt

Mit dem Beginn des 20. Jahrhunderts erfuhren Kelten und Germanen nebst ihrer Mythen ganz unterschiedliche Aufmerksamkeit, was zwei Beispiele verdeutlichen: Um 1900 nahmen sich insbesondere irische Intellektuelle ihrer alten Kultur an, was zu einem regelrechten *Celtic Dawn*, einem „Keltischen Erwachen" führte. Von den engagierten Männern und Frauen dieser Bewegung sei der spätere Literaturnobelpreisträger William Butler Yeats (1865–1939) erwähnt, der in vielen Werken auf die bekannten Heldenerzählungen zurückgriff. In Deutschland entwickelte sich eine sogenannte völkische Bewegung nach der Niederlage des 1. Weltkriegs 1918 zu zahlreichen Gruppen, die germanisch-nordische Versatzstücke mit einem aggressiven Rassismus verbanden. Dazu griff man sich aus dem lediglich sprachhistorisch begründeten prähistorischen Volk der Indogermanen den Arier-Begriff heraus und verstand ihn im rassischen Sinn.

Damit wurde der Grundstein für viele obstruse Lehren gelegt, in deren Mittelpunkt der angeblich reinrassige nordische Mensch stand, den es de facto nie gegeben hat. Die Ideologen des Nationalsozialismus griffen solche Ideen auf und wandten sie während ihrer Herrschaft 1933–1945 auf mörderische Art und Weise an. In diesem Zusammenhang wurden auch die nordgermanischen Mythen missbraucht und mussten zur Konstruktion einer antichristlichen Scheinreligion herhalten.

In der zweiten Hälfte des 20. Jahrhunderts erfuhren keltische und germanische Motive und Figuren eine Renaissance als bedeutende Substanz der Fantasy-Literatur. Wie kein anderer griff insbesondere der englische Hochschulprofessor J. R. R. Tolkien (1892–1973) in seiner 1954 / 55 erschienenen Trilogie „Der Herr der Ringe“ (*The Lord of the Rings*) darauf zurück. Über Jahrzehnte hatte er sich eine fiktive Welt erschaffen – mit einer eigenen Geografie, einer Jahrtausende alten Geschichte und einer Vielzahl von Lebewesen, für die er eigenständige Sprachen und Mythengeschichten entwickelte. Deren Mittelpunkt bildet Mittelerde, das bewohnt wird von Wesen wie den uralten Elben, den in der Erde nach Schätzen suchenden Zwergen, den bedrohten und zerstrittenen Menschen, den von einer bösen Macht künstlich erschaffenen Orks und den Hobbits – unscheinbaren kleinen Leuten aus dem abseits gelegenen Auenland. Diese Welt ist durch einen Kampf zwischen Gut und Böse zerrissen: Dem dunklen Herrscher Sauron mit seinen Orkscharen und anderen finsteren Verbündeten stehen die noch freien Völker Mittelerdes gegenüber, insbesondere die Menschen, Elben und Zwerge. Als deren Anführer erweisen sich im letzten Kampf der Zauberer Gandalf und der Krieger und Thronerbe Aragorn (Tafel XVI unten). Aber ausgerechnet dem unauffälligen Hobbit Frodo Beutlin fällt die Aufgabe zu, den einen, vom Bösen begehrten Ring absoluter Macht zu vernichten. Obwohl das Gute siegt, herrscht ein zutiefst melancholischer Grundton vor: Ein ganzes Zeitalter geht nämlich zu Ende, und die letzten Elben verlassen Mittelerde – und mit ihnen der heldenmütige Hobbit Frodo. Mit dem letzten elbischen Schiff erlischt auch die alte Welt und an ihre Stelle tritt die Herrschaft der Menschen.

Der Schöpfer dieses Mythen-Universums sah in Mittelerde seine Heimat England in einer weit zurückliegenden Vergangenheit, nicht als historische Wirklichkeit, sondern als Mythologie des Nordwestens Europas und damit der Britischen Inseln. Deshalb schuf er seine fiktive Welt aus eigenständigen Elementen der Phantasie und aus einer Vielzahl von Namen, Figuren und Motiven aus germanischen und keltischen Überlieferungen. Denn der Professor für mittelalterliche englische Sprache und Literatur galt als deren profunder Kenner. Er beherrschte nicht nur die historischen angelsächsischen Mundarten, das mittelalterliche Englisch, das isländische Altnordisch und Gotisch, sondern kannte auch die inselkeltischen Sprachen wie das Altirische und das Walisische. Dessen mittelalterliche Form des Mittelkymrischen, die Sprache der walisischen Sagenaufzeichnungen, schätzte Tolkien besonders und ließ sie in die Schöpfung seiner Kunstsprachen miteinfließen. Darüber hinaus galt er als Kenner der nordwesteuropäischen Sagen- und Mythenwelt – der Arthur-Überlieferungen, der isländischen Sagas und Eddas, des altenglischen Heldenepos *Beowulf* und des walisischen *Mabinogi* wie der altirischen Heldenerzählungen. Sie boten reichliche Vorlagen, die Tolkien in seine Fantasy-Welt einbaute und damit eine Durchdringung von Phantasie und bekannten Überlieferungen erreichte. So entnahm er den Begriff von Mittelerde der altnordischen Mythologie, deren Menschenwelt Midgard ist. Andere Eigennamen entstammen dem Edda-Lied der *Völuspá*, insbesondere die der Zwerge. Ebenso lehnt sich die Figur des Zauberers Gandalf (altnordisch „Zauberelbe") eng an Vorstellungen des Gottes Odin an; wie dieser zieht er als grauer Reisender mit einem großen Hut umher. Überhaupt vereint diese Gestalt Züge des höchsten nordgermanischen Gottes mit denen Merlins und des Archetyps vom weisen Druiden. In der Liebe zwischen dem Thronerben Aragorn und der Halbelbin Arwen variiert Tolkien eindrucksvoll das irische Sagenmotiv der Beziehung eines sterblichen Menschen zu einer unsterblichen Überirdischen. Und hinter den unsterblichen Landen weit über dem Meer im Westen schimmert jene sagenhafte Insel durch, von der die irischen Geschichten des Mittelalters häufig erzählen und die sich auch in König Arthurs Avalon wiederfindet. Der Einfluss inselkeltischer My-

Abb. 14 Die Elbenherrscherin Galadriel in Peter Jacksons Verfilmung des „Herr der Ringe" („Die Gefährten", 2001).

then und Erzählungen zeigt sich besonders in der Vorstellung des Elbenvolkes, das mit seinem Namen auf die Nähe zu den irischen Elfen und Feen verweist. Gemessen an menschlichen Zeitvorstellungen sind sie unsterblich, wiewohl von Gestalt menschenähnlich, nur in allem schöner und edler. Insofern kennzeichnen Weisheit und Kunstverständnis das elbische Wesen, das auch zur Natur und zu vermeintlich toten Dingen eine intensive Beziehung unterhält. Damit ist Tolkiens Werk das bislang bedeutendste moderne Zeugnis für das Nachleben der Mythen des Nordens (Abb. 14).

Literatur

Weiterführende Literatur

Armstrong, Karen: Eine kurze Geschichte des Mythos. Berlin 2005.
Beck, Heinrich u. a. (Hrsg.): Reallexikon der Germanischen Altertumskunde. 37 Bde. Berlin / New York 1973–2008.
Bick, Almut: Die Steinzeit. Stuttgart 2006.
Biel, Jörg: Der Keltenfürst von Hochdorf. Stuttgart ^{3}1995.
Birkhan, Helmut: Kelten. Celts. Bilder ihrer Kultur. Wien 1999.
Birkhan, Helmut: Kelten. Versuch einer Gesamtdarstellung ihrer Kultur. Wien ^{2}1997.
Botheroyd, Sylvia und Paul F.: Lexikon der keltischen Mythologie. München 1992.
Capelle, Torsten: Bilderwelten der Bronzezeit. Felsbilder in Norddeutschland und Skandinavien. Mainz 2008.
Derolez, R. L. M.: Götter und Mythen der Germanen. Wiesbaden 1974.
Döbler, Hannsferdinand: Die Germanen. Legende und Wirklichkeit von A – Z. Ein Lexikon zur europäischen Frühgeschichte. Gütersloh 1975.
Fries-Knoblach, Janine: Die Kelten. 3000 Jahre europäischer Kultur und Geschichte. Stuttgart 2002.
Götter und Helden der Bronzezeit. Europa im Zeitalter des Odysseus. Bonn u. a. 1999.
Green, Miranda J.: Keltische Mythen. Stuttgart 1994.
Grimm, Jacob: Deutsche Mythologie. Berlin ^{4}1875–78. (Nachdruck Frankfurt am Main 1981).
Grönbech, Wilhelm: Kultur und Religion der Germanen. 2 Bde. Darmstadt ^{12}1997.
Haffner, Alfred (Hrsg.): Heiligtümer und Opferkulte der Kelten. Stuttgart 1995.
Haywood, John: Die Zeit der Kelten. Ein Atlas. Frankfurt am Main 2002.
Historisches Museum der Pfalz Speyer (Hrsg.): Die Wikinger. Begleitbuch zur Ausstellung. Speyer / München 2008.
Korn, Wolfgang: Megalithkulturen. Rätselhafte Monumente der Steinzeit. Stuttgart 2005.
Krause, Arnulf: Die Geschichte der Germanen. Frankfurt am Main ^{2}2005.
Krause, Arnulf: Reclams Lexikon der germanischen Mythologie und Heldensage. Stuttgart 2010 (im Druck).
Krause, Arnulf: Die Welt der Kelten. Geschichte und Mythos eines rätselhaften Volkes. Frankfurt am Main ^{2}2007.
Krause, Arnulf: Die Welt der Wikinger. Frankfurt am Main 2006.
Kruta, Venceslas: Die Kelten. Aufstieg und Niedergang einer Kultur. Freiburg im Breisgau 2000.
Kuckenburg, Martin: Kultstätten und Opferplätze in Deutschland. Stuttgart 2007.
Maier, Bernhard: Die Kelten. Ihre Geschichte von den Anfängen bis zur Gegenwart. München 2000.
Maier, Bernhard: Lexikon der keltischen Religion und Kultur. Stuttgart 1994.
Maier, Bernhard: Stonehenge. München 2005.
Meid, Wolfgang. Die Kelten. Stuttgart 2007.

Meller, Harald (Hrsg.): Der geschmiedete Himmel. Die weite Welt im Herzen Europas vor 3600 Jahren. Stuttgart 2004.
Menghin, Wilfried / Planck, Dieter (Hrsg.): Menschen, Zeiten, Räume – Archäologie in Deutschland. Stuttgart 2002.
Millet, Victor: Germanische Heldendichtung im Mittelalter. Eine Einführung. Berlin / New York 2008.
Müller-Wille, Michael: Opferkulte der Germanen und Slawen. Stuttgart 1999.
Page, R. I.: Nordische Mythen. Stuttgart 1993.
Pilch, Herbert: Die keltischen Sprachen und Literaturen. Heidelberg 2007.
Pohl, Walter: Die Germanen. München 2000 (Enzyklopädie Deutsche Geschichte 57).
Das Rätsel der Kelten vom Glauberg. Glaube – Mythos – Wirklichkeit. Stuttgart 2002.
Sawyer, Birgit und Peter: Die Welt der Wikinger. Berlin 2002 (Die Deutschen und das europäische Mittelalter).
Sawyer, Peter (Hrsg.): Die Wikinger. Geschichte und Kultur eines Seefahrervolkes. Stuttgart [2]2001.
Segal, Robert A.: Mythos. Eine kleine Einführung. Stuttgart 2007.
Simek, Rudolf: Die Edda. München 2007.
Simek, Rudolf: Die Germanen. Stuttgart 2006.
Simek, Rudolf: Lexikon der germanischen Mythologie. Stuttgart [3]2006.
Simek, Rudolf: Religion und Mythologie der Germanen. Darmstadt 2003.
Simek, Rudolf: Die Wikinger. München [5]2009.
Ström, Åke V. / Biezais, Haralds: Germanische und baltische Religion. Stuttgart 1975.
Uecker, Heiko: Germanische Heldensage. Stuttgart 1972.
Von Freeden, Uta / von Schnurbein, Siegmar (Hrsg.): Spuren der Jahrtausende. Archäologie und Geschichte in Deutschland. Stuttgart 2002.
Vries, Jan de: Altgermanische Religionsgeschichte. 2 Bde. Berlin [3]1970.
Vries, Jan de: Keltische Religion. Stuttgart 1961.
Wikinger Waräger Normannen. Die Skandinavier und Europa 800–1200. Ausstellungskatalog. Berlin 1992.
Wilson, David M. (Hrsg.): Kulturen im Norden. Die Welt der Germanen, Kelten und Slawen 400–1100 nach Chr. München 1980.
Wolfram, Herwig: Die Germanen. München [8]2005.
Wolfram, Herwig: Die Goten. München [3]1990.
Wolfram, Herwig: Das Reich und die Germanen. Zwischen Antike und Mittelalter. Berlin 1998 (Siedler Deutsche Geschichte 1).
Zimmer, Stefan (Hrsg.): Die Kelten – Mythos und Wirklichkeit. Stuttgart 2009.

Quellen

Adam von Bremen. „Bischofsgeschichte der Hamburger Kirche. Übertragen von Werner Trillmich.“ In: Quellen des 9. und 11. Jahrhunderts zur Geschichte der Hamburgischen Kirche und des Reiches. Darmstadt 1978. S. 135 ff.
Althochdeutsche Literatur. Eine kommentierte Anthologie. Übers. u. hrsg. von Stephan Müller. Stuttgart 2007.

Die altirische Heldensage Táin Bó Cúalnge. Nach dem Buch von Leinster in Text und Übersetzung mit einer Einleitung hrsg. von Ernst Windisch. Leipzig 1905.
Beowulf. Ein altenglisches Heldenepos. Übers. u. hrsg. von Martin Lehnert. Stuttgart 2004.
Caesar, Gaius Iulius. De bello Gallico. Der Gallische Krieg. Übers. u. hrsg. von Marieluise Deissmann. Stuttgart 1991.
Das Eckenlied. Hrsg. u. übers. von Francis B. Brévart. Stuttgart 1986.
Die Edda des Snorri Sturluson. Ausgew., übers. u. komm. von Arnulf Krause. Stuttgart 1997.
Die Geschichte Thidreks von Bern. Übersetzt von Fine Erichsen. Düsseldorf / Köln 1967 (Neuausgabe der Auflage von 1924).
Die Götter- und Heldenlieder der Älteren Edda. Übers., komm. u. hrsg. von Arnulf Krause. Stuttgart 2004.
Griechische und lateinische Quellen zur Frühgeschichte Mitteleuropas bis zur Mitte des 1. Jahrtausends unserer Zeitrechnung. Bd. 1–4. Hrsg. von Joachim Herrmann. Berlin 1988–1991.
Irische Märchen. Übersetzung und Einleitung von Frederik Hetmann. Frankfurt am Main 1971.
Irische Volksmärchen. Hrsg. von Käte Müller-Lisowski. Reinbek 1993.
Isländische Vorzeitsagas I. Übers. von Ulrike Strerath-Bolz. München 1997.
Die jüngere Edda mit dem sogenannten ersten grammatischen Traktat. Übers. von Gustav Neckel und Felix Niedner. Düsseldorf 1966. (Thule. 20).
Keltische Erzählungen vom Kaiser Arthur. 2 Bde. Hrsg. von Helmut Birkhan. Kettwig 1989.
Der keltische Kessel. Wandlung und Wiedergeburt in der Mythologie der Kelten. Irische, walisische und arthurianische Texte ausgew. u. neu übers. von Fritz Lautenbach. Stuttgart 1991.
Keltische Sagen. Hrsg. von Rudolf Thurneysen. Berlin 1901 (Nachdruck Frankfurt am Main 1991).
König Artus und seine Tafelrunde. Europäische Dichtung des Mittelalters. Hrsg. von Karl Langosch und Wolf-Dieter Lange. Stuttgart 1986.
Das Leben des Zauberers Merlin. Geoffrey von Monmouth. Vita Merlini. Erstmalig in deutscher Übertragung. Mit anderen Überlieferungen. Hrsg. von Inge Vielhauer. Amsterdam ^{2}1964.
Märchen aus Wales. Hrsg. u. übers. von Frederik Hetmann. Reinbek 1998.
Das Nibelungenlied. Mittelhochdeutsch / Neuhochdeutsch. Übers. von Siegfried Grosse. Stuttgart 2001.
Sagen aus dem alten Irland. Übers. von Rudolf Thurneysen. Berlin 1901.
Das Sagenbuch der walisischen Kelten. Die vier Zweige des Mabinogi. Übers., komm. u. mit einem Nachwort versehen von Bernhard Maier. München 1999.
Sir Thomas Malory. Die Geschichten von König Artus und den Rittern seiner Tafelrunde. Bd. 1–3. Übertragen von Helmut Findeisen auf der Grundlage der Lachmannschen Übersetzung. Frankfurt am Main 1977.
Tacitus. Germania. Lateinisch / Deutsch. Übers. u. hrsg. von Manfred Fuhrmann. Stuttgart 1972.

Register

A

Abnoba 78
Acy-Romance 69
Adam von Bremen 145
Ägir 162
Ailill 96
Aillén 111
Albe 152
Albenheim 154
Alignements 35
Allerød-Zeit 28
Altamira 26
Alwisslied (altnordisch *Alvíssmál*) 149
Amorgen 101
Andarta 78
Andernach 29
Anderwelt 37
Angeln 91
Angelsachsen 91
Anglesey 74
Angrboda 163
Annwfn 119
Ansgar 144
Apollo-Grannus 83
Apollon 10, 11, 13
Apollonios von Rhodos 11
Arawn 120
Arduinna 83
Aremorica 91
Aristoteles 13
Arthur, König 91, 102, 117 f., 123 ff., 181 ff., **197**
Artio 78
Asen 149
Asgard 151
Ask 152
Atli 169
Atlilied (altnordisch *Atlakviða*) 175
Audhumla 151
Aunjetitzer Kultur 43
Aurignacien 22
Ausonius 85
Avalon 102
Avebury 37 f.

B

Bad Dürrenberg 28
Badh 115
Baduhenna 134
Balder 140
Balders Träume (altnordisch *Baldrs draumar*) 156
Balor 98
Banba 99
Bandkeramiker 31
Bär 78
Barden 110, 117, 123, **150**, 194
Barnenez 35
Bedburg-Königshoven 28
Belenus 77
Belisama 78
Bellovaker 68
Beltaine 122
Beowulf 169, 174, **178** ff.
Bernstein 10, 60
Bestla 151
Die Beuten aus Annwfn (walisisch *Preiddiau Annwfn*) 123
Bifröst 153, 165
Birka 144
Blattkrone 61 f., 66, 74
Bogenschütze von Amesbury 41
Bonifatius 142
Borr 151
Bouray 76
Braak 130, 153
Bragi 150, 153 f.
Bragi Boddason 150
Brakteaten **138**, 156
Bran 104
Bran mac Febail 104

Brans Seefahrt (irisch *Immram Brain*) 104
Branwen 119
Branwen, die Tochter Llyrs (walisisch *Branwen ferch Llŷr*) 119
Breidablik 154
Brigit 114
Britannier 86 ff., 91, **116**, 126
Brokk 161
Brugh na Bóinne siehe Newgrange
Brünhild 185
Brynhild 177 f.
Buch der dunklen Kuh (irisch *Lebor na hUidre*) 95
Buch von der Landnahme Irlands (irisch *Lebor Gabála Érenn*) 95
Buch von Leinster (irisch *Lebor Laignech*) 95
Burgunden 129, 141, **168 f.**

C

Cadbury Castle 126
Caesar, Gaius Julius 57, 65, 71, 129, 164
Cairns 35
Camelot 126, **181** ff., 198
Carroll, Lewis 198
Çatal Hüyük 31
Caxton, William 182
Cernunnos 28, 76, **80**, 199
Cesair 96
Chauvet 26
Childerich I. 141
Chlodwig 141
Chrétien de Troyes 182
Cian 98
Cicero 75
Codex Regius 148
Coligny, Kalender 85
Conchobar mac Nesa 105
Connacht 79
Cormac mac Airt 110
Crédne 99
Cú Chulainn **105** ff.
Culann 108
Culhwch 124
Culhwch und Olwen (walisisch *Culhwch ac Olwen*) 124
Cynfeirdd 116

D

Dagda 98
Danann siehe Tuatha Dé Danann
Dian Cécht 99
Diana 83
Diarmeid 111
Diether 172
Dietrich von Bern 174
Dietrichs Flucht 172
Diodor 56, 67, 72
Dionysios von Halikarnass 13
Dionysos 84
Diviciacus 75
Dolmen 35
Donar 133, 142
Donn 79
Drache **116**, 152, **168** ff.
Draupnir 155
Druiden, *druí* **55**, **84**, 182, **191** ff.
Dumnorix 70

E

Eber 76, 97, 110, 115
echtra 96
Eckenlied 173
Edda 9, **147** ff.
Edda des Snorri Sturluson (altnordisch *Snorra Edda Sturlusonar*) 149
Einherjer 155
Eiszeit 18, 22, 29
Elfen 37, 73, **101** ff., **191** ff.
Embla 152
Eochaid mac Eirc, König 98
Epona 122
Ériu 87
Ermenrich 169
Ertebølle-Kultur 32
Esus 77
Etzel 171
Excalibur 183

F

Fafnir 176 f.
Fál 89
Falbygden 36
Fand 109
Feen 9, 96, 102, 189, 197
Felsbilder **40** ff., **52**, 55
Fenriswolf 163
Fensalir 154
Fergus mac Roich 115
Feuerbestattung 160
Fianna 110
filid 94, 150
Findbennach 79
Findlinge 29
Finn-Zyklus 96
Finn mac Cumaill 96
Fintan mac Bóchra 97
Fir Bolg 98
fís 96
Fjalarr 156
Fluchtafel 84
Folkwang 154
Fomóri 97
Forseti 153
Fótla 99
Freki 155
Freyja 159 ff.
Freyr 163
Frigg 143
Frîja 143
Frikko 145
Fulla 153

G

Galarr 156
Gallehus **136**, 195
Ganggräber 35
Gauten 174, **179** f.
Gefjun 150
Geirröd 159
Geißenklösterle 23
Geo ffrey von Monmouth 181
Gerd 153
Geri 153
Geschichte der Briten (lateinisch *Historia Brittonum*) 125
Geschichte der Könige Britanniens (lateinisch *Historia Regum Britanniae*) 181
Ginevra 182
Ginnungagap 151
Giraldus Cambrensis 189
Gladsheim 154
Glastonbury 183, 199
Glauberg 61 f., 74, 77
Glockenbecher-Leute 32, 38
Göbekli Tepe 30 f.
Goibniu 114
Goidelen 100
Goldblechfigur 140
Goldhüte 50
Gommern 138
Gönnersdorf 29
Goseck 33
Götterlieder 148
Götter- und Heldenlieder der Älteren Edda 148
Gotthorm 178
Gournay-sur-Aronde 68
Grabhügel 69, 101 f., 130, 141, 147
Gráinne 111
Gral 127, 182 f.
Grendel 179
Grimm, Jacob und Wilhelm 9, 129, 196 f.
Grimnirlied (altnordisch *Grímnismál*) 148
Gudme 139
Gudrun 175 ff.
Gullinborsti 160
Gundestrup **75** ff., 184
Gungnir 155
Gunnar 176
Gunnlöd 156
Gunther 184
Gwynedd 116
Gylfis Täuschung (altnordisch *Gylfaginning*) 149

H

Hadubrand 173
Hagen 178 f.
Halloween siehe Samain
Hallstattzeit 58 ff., 63
Hamdir 170
Hamdirlied (altnordisch *Hamðismál*) 170
Harbardlied (altnordisch *Hárbarðsljóð*) 149
Hartmann von Aue 182
Heft von Druim Snechta (irisch *Cín Dromma Snechta*) 95
Heidrun 156
Heimdall 160
Hel 160
Henges 35
Herakles 10
Herder, Johann Gottfried 194
Herkules 133
Herminonen 135
Hermod 160
Herodot 10
Herr der Tiere 76
Hexe 84, **98**, 106, 123 f.
Hildebrand 171, 174
Hildebrandlied 169
Hirsch 76, 78
Hirschlanden 60, 61
Hlidskjalf 154, 164
Hochdorf 16, 17, 58
Höd 153
Högni 176 f.
Hohle Fels 23
Hohlenstein-Stadel 23
Holozän 29
Homer 51
Hönir 153
Hringhorni 160
Hrothgar 179
Huginn 155
Hünengrab 29, 34
Hunnen 168, 170
Hunnenschlachtlied 170
Hwergelmir 152
Hygelac 179
Hymir 157
Hymirlied (altnordisch *Hymiskviða*) 149
Hyperboreer **10** ff.

I

Idisen 143
Idun 153
Ilias 51
Imbolc 114
immram 96
Indoeuropäer **39**
Indogermanen 32, 39, 199
Ingävonen 135
Interpretatio romana 77
Iren **87** ff., **94**, 113, 116, 142, 168, 192
Istävonen 135
Íth 100

J

Jastorf-Kultur 128
Jericho 31
Jörd 155
Jordanes 170
Jörmunrek 170
Jüngere Edda 149
Jungpaläolithikum 22
Jupiter 76, 80, 133
Jupitergigantensäule 84

K

Kimbern 128
Kivik-Grab 49 ff.
Königszyklus 95
Kopfjagd 96
Kreisgrabenanlage 33
Kriemhild 175, 184, 196
Kwasir 154

L

Labraid 109 f.
La-Hoguette-Kultur 32
Lailoken 117
Larzac, Fluchtafel 84
Lascaux 26 ff.
La-Tène-Zeit 63 f., 73, 79, 87 f., 92
Laurin 172 f.
Lenus-Mars 82 f.
Leubingen 43, 46
Lía Táil siehe Fál
Lieder-Edda 148 ff.
Linienbandkeramiker 31
Logaþore 142, 161
Loki 140, 142, 149, 153 f., 157 ff.
Lokis Spottrede (altnordisch *Lokasenna*) 149
Löwenmensch 23 f.
Lucan 64 f.
Luchta 99
Lug mac Ethnenn 98, 106, 114
Lugnasád 114
Lugus 77, 114

M

Mabinogion 118, 122, 124, 197
Macha 115
MacDonald, George 198
Macpherson, James 194
Mag Tuired, Schlacht 98 f.
Magdalénien 29
Magni 157, 166
Maiden Castle 86
Mallet, Paul-Henri 195
Malory, Sir Thomas 182 f., 198
Manannán mac Lir 104
Manawydan, der Sohn Llyrs (walisisch *Manawydan fab Llŷr*) 119, 121 f.
Manching 70
Mann aus dem Eis (Hauslabjoch, „Ötzi") 40 f.
Mannus 135 f.
Marcellus von Bordeaux 85
Mars 17, 77, 133
Martberg 82, 84
Massalia, Marseille 11, 56, 64, 75
Math, der Sohn Mathonwys (walisisch *Math fab Mathonwy*) 119, 122 f.
Matrona 78
Matronen 83 f., 114, 134
Medb 96, 107, 114 f.
Megalithkultur 34 ff., 154
Menhire 35, 37 f.
Menschenopfer 66, 69, 71, 77, 81, 85, 132 f., 135, 139, 145
Merkur 17, 77, 83, 13, 157
Merlin 9, 70, 117, 182 f., 192, 197 f., 201
Merseburger Zaubersprüche 143
Mesolithikum 28, 30
Midgard 151, 201
Midgardschlange 18 f., 150, 157 f., 163, 165
Míl 100
Mimir 152, 154 ff., 165, 174
Minerva 77 f.
Mistel 61, 73 ff., 160
Mjöllnir 157 ff., 166
Modi 157, 166
Mona 74
Mont Lassois 60
Moorleichen 132 f.
Mordred 125, 157, 181, 183
Morgana 182 f., 197
Morrígain 108, 115
Morris, William 197
Muninn 155
Muspell 165 f.
Muspellsheim 151
Myrddin 117
Mythologischer Zyklus 95 f., 98, 113

N

Naglfar 165
Nanna 153, 159 f., 188
Nantosvelta 83
Narfi 161 f.
Nautenstein 80
Navan Fort 89
Neanderthaler 22

Nebra, Himmelsscheibe 18, 43 ff., 49, 85, 137
Nehalennia 134
Nemed 97 f.
Nemeton 66 f., 69
Neolithikum 30, 37
Neolithische Revolution 30
Nerthus 134, 163
Newgrange 36 f., 86, 102, 105
Nibelungen 9 f., 169, 175 ff., 184 ff., 193, 196
Nibelungenlied 169, 176, 178, 184 f., 195 f.
Nickern 33, 152
Nidhögg 152
Niflheim 151 f., 163
Njörd 153 f., 163 f.,
Noatun 163
Nordendorfer Runenfibel 142, 161
Nordische Bronzezeit 47
Nornen 135
Nuadu Argatlám 98, 100
Nydam 131

O

Oberdorla 130 f.
Od 164
Odin 134, 138, 140 f., 143, 145, 148 f., 151, 153 ff., 160 f., 163 ff., 178, 186 ff., 201
Odoaker 171
Oehlenschläger, Adam 195
Ogam 10, 87
Ogma 114
Ogmios 77, 114
Oisín 111 ff., 194
Olwen 124 f.
Opfer 15 ff., 21, 34, 36, 38, 41, 44, 48 ff., 62, 64 ff., 71 ff., 76 ff., 81 ff., 87, 92, 97 f., 128 ff., 139 f., 144 f., 147, 155 f., 164, 189
Orna 100
Oscar 111 f., 194
Oseberg 146 f.
Ossian 193 f.
Ossianscher Zyklus siehe Finn-Zyklus
Ostgoten 129, 141, 146, 168 f., 171
otherworld siehe Anderwelt

P

Partholón 97
Patrick 89
Perceval 118, 182 f.
Pfahlgötter 130
Pfalzfeld 61
Plinius der Ältere 73
Polybios 14
Pomponius Mela 85
Prokop 92 f., 147
Prophezeiung von Britannien (walisisch *Armes Prydein*) 117
Prosa-Edda 149, 192
Pryderi 119 ff.
Pwyll, Fürst von Dyfed (walisisch *Pwyll Pendefig Dyfed*) 119 f.
Pythagoras 57, 75
Pytheas von Marseille 11 f., 86, 128

R

Rabenschlacht 171 f.
Ragnar Lodenhose 187
Ragnarök 153, 155, 161 f., 164 ff., 196
Ratatosk 152
Reginn 176 f.
Reichtumszentren 139 f.
Reifriesen 151 f., 165
Reinheim 63
Rhiannon 120 ff., 124
Ribemont-sur-Ancre 67 f.
Riesen 9, 11, 42, 110, 123 ff., 149, 151 f., 154, 156 ff., 172 ff., 179, 186
Riesenbaumeister 154, 161
Rigani 80
Rinderraub von Cooley (irisch *Táin Bó Cuailnge*) 79, 96, 105, 107, 114
Roquepertuse 65 f.
Rosmerta 83
Rotes Buch des Hergest (walisisch *Llyfr Coch Hergest*) 118
Runen 10, 128, 138, 140, 142, 146, 161, 171, 196

S

Sachsen 90 f., 125 f., 129 f., 142
Sächsisches Taufgelöbnis 142
Saga Thidreks von Bern (altnordisch *Thidreks saga af Bern*) 169, 174
Saga von Asmund dem Kämpentöter (altnordisch *Ásmundar saga kappabana*) 174, 187
Saga von den Ynglingen (altnordisch *Ynglinga saga*) 154, 164
Saga von Herwör und König Heidrek (altnordisch *Hervarar saga ok Heiđreks konungs*) 186
Sährimnir 155
Samain 97, 108 ff., 190
Saxnot 143
Saxo Grammaticus 187 f., 191
Scharpfe 172
Schnurkeramiker 32, 39
Semnonen 17, 135
Sequana 78, 83
Sétanta 106
Síde, *síd* 101 f., 108
Siegfried 169, 172, 175 f., 178, 184 f., 196
Sif 157, 161
Sigmund 176, 186
Sigurd 176 ff., 186
Sigyn 153, 161 f.
Silvanus 64, 83
Sindri 161
Sirona 83
Skadi 162 f.
Skalden 149 f., 155 ff.
Skaldenmet 156
Skidbladnir 161, 163
Skirnir 164 f.
Skirnirlied (altnordisch *Skírnismál*) 148
Sleipnir 155, 160 f.
Smertrios 80
Snorri Sturluson 149 f., 153, 186
Sörli 170
Speer des Lug 98
Sprache der Dichtkunst (altnordisch *Skáldskaparmál*) 149
Sprüche des Hohen (altnordisch *Hávamál*) 148
Stein des Schicksals siehe Fál
Stier 30, 74, 79, 80, 96, 107 f., 114 f.
Stonehenge 9, 18, 34, 37 f., 41 f., 86, 182 f., 192 f.
Strabon 15, 84, 135
Streitaxtleute 32, 39, 154
Streitwagen 66, 74, 79, 88, 99, 104 f., 107 f.
Sucellus 83, 114
Surt 165
Sutton Hoo 142
Suttung 156
Svanhild 170
Svear 139, 188
Swadilfari 154, 161

T

Tacitus, Cornelius 17, 86, 129, 133 ff., 138, 151, 163, 191
Taliesin 116 f., 123
Tamfana 134
Tanngnjost 157
Tanngrisnir 157
Tara 89, 98, 110, 113
Taranis 76 f., 84
Tarasque von Noves 79
Tarvos trigaranus 80
Taten der Dänen (*Gesta Danorum*) 187
Tegnér, Esaias 195
Teutates 77
Teutonen 15 f., 128
Teyrnon Twryf Liant 120 f.
Thjalfi 158
Thjasi 162
Thjodolf von Hwin 150
Thor 18 ff., 42, 133 f., 145, 149, 153 ff., 157 ff., 165 f.
Thorsberg 132
Thorshämmer 42, 146, 159, 161
Thrud 157
Thrym 159
Thrymlied (altnordisch *Þrymskviđa*) 149

Thule 10 ff.
Tintagel 126
Tiwaz 133
Tolkien, J. R. R. 10, 199 ff.
Tollund-Mann 132
Torques 48, 60, 76, 80
Tournai 141
Trichterbecher-Leute 32
Tristan und Isolde 112, 196
Trois Frères 28
Trudheim 154
Trundholm, Sonnenwagen 47
Túan mac Cairill 97
Tuatha Dé Danann 98 ff., 106, 113 f.
Tuisto 135 f., 151
Twrch 124
Tyr 134, 153, 155, 165

U

Ull 153
Ulster 79, 88 f., 96, 105, 107 f., 114
Ulster-Zyklus 96, 105, 114
Umgangstempel 81 f., 84
Uppsala 139, 145, 152, 163 f.
Urmitz 33
Urnenfelderkultur 55
Utgard 151, 158
Utgardloki 158 f.

V

Veleda 135
Venus vom Hohlen Fels 24 f.
Venus von Willendorf 24
Verzeichnis der Versarten (altnordisch *Háttatal*) 150
Die Vier Zweige des Mabinogi (walisisch *Pedair Cainc y Mabinogi*) 118
Vix 60, 75
Vogelherd 23
Völva 151
Vortigern 91
Vorzeitsagas (*Fornaldarsögur*) 155, 186

W

Waberlohe 177
Wafthrudnirlied (altnordisch *Vafþrúđnismál*) 148
Wagner, Richard 9, 196
Walaskjalf 154
Waldalgesheim 63
Wales 38, 74, 87, 89, 91 f., 103, 116 ff., 124 f., 183 f., 189
Walhall 154 f.
Wali 153, 155, 161 f., 166
Walküren 135, 143, 153, 155 f., 160, 185, 196
Waltharius 169
Wanen 148, 153 f., 156, 160, 162 ff.
We 151
Weissagung der Seherin (altnordisch *Völuspá*) 148, 150, 164, 196
Weißes Buch des Rhydderch (walisisch *Llyfr Gwyn Rhydderch*) 118
White, T. H. 198
Widarr 153, 165 f.
Wieland 42, 169, 174 f.
Wigiþonar 142
Wiglaf 180
Wili 151
Witege 172 f.
Wochentagsnamen 134
Wodan 133 ff., 142 f., 145, 157, 188, 192
Wolfram von Eschenbach 182
Wölsungen 176, 186
Wölsungensaga (*Völsunga saga*) 169, 176, 186, 196
Wölundlied (altnordisch *Völundarkviđa*) 174
Wulfila 141

Y

Yeats, William Butler 199
Yggdrasill 151 f., 156, 165
Ymir 151 f.
Ynglinge 139, 147, 150, 154, 164
Ysbaddaden 124

Z

Zimmer Bradley, Marion 198
Zinn 10 ff., 41, 43, 62, 86
Ziu 133 f.
Zweiter Merseburger Zauberspruch 140, 156, 160
Zwerge 9, 42, 88, 149, 151 f., 156, 161 ff., 172 ff., 186, 200 f.

Bildnachweis

Brigitte Lescure: Abb. 4, Taf. XII; Jean-Louis Brunaux: Abb. 5; Juraj Lipták: Taf. V, VI o. und u.; Karol Schauer: Taf. III u.; Keltenmuseum Hochdorf: Taf. VII; Landesamt für Denkmalpflege Hessen, Wiesbaden, U. Seitz-Gray: Abb. 3, Taf. VIII; Marijan Murat dpa/lsw: Abb. 1; Museum für Ur- und Frühgeschichte, Weimar: Abb. 8; picture-alliance/akg-images: Abb. 10. 12, Taf. IV u., XIII; picture-alliance/akg-images /Erich Lessing: Abb. 2; picture-alliance/akg-images/ VISIOARS: Taf. II u.; picture-alliance/akg-images/Werner Forman: Abb. 11, Taf. XIV o. und u., XV; picture-alliance/dpa: Taf. XVI u.; picture-alliance/Helga Lade Fotoagentur GmbH: Taf. IV o.; picture-alliance/imagestate/HIP: Abb. 6; picture-alliance/KPA: Abb. 14, Taf. XVI o.; picture-alliance/KPA/TopFoto: Taf. X; picture-alliance/maxppp: Abb. 13; Stiftung Schleswig-Holsteinisches Landesmuseum Schloss Gottorf, Schleswig: Abb. 7; Ulmer Museum; Th. Stephan: Taf. I; Wolfgang Korn, Hannover: Taf. II o., III o.; Wolfgang Lieske, Institut für Ur- und Frühgeschichte der Chr.-Albrechts-Universität, Kiel: Taf. IX; aus E. Oxenstierna, Die Goldhörner von Gallehus (Lidingö 1956): Abb. 9